T0278921

Tu zona de confort positiva

KRISTEN BUTLER

Tu zona de confort positiva

Transforma tu vida en un espacio seguro

Urano

Argentina – Chile – Colombia – España
Estados Unidos – México – Perú – Uruguay

Título original: *The Comfort Zone*
Editor original: Hay House, Inc.
Traducción: Daniela Rocío Pereyra

1.ª edición Febrero 2024

Copyright © 2023 by Kristen Butler
Originally published in 2023 by Hay House, Inc.
© de la traducción 2024 *by* Daniela Rocío Pereyra
© 2024 *by* Urano World Spain, S.A.U.
Plaza de los Reyes Magos, 8, piso 1.º C y D – 28007 Madrid
www.edicionesurano.com

ISBN: 978-84-18714-41-2
E-ISBN: 978-84-19936-26-4
Depósito legal: M-33.374-2023

Fotocomposición: Ediciones Urano, S.A.U.

Impreso por: Rodesa, S.A. – Polígono Industrial San Miguel, Parcelas E7-E8
31132 Villatuerta (Navarra)

Impreso en España – *Printed in Spain*

A mi dulce y humilde abuelita, Midgy, quien me brindó el más profundo amor, comodidad, seguridad, inspiración y alegría durante mi infancia

Índice

Paso tres: Enfócate para llegar allí

PARTE III: CONVIÉRTETE EN UN PROFESIONAL DE LA ZONA DE CONFORT

BIENVENIDO
Empieza aquí

Quiero que dejes atrás todo lo que te han dicho sobre vivir en tu *zona de confort*, porque es hora de crear una vida que realmente ames (y tal vez incluso lograr tus sueños más ambiciosos y audaces) desde un lugar que te resulte fácil, natural y, sí, *cómodo*.

Este libro echará por tierra la errónea idea de que vivir en tu zona de confort te impide alcanzar la vida de tus sueños. Es momento de romper con un paradigma obsoleto y aventurarse hacia algo nuevo.

La zona de confort no es un lugar donde te quedas de brazos cruzados porque estás satisfecho con tu situación actual. No es un lugar donde hay barreras que te impiden vivir tus sueños. En cambio, la zona de confort de la que hablaremos en este libro es el lugar donde reside tu verdadero crecimiento, posibilidades y alegría. Esa mejor versión de tu vida está al alcance de tu mano, y quiero mostrarte que no necesitas estresarte para alcanzarla.

Lo que estoy a punto de compartir contigo en este libro es diferente a lo que sueles escuchar. De hecho, me atrevo a decir que esta forma de explicar la zona de confort es completamente nueva para ti. Quiero darte una cálida bienvenida a un nuevo paradigma que cambiará la forma en que trabajas y disfrutas de tu ocio, cómo vives cómodamente o enfrentas desafíos, cómo alcanzas el éxito o sufres, cómo te limitas o cómo creces.

MI VIDA FUERA DE LA ZONA DE CONFORT

«No llegarás a ningún lado si lo único que haces es soñar. Tienes que ser más realista.» Este es un consejo que escuché innumerables veces durante mi infancia, porque, desde que tengo memoria, siempre fui una soñadora. De pequeña tenía una profunda vocación, con una visión de futuro mucho más grande que yo. Veía el mundo a través de lentes de color rosa y me gustaba esforzarme para encontrar el lado positivo de cada situación, incluso en una vida llena de caos, dificultades e incomodidades.

En mis primeros años, pasé mucho tiempo con mis abuelos mientras mi madre trabajaba, y nunca asumí las difíciles circunstancias de mi familia como parte de mi identidad. No era consciente de los problemas a los que se enfrentaba mi madre. Supongo que era la prueba viviente de que «ojos que no ven, corazón que no siente». Luego nos mudamos lejos de mis abuelos y comencé la escuela primaria, y ahí fue cuando empezaron los comentarios.

Cada mañana, al llegar al aula, se burlaban de mí por los agujeros que tenía en mi uniforme escolar, que solía ser de segunda mano y que usaba varias veces durante la semana, a veces sin siquiera lavarlo. Durante la hora del almuerzo, la señora de la cafetería anunciaba en voz alta, para que mis compañeros lo escucharan: «*Tu* almuerzo es gratis».

En el recreo, mis compañeros se reunían alrededor de los columpios y hablaban sobre sus pasatiempos, actividades divertidas y viajes en familia, generalmente con ambos padres presentes. Yo nunca me sentía identificada. Mi madre era soltera, recibía asistencia social y criaba a sus cuatro hijos por su cuenta. Mi padre nos había abandonado. Fue uno de los cuatro hombres que alegó ser mi padre durante mi infancia.

Año tras año, soporté las críticas y las burlas por no ser lo suficientemente inteligente, flaca o popular. Pero el mensaje de «no ser suficiente» nunca se alineó con el profundo valor espiritual que sentía dentro de mí.

Mis compañeros no eran los únicos que me veían distinta. Los maestros se daban cuenta de que normalmente no llegaba a la escuela «con ganas de aprender» y, a regañadientes, se tomaban más tiempo conmigo porque no aprendía tan rápido como los demás alumnos.

La vida en casa tampoco era fácil. De hecho, estaba agradecida de poder ir a la escuela, aunque me sintiera rechazada y ridiculizada. En ese momento de mi vida, la escuela era una vía de escape para mí y me había acostumbrado a tolerar la incomodidad que sentía allí.

De hecho, me decían que sentirme incómoda era algo positivo.

«Tienes que salir de tu zona de confort si quieres lograr algo importante», me decía mi maestra. Y mi abuelo agregaba: «Nunca serás exitosa si te estás demasiado cómoda». Incluso en el vestuario, tras la clase de educación física, una vez escuché a una niña decirle a otra: «Para presumir hay que sufrir».

Todos parecían coincidir en esta extraña idea de que mi nivel de éxito y valor estaban de alguna manera vinculados al nivel de dolor e incomodidad que estuviera dispuesta a soportar. Si quería cambiar mi situación, tendría que salir de mi zona de confort y afrontar la incomodidad.

A pesar de los desafíos, yo sí quería cambiar mi situación. Anhelaba crecer para lograr grandes cosas, ayudar a los demás y hacer del mundo un lugar mejor. Aunque esta verdad estaba arraigada en lo más profundo de mi corazón, parecía que nadie a mi alrededor compartía la misma fe en mis metas y visión de futuro.

«Algún día escribiré un libro que cambiará al mundo», exclamé una vez ante mi profesora de tercer grado cuando hice mi primer intento de entregar un libro sobre Abraham Lincoln. Todavía tengo grabada en mi mente la mirada burlona en su rostro y la risa despectiva que parecía hablar más fuerte que cualquier palabra: «Kristen, todavía no has aprendido a leer y escribir bien. Aún no has terminado de leer una novela entera para mi clase. Nunca escribirás un libro».

Ahora veo que constantemente me criticaban por ser quien era y por todo lo que para mí era normal. Si me gustaba hablar, era muy ruidosa o hablaba demasiado. Si no entendía un concepto rápidamente, era lenta o me faltaba destreza. Si quería ser líder, me llamaban mandona. Si me defendía, decían que era muy sensible. A pesar de tener mucha confianza en mí misma, con el paso de los años empecé a permitir que las opiniones externas destruyeran cada vez más mi autoestima. Con el tiempo, empecé a reprimir todos mis talentos. Incluso llegué a pensar que era una niña «muy pequeña» con muy pocos recursos como para hacer algo trascendental.

Incluso me cuestioné: ¿Quién soy yo para querer más?

Pero yo *sí* quería más. Entonces, ¿cuál era la solución? ¿Cómo haría para cambiar mi destino y alcanzar el éxito? Basándome en todo lo que había aprendido, creí saber la respuesta: ¡trabajar más y sentirme más incómoda!

Como muchas otras personas, me lo tomé en serio y me entregué por completo a ese estilo de vida. Si el trabajo y la incomodidad eran lo que necesitaba para alcanzar mis sueños, entonces convertiría esa lucha en mi identidad. Cada vez que se me ocurría que esta no era la forma en que quería vivir, escuchaba a alguien que admiraba decir: «Tienes que salir de tu zona de confort», y así sentía que todo mi esfuerzo era válido.

«¿Ves? Vas por el camino correcto —me decía a mí misma, aunque odiaba cómo me sentía—. Quizá necesito salir más de mi zona de confort para sentirme mejor conmigo misma.»

Uno de los efectos colaterales más perjudiciales de vivir de esa forma era que, a medida que me iba sintiendo cada vez más incómoda, mi identidad comenzó a centrarse en complacer a los demás para recibir su amor, aceptación y aprobación. Me consideré muy astuta cuando descubrí que podía ponerme una máscara y ocultar toda mi carga detrás de una sonrisa. En ese momento, me pareció un gran mecanismo de supervivencia.

Mi deseo de liberarme de mis circunstancias y alcanzar mis grandes sueños se fortaleció al entrar a la escuela secundaria. ¡Necesitaba tener éxito!

Entonces hice lo que creí que tenía que hacer: me esforcé al máximo para sentirme lo más incómoda posible.

Me levantaba todas las mañanas a las cinco, me obsesioné con mis metas, dejé que complacer a los demás se convirtiera en mi actitud y comencé a seguir una dieta y hacer ejercicio dos veces al día, todo eso mientras estudiaba cada vez que podía.

Todo ese esfuerzo dio sus frutos. Empecé a impresionar a mis profesores y a acercarme a los mejores de la clase. Empecé a bajar de peso. Mis compañeros comenzaron a aceptarme y acercarse a mí. «Por fin he descifrado el código», me dije.

Llegar al límite se convirtió en mi obsesión y creí que me acercaría a mis sueños. Así que oculté mi dolor y el trabajo duro se convirtió en un ancla en un mar turbulento. Siempre y cuando siguiera obligándome a salir de mi zona de confort, no era necesario tener talento o habilidades. Solo debía esforzarme más y más, superar la incomodidad y ocultar el aumento de estrés y ansiedad.

Pero, a pesar de vivir de esta forma desequilibrada, en lo más profundo de mi ser sabía que las decisiones que tomaba no tenían mucho sentido para mí. Por dentro, dudaba de que la incomodidad pudiera llevar a una vida cómoda, pero no lograba expresar esa intuición. Además, estaba empezando a ver el progreso fruto de mi incomodidad, así que redoblé mis esfuerzos por sentirme aún más incómoda.

En la universidad, llené mi horario de clases hasta el tope, conseguí un trabajo en la revista universitaria, empecé un negocio en línea y reduje al máximo mi vida social. Seguía ocultando las heridas de mi pasado tras una máscara, fingía ser una persona triunfadora y perseguía el éxito, creía que finalmente había encontrado un método que realmente funcionaba.

Vista desde afuera, mi situación parecía genial. Vivía en el campus universitario, tenía libertad, llegaba temprano a clase y le caía bien al decano. Nadie veía lo que sucedía dentro de mí. Lidiaba con un dolor y estrés constantes y sentía una presión cada vez más insoportable.

Finalmente, al no tener suficientes herramientas de positividad para liberar y sanar las cargas que llevaba y enfrentar la presión que me imponía, mi vida comenzó a desmoronarse, literalmente. Estaba agotada y eso se manifestó en desequilibrios hormonales, aumento de peso y episodios de ansiedad extrema. Empecé a tener ataques de pánico durante las clases, algo que nunca había experimentado antes. Salía rápidamente al baño y regresaba cuando el ataque había pasado, sintiéndome temblorosa y exhausta. Con el tiempo, me vi forzada a abandonar la universidad.

Estaba destrozada, por supuesto, y me avergonzaba mi fracaso. En mi mente, resonaba el dicho «Sin dolor, no hay ganancia». Me recuperé de la única forma que sabía: dejé que la pasión, la acción y la incomodidad me impulsaran aún más.

Mi resiliencia forzada me mantuvo en un lugar que hoy llamo la *zona de supervivencia*, donde saqué lo mejor de mi situación y sobreviví en la adversidad. Cuando dejé de vivir en el campus, seguí adelante y aprendí a trabajar desde mi apartamento. Creé sitios web, aproveché las redes sociales y me convertí en una vendedora destacada en *eBay*. Una vez más, disfrutaba de lo que hacía mientras pasaba por alto las señales internas de estrés, fatiga y agobio.

Había una idea que resonaba en mi mente todo el tiempo: «Tienes que salir de la zona de confort, Kristen. No hay otra forma».

Cada vez que me enfrentaba a un límite, lo superaba y me sentía orgullosa de cómo me «las arreglaba» sin tener que renunciar a mis sueños. Si tenía que aprender una habilidad nueva, conseguía dominarla. Si se me presentaba una oportunidad, me entregaba *por completo*. Rara vez incluía el descanso, el tiempo para mí, el autocuidado o la diversión en la ecuación. Lo único que quería era superarme y llegar al siguiente nivel.

Tuve que pasar por varios momentos de agotamiento para empezar a escuchar esa vocecita interior que cuestionaba la necesidad de tanto malestar. De hecho, toqué fondo y llegué a renunciar por completo a la vida antes de que las voces que me obligaban a sentirme incómoda se callaran.

Tenía veinte años. Me había agotado hasta el punto de no tener nada más que dar, ni a mí misma ni a los demás. Estaba deprimida, ansiosa, obesa, en bancarrota y completamente perdida. Me había esforzado tanto que me sentía exhausta. De hecho, abandoné mi zona de supervivencia para ingresar al lugar que ahora llamo *zona de resignación*, donde colapsé físicamente. En el capítulo 3, explicaré con más detalle estas zonas, pero por ahora solo debes saber que, en esta zona dominada por el miedo, permanecí postrada en la cama durante semanas. Todas las áreas de mi vida se derrumbaron. Vivir era simplemente tratar de llegar al próximo día, a veces incluso a la próxima hora. Pasaba la mayor parte del tiempo en cama, ahogándome en emociones negativas como preocupación, culpa, resentimiento, depresión y ansiedad, entre otras. Caí en un profundo y oscuro abismo de desesperación y autodesprecio, sin tener ni la más mínima idea de cómo salir de allí. Ni siquiera sabía si había una forma de lograrlo.

Recuerdo haber asistido a terapia por primera vez a mediados de mi veintena. Fue un requisito después de haber sido ingresada al hospital para una evaluación. Un ser querido había reportado que yo tenía pensamientos perturbadores sobre quitarme la vida y que no podía salir de la cama por mis propios medios.

Cuando entré en la habitación y vi a mi terapeuta por primera vez, no sabía qué esperar. Me daba vergüenza compartir mi historia, pero aun así lo hice, y todo lo que salió de mí esa tarde fue muy sanador. Por primera vez en mi vida, pude poner mi dolor y mi vergüenza en palabras mientras compartía una pequeña parte de toda la carga que llevaba conmigo. Me consumieron las lágrimas y los suspiros de alivio. La respuesta de la terapeuta no fue en absoluto lo que esperaba.

—¿Has visto alguna vez *La familia Monster*? —me preguntó, refiriéndose a la serie de televisión que estaban reponiendo en ese momento. Le respondí que sí.

—Bueno —continuó—, te pareces al personaje de Marilyn. Eres optimista y normal. Necesitas ser tú misma un poco más.

Por primera vez en mi vida, me sentí *comprendida*.

El problema no estaba en quién era yo, en cómo veía el mundo ni en lo que tenía o no tenía sentido para mí. El problema radicaba en que, al rechazarme a mí misma, había pasado por alto mi propia guía interna, mi propia intuición. Al igual que Marilyn de *La familia Monster*, yo también era «optimista y normal», pero me había dejado llevar por la idea de que yo estaba equivocada y los demás tenían razón. Había construido mi vida, mi forma de ver el mundo y mis planes de éxito según las opiniones y las burlas de los demás.

Esta revelación me ayudó a dejar de tomarme tan en serio las opiniones externas y me permitió regresar a mi propia verdad. Al liberarme de las etiquetas que otros me habían impuesto, finalmente me sentí yo. Por fin volví a encontrarme conmigo misma. Fue la sensación más reconfortante de todas y *jamás* volví a mirar atrás. Mi camino de sanación y profundo desarrollo personal había comenzado.

VOLVER AL CONFORT

Comparto mi historia para ayudarte a ver que no hace falta sentirse incómodo, estresado, ansioso y preocupado todo el tiempo para alcanzar el éxito.

La triste verdad es que no soy la única persona que ha vivido de esta manera. A pesar de todo el material de autoayuda y pensamiento positivo que hay disponible, hay investigaciones que muestran que más de la mitad de la población estadounidense experimenta estrés, preocupación o frustración a diario, y de acuerdo con una encuesta reciente de *Gallup*, uno de cada cinco estadounidenses «se siente tan ansioso o deprimido que no puede continuar con sus actividades diarias». Vivimos en una época en la que se recompensa y elogia el exceso de trabajo, y en una sociedad que considera totalmente normal posponer la diversión y el ocio para priorizar el trabajo. Y si decides tomarte tiempo libre para estar con tu familia o tomarte unas vacaciones, a menudo ese tiempo viene acompañado de sentimientos de estrés o culpa.

A lo largo de este libro, retomaré mi historia y contaré con más detalle cómo logré salir del círculo de estrés y sobrecarga de trabajo para entrar en un estado de flujo, mi verdadera zona de confort. Compartiré contigo las herramientas y técnicas que me ayudaron a mí con la esperanza de que también te ayuden a ti. Además, compartiré los testimonios de otras personas que han alcanzado el mismo tipo de éxito que yo logré cuando empecé a vivir dentro de mi zona de confort. La clase de éxito que tú también puedes alcanzar al vivir dentro de la tuya.

El paradigma actual de «salir de tu zona de confort» crea adictos al trabajo que atraviesan mucho estrés y se sienten ansiosos e insatisfechos la mayor parte del tiempo. Me preocupa la cantidad de personas que me escriben y confiesan que les encantaría tomarse un día (o una semana) para descansar y recuperarse, pero se sienten culpables solo con pensarlo. Esta forma de vida se ve reflejada en el aumento de la depresión y otros trastornos psicológicos.

Hoy en día nuestra sociedad es totalmente distinta a la de cualquier otra época, y, sin embargo, seguimos operando bajo los mismos sistemas de creencias y valores, que sencillamente no funcionan. Te dicen que no eres exitoso porque no te esfuerzas lo suficiente.

Pero yo te invito a preguntarte: ¿De verdad necesitas «salir de tu zona de confort»?

Estoy aquí para decirte que estuve ahí, lo viví, lo intenté y no funcionó. Sentirse incómodo no te impulsa a alcanzar la excelencia, sino que, más bien, agota tus recursos internos y empeora los problemas que ya tienes.

Perseguir la incomodidad te ata a la incomodidad. La verdad es que *no puedes* crear una vida satisfactoria si te sientes incómodo.

Permitirme vivir *dentro* de mi zona de confort, a pesar de la falsa retórica que la sociedad tiene sobre este tema, es la razón por la cual finalmente pude sanar los traumas de mi pasado y crear la vida que siempre quise, a mi manera. Y lo hice en sintonía con mi propio flujo. Me permití tomarme mi tiempo, escuchar mi cuerpo, desacelerar cuando lo necesitara y satisfacer mis propias necesidades. Me di cuenta de que no hay ningún reloj corriendo sobre mi cabeza recordándome que me estoy quedando sin tiempo. Accedí a mi propio poder, mi propia esencia. La esencia de quién soy, por qué estoy aquí y qué debería estar haciendo. Una verdad que solo yo puedo ver, sentir, crear y permitir que florezca.

Perseguir la incomodidad te ata a la incomodidad. La verdad es que *no puedes* crear una vida satisfactoria si te sientes incómodo.

El libro que tienes entre tus manos es el resultado de todo lo que aprendí mientras construía mi sueño *dentro* de mi zona de confort, no fuera de ella. A medida que vayas avanzando, espero que tú también te sientas cada vez más cómodo al pasar tiempo dentro de tu zona de confort.

Una vez que entres en tu zona de confort, te preguntarás cómo pudiste vivir tanto tiempo fuera de ella. Finalmente, podrás acceder a tu sabiduría interna, a tu creatividad y a tu propósito. Desde tu zona de confort, aprovecharás el poder de la positividad de forma cómoda y auténtica. Cuando te sientas cómodo en el lugar donde estás, te volverás más creativo, lleno de energía y poderoso. Vivir en mi zona de confort cambió mi vida de una manera tan positiva y drástica que se podría decir que mi viaje fue milagroso.

Hace una década y media, sentía que había tocado fondo, y ahora inspiro a millones de personas en todo el mundo a través de mi marca,

Power of Positivity, que se ha convertido en un centro global de ideas expansivas con más de 50 millones de seguidores en todo el mundo. Superé la ansiedad, los ataques de pánico y la depresión contra la que estaba luchando sin depender de medicamentos. Perdí la mitad de mi peso corporal y me siento más saludable que nunca. Di a luz a dos hermosas niñas después de que me dijeran que nunca podría tener hijos. Pasé de la bancarrota a la abundancia financiera y de estar desempleada a ser una emprendedora exitosa haciendo lo que amo.

Estoy viviendo mi pasión, cumpliendo mi propósito y mostrándole al mundo mi verdadero yo. Soy realmente feliz.

Por supuesto que sigo creciendo, aprendiendo y transformándome. La vida todavía me presenta desafíos y hay áreas en las que sigo mejorando, pero estoy feliz y agradecida por el viaje, porque mi crecimiento ya no es doloroso. Ya no tiene un impacto negativo en mi salud y en mis relaciones. Desde mi zona de confort, siento mi crecimiento tan natural como respirar.

Es parte de mí y sucede de forma natural y automática.

POR QUÉ ESCRIBÍ ESTE LIBRO

Imagina lograr todo lo que siempre deseaste sin sacrificar tu paz mental, tu salud, tu longevidad, tus relaciones y tu felicidad.

Imagina crear una vida abundante y satisfactoria estresándote menos y fluyendo más, sin esforzarte tanto.

Este tipo de expansión fácil y exponencial es lo que experimenté dentro de mi zona de confort y es lo que quiero para ti. En definitiva, es la razón por la cual escribí este libro.

Me entusiasma que empecemos este viaje juntos. Estoy segura de que alcanzarás el éxito con los métodos y las herramientas que comparto en este libro. Pero ten en cuenta que no se trata de que elijas mi camino, sino de que crees el tuyo. Tu zona de confort es única. Por eso es tu trabajo descubrir cómo es tu zona de confort, para que puedas cultivar una relación duradera y saludable con ella.

Creo en ti, en tus sueños y en tu camino. ¡Es hora de que tú también lo hagas! Estoy segura de que te encontrarás a ti mismo dentro de la zona de confort y te enamorarás de quien eres. Es el camino más eficaz y satisfactorio para *prosperar* en la vida.

No vinimos a la Tierra a sufrir o simplemente a sobrevivir. Somos seres increíblemente poderosos y expansivos, y tenemos la capacidad de experimentar alegría, dicha, libertad y amor.

Ahora que llevo más de una década viviendo en mi zona de confort, estoy completamente convencida de que sirve para llevar una vida feliz y plena. Además, investigué y estudié a otras personas exitosas y observé que también viven en su zona de confort, a veces sin siquiera darse cuenta.

Me di cuenta de que nos esforzamos de forma innata por vivir cómodos. Literalmente en *todos* los aspectos de la vida, tendemos a simplificar y sistematizar para crear más comodidad. Sentirnos cómodos es nuestro estado natural.

Obligarse a salir de la zona de confort es una forma de rechazo hacia uno mismo. Es por eso que, cuando insistes en vivir fuera de tu zona de confort, sientes que te estás perdiendo a ti mismo. El malestar crónico puede hacer que dudes de tus instintos, de tu valor, de tu capacidad para ser amado. Cuando te obligas a salir de tu zona de confort, comienzas a perder la confianza en ti mismo y en los demás, pierdes la confianza en tus propias habilidades y empiezas a sentir que el mundo es peligroso y amenazador.

> Ten en cuenta que no se trata de que elijas mi camino, sino de que crees el tuyo. Tu zona de confort es única. Por eso es tu trabajo descubrir cómo es tu zona de confort, para que puedas cultivar una relación duradera y saludable con ella.

Tu zona de confort es un lugar donde puedes sentir la más profunda satisfacción. Por eso me entusiasma tanto compartir lo que descubrí sobre la zona de confort y cómo vivir en ella. Porque quiero que *tú* vivas la vida que siempre soñaste y que te sientas cómodo, seguro, tranquilo y satisfecho mientras lo haces. Tus sueños pueden ser distintos a los míos. Tal vez quieras un título, empezar una familia, cambiar el rumbo de tu carrera, superar una enfermedad, ponerte en forma, tener una casa, transformar un pasatiempo en un negocio, aprender un idioma o viajar por el mundo. Lo lindo de vivir y crear dentro de la zona de confort es que funciona de acuerdo al deseo que tengas y se adapta al flujo de la vida. De hecho, es un ancla que no se mueve, aunque haya situaciones agitadas. No importa en qué punto de la vida estés o qué estás haciendo, cuando entres en tu zona de confort, te dirigirás fácil y progresivamente hacia tus deseos a la vez que te sientes cómodo, confiado y en paz.

Quiero que TÚ te sientas así.

Quiero que TÚ sepas que puedes tener lo que sea que desee tu corazón. Quiero que TÚ seas feliz a pesar de las dificultades.

Quiero verte A TI viviendo la vida que soñaste. Quiero verte A TI creando y fluyendo con la vida.

Y quiero que TÚ hagas todo esto dentro de TU zona de confort.

CÓMO USAR ESTE LIBRO

Al comenzar este libro, quiero que confíes en el poder de los nuevos comienzos. Sí, el cambio da miedo, pero cambiar dentro de tu zona de confort es emocionante.

La mejor manera de leer este libro es comenzar por el principio y recorrer los capítulos en orden. A veces es divertido adelantarse, pero en este libro los conceptos que comparto se van construyendo sobre los anteriores. Y se desdobla en tres partes:

En la parte I, «Por qué es importante sentirse cómodo», compartiré contigo las ideas, las investigaciones y las historias que me inspiraron a lo largo de mi viaje para vivir dentro de mi zona de confort y para escribir este libro. Espero que estos capítulos te inspiren para sumergirte de lleno en este libro y así aprendas cómo vivir y prosperar dentro de tu zona de confort.

Además, en estos capítulos voy a introducir algunos conceptos importantes a los que volveré de vez en cuando.

Entre ellos, están las creencias limitantes, las *tres zonas de la vida* y el proceso de *crear con confort*. Piensa en estos capítulos como en los cimientos de un edificio que estamos construyendo juntos.

En la parte II, «El proceso de crear con confort», abarcaré todos los conceptos, herramientas y técnicas que necesitas para prosperar dentro de tu propia zona de confort. Esta es la sección central del libro y allí encontrarás un poderoso proceso de tres pasos que durante la última década me ha ayudado a crear la vida de mis sueños en la seguridad de mi zona de confort.

Cuando hayas completado estas dos partes, llegarás a la parte III, «Conviértete en un profesional de la zona de confort»; allí encontrarás algunas herramientas, ideas y procesos adicionales que te ayudarán a convertir la vida dentro de tu zona de confort en un hábito sostenible. En esta parte, compartiré las estrategias que me han ayudado a fortalecer mis relaciones y no debilitarlas, incluso si elijo vivir de una forma muy distinta a la que el resto de las personas considera aceptable.

Varios de los capítulos incluyen ejercicios que te ayudarán a ampliar tu aprendizaje y hacerlo más tangible. Para sacarle más provecho, recomiendo que tengas a tu lado un cuaderno en blanco o un diario y un bolígrafo. Anota tus pensamientos, tus momentos reveladores y las ideas que surjan después de leer cada capítulo. Cuando llegues a un ejercicio, haz una pausa y complétalo en tu cuaderno. Es *fundamental* que hagas los ejercicios. Para poder comprender e implementar los conceptos que comparto en este libro, tienes que estar dispuesto a hacer ese trabajo. Las anotaciones de tu cuaderno te ayudarán a explorar tu propia conexión con los conceptos, identificar cualquier bloqueo que puedas tener y superarlo, para que puedas comenzar el viaje de vivir y crear dentro de tu zona de confort. Además, muchos de estos ejercicios usarán tus respuestas de ejercicios anteriores como punto de partida.

Cuando hayas terminado el libro y completado los ejercicios por primera vez, podrás volver a ellos como referencia y saltar de una sección a otra para refrescar la memoria o para rehacer algún ejercicio. Sin embargo, hasta ese momento, insisto en que leas los capítulos y las secciones en orden. Este material está diseñado para llevarte a un viaje interior y guiarte cuidadosamente a vivir y crear dentro de tu zona de confort.

Por último, mientras lees el libro, asegúrate de entrar en contacto conmigo y con la comunidad *Power of Positivity*. Comparte tus pensamientos, tus momentos reveladores, tus ideas y convierte nuestra comunidad en tu aliada. Para ayudarte en este camino, mi equipo y yo hemos desarrollado una página donde podrás descargar contenido adicional, leer historias inspiradoras de personas que trabajan desde su zona de confort y conectarte con nuestra comunidad. Visita <www.thecomfortzonebook.com/resources> para conocer más.

¡Empieza ahora! ¡Hagámoslo!

PARTE I

POR QUÉ ES TAN IMPORTANTE SENTIRSE CÓMODO

La zona de confort es ese lugar donde estás a salvo y a gusto, donde no sientes estrés. Es el lugar donde puedes ser tú mismo sin sentirte amenazado. Es tu hogar interno, tu santuario.

Capítulo 1

UNA NUEVA PERSPECTIVA
DE LA ZONA DE CONFORT

«Tienes que salir de tu zona de confort» es una frase que se utiliza a menudo, como si fuera una cuestión de sentido común. Refleja el consenso general al que hemos llegado en nuestra sociedad, porque parece que vivir cómodamente se considera malo, como si estar satisfechos significara que no estamos progresando.

Hemos adoptado el lema de que «Nuestros sueños están al otro lado de nuestra zona de confort», y eso nos lleva a sentirnos estresados y ansiosos gran parte del tiempo.

En la actualidad, es tendencia ser altamente productivo y competitivo, y trabajar sin descanso. Muchos de nosotros nos obsesionamos con establecer metas más ambiciosas, y eso nos obliga a salir de la zona de confort y tomar riesgos enormes en aras del progreso. Incluso llevamos con orgullo la actitud de trabajar hasta agotarnos por completo. Es como si aceptáramos que gran parte de la población debe estar estresada hasta el punto de llegar al agotamiento físico y mental, como si fuera una realidad ineludible. Al mismo tiempo, sentimos una presión constante para mantener una actitud positiva, estar en paz y mantener relaciones saludables y significativas.

Si crees que esta ideología va en contra de tu felicidad, plenitud y propósito en la vida, ¡estás en tu sano juicio! No puedes forzarte hasta el límite y vivir en un estado de bienestar al mismo tiempo. Puedes alcanzar tus objetivos, pero ¿a qué precio? Y, al hacerlo, ¿realmente disfrutas del camino o estás posponiendo la felicidad hasta que llegues a tu destino? Y lo peor de posponer la felicidad es que tal vez nunca llegue.

Además, ¿qué tiene de malo sentirse cómodo? ¿Qué ganas al hacer que la comodidad y el progreso sean mutuamente excluyentes?

No creo que obtengas nada. Al contrario, renuncias a gran parte de lo que te da ganas de vivir. Al sacrificar la alegría en busca del crecimiento, olvidas que el crecimiento debería hacerte sentir vivo y que, cuando alcances tus metas, deberías sentirte lleno de energía, incluso emocionado, y no agotado y desgastado.

Entonces, ¿es posible que el crecimiento y la comodidad coexistan? Yo sé que sí. Los he visto convivir en mi propia vida y también en la de los demás. Pero ¿cómo logras crear esa vida para ti? Eso es precisamente lo que aprenderás en este libro.

Quiero que descubras cómo cultivar una conexión auténtica contigo mismo y aprovechar el poder de ser quien realmente eres sin moverte de donde estás. Quiero que dejes de seguir los consejos o el camino que ha llevado a los demás al éxito y que puedas seguir tus propios pasos hacia la vida que tanto anhelas. Al fin y al cabo, ¿quién te conoce mejor que tú mismo? Para poder crear tu propio camino, tienes que estar en tu zona de confort.

Quizá estés pensando: «Bueno, pero ¿dónde está? Y ¿qué es?». El «confort», en esencia, consiste en la facilidad y comodidad, sin hacer tanto esfuerzo.

Es lo que buscas cada vez que resuelves un problema. Cuando los seres humanos inventaron la rueda, lo que buscaban era el confort, la comodidad. Cuando creamos estructuras de madera y ladrillos para vivir en su interior, lo hicimos en busca de confort.

Solo mira a tu alrededor: ¿hay algo que no esté diseñado para hacer tu vida más cómoda? Sillas, mesas, almohadas, el control remoto, la encuadernación del libro que estás leyendo, el diseño de tu pluma; todo está pensado para hacer que tu vida sea más cómoda.

La zona de confort es ese lugar donde estás a salvo y a gusto, donde no sientes estrés. Es el lugar donde puedes ser tú mismo sin sentirte amenazado. Es tu hogar interno, tu santuario, tu lugar seguro, donde puedes estar en confianza y sí, *cómodo*.

> Al sacrificar la alegría en busca del crecimiento,
> olvidas que el crecimiento debería hacerte sentir
> vivo y que, cuando alcances tus metas, deberías
> sentirte lleno de energía, incluso emocionado, y no
> agotado y desgastado.

Todos queremos prosperar y encontrar la felicidad, mayor plenitud y paz, así como obtener resultados más rápidos y mejores. Creo firmemente que todo lo que deseas en la vida se puede conseguir de manera sencilla cuando te diriges hacia ello desde la seguridad de tu zona de confort. Aprender cómo hacerlo de manera consistente es el objetivo principal de este libro.

EL ÉXITO VS. LA ZONA DE CONFORT

La idea de que tenemos que sentirnos incómodos para alcanzar nuestros sueños nunca me ha convencido. Es por eso que, durante las últimas dos décadas, he estado observando la relación entre la comodidad y el éxito. Desde que era niña, admiro a los que logran grandes cosas. Recuerdo cuando escribí un artículo sobre eso en la escuela secundaria. «Elige cualquier palabra del diccionario y escribe diez páginas acerca de ello», nos había dicho la profesora. La mayoría de mis compañeros parecían preocupados por el esfuerzo que implicaba escribir sobre una sola palabra, pero a mí me gustaba la idea de explorar la palabra *éxito*. Por aquel entonces Google no existía, lo que me dio la oportunidad de investigar en la biblioteca para aprender. Yo nací en la pobreza, así que me intrigaba mucho saber *qué* hacía que una persona fuera exitosa y por qué. Tenía mis propios sueños y sabía que, si quería alcanzarlos, tenía que hacerlo por mis propios medios.

Pero... ¿cómo?

Cuando me convertí en adulta, leí todo lo que pude sobre el tema. Mientras investigaba, en mi mente hice una clara distinción entre dos tipos de personas exitosas:

1. Aquellas personas exitosas y felices que estaban prosperando y se sentían satisfechas con sus logros.
2. Aquellas personas estresadas que trabajaban en exceso y lo sacrificaban todo.

Sabía que debían existir diferencias fundamentales entre estos tipos de logros. Aunque no estaba segura de cuáles eran esas diferencias, tenía claro que quería pertenecer al primer grupo.

Aun así, a medida que indagaba en lo que hacía que las personas fueran exitosas, surgía un consejo recurrente: «Tienes que salir de tu zona de confort».

A medida que experimentaba de primera mano los resultados impredecibles de presionarme y forzarme, me daba cuenta de que debía haber otra manera. Tenía que descifrar el código.

A lo largo de los años, observé y analicé a personas que llevaban una vida más grandiosa de lo que cualquiera podría imaginar. También analicé a aquellos que eran profundamente infelices y luchaban por alcanzar incluso las metas más humildes.

¿Qué los diferenciaba? ¿Qué mentalidad y sistema de creencias tenían?

¿Vivían dentro de un espacio cómodo o fuera de él?

Poco a poco, una nueva perspectiva sobre lo que significaba estar dentro de la zona de confort empezó a tomar forma en mí. Comencé a comprender que el éxito puede ir de la mano con la comodidad, lo cual iba en contra de todo lo que había leído.

Lo que descubrí fue fascinante. Me atrevería a decir que *me cambió la vida*. ¡Sí!

Aprendí que, en general, todos los que alcanzaban sus sueños con facilidad hacían actividades que les resultaban naturales y cómodas. Y cuando hacían algo nuevo que no les resultaba familiar, usaban algunas de las herramientas de este libro, como la *aclimatación*, el *andamiaje* y la *visualización*, para amoldarse y expandir su zona de confort actual para que incluyera sus metas y sueños. Visualizaron una mejor versión de sí mismos, que yo llamo *el yo expandido*, y llevaron a cabo determinadas acciones que generaron *atracción* e *impulso*. En los próximos capítulos aprenderemos y practicaremos estas y otras técnicas y herramientas.

Cuando observé detenidamente a las personas que vivían con satisfacción dentro de su zona de confort, llegué a la siguiente conclusión: nuestra definición y perspectiva de la zona de confort es errónea o, por lo menos, está incompleta. El éxito verdadero y perdurable no se alcanza fuera de la zona de confort, sino dentro de ella. Cuanto más disfrutemos del camino de la vida, más rápido alcanzaremos nuestros sueños.

Durante gran parte de mi infancia y adolescencia, me avergonzaba desear sentirme cómoda. Me obligué a alejarme de lo que me hacía sentir cómoda, en parte porque creí que querer vivir con tranquilidad era un error.

Hay algo cierto en la famosa cita de Zig Ziglar: «No hay ascensor para el éxito. Tienes que usar las escaleras», y es que los pequeños pero consistentes pasos son los que llevan al éxito. Sin embargo, el mensaje subyacente de que el camino es arduo y requiere mucho trabajo no refleja el verdadero éxito que puedes alcanzar dentro de tu zona de confort. Es un éxito que se alinea tanto con tu propósito que el viaje hacia él parece mágico, como tomar un ascensor que te lleva a la cima de un rascacielos.

Hoy en día, ya no me avergüenza querer tomar el ascensor hacia el éxito. Y quiero que tú también te sientas bien al alcanzar el éxito y tus sueños de una manera fácil y placentera, desde tu zona de confort.

Antes de sumergirnos en la nueva teoría de la zona de confort que voy a presentar en este libro, veamos primero por qué la primera teoría es errónea.

CÓMO SE HA MALINTERPRETADO LA ZONA DE CONFORT

La idea de que hay que salir de la zona de confort no es una novedad. Se popularizó en 2008, cuando Alasdair White, un teórico de gestión empresarial, publicó un artículo titulado «De la zona de confort a la gestión del rendimiento».

En dicho artículo, en el cual se hacía alusión a tres estudios diferentes, White encontró una nueva forma de expresar la perogrullada y argumentó que solo podemos rendir al máximo cuando salimos de nuestra zona de confort.

Según los psicólogos, la zona de confort es «un estado conductual en el cual una persona no experimenta ansiedad y tiene determinados comportamientos que la ayudan a mantener un nivel constante de rendimiento, generalmente sin sentir riesgo». Los psicólogos también aceptan que, si bien sufrir mucha ansiedad puede ser incapacitante y hacer que nos desmoronemos, sufrir *un poco* de ansiedad puede funcionar como un catalizador para mejorar nuestro rendimiento. Sin embargo, creo que hay mucha ambigüedad respecto a la cantidad de ansiedad que está bien y la que puede ser dañina.

Ninguna de estas perspectivas sobre la zona de confort era una novedad cuando se publicó el artículo. Lo que hizo White fue adoptar la perspectiva que los psicólogos tenían sobre la zona de confort para darle más forma a la definición que le daba la sociedad. Su principal aportación consistió en definir una zona en la que alcanzamos nuestro máximo rendimiento, denominarla *zona del rendimiento óptimo* y situarla fuera de *la zona de confort.*

Desde entonces, esta idea se ha repetido en innumerables artículos, *memes*, publicaciones inspiradoras y frases populares. Internet está lleno de personas que nos dicen que para alcanzar nuestro máximo potencial debemos salir de nuestra zona de confort, una afirmación que aceptamos sin cuestionar… hasta ahora.

Pero analicemos más detalladamente esta afirmación para empezar a cuestionarla.

Imagina que anhelas tener el trabajo de tus sueños, uno diferente a lo que haces actualmente, tal vez en un nivel de logro superior o incluso en un campo completamente distinto. Ahora imagina que durante toda tu vida te dijeron que para alcanzar lo que deseas tienes que salir de tu zona de confort. Y ¿cómo sabes que has salido de tu zona de confort? Bueno, si te guías por lo que te han dicho, lo sabes por los riesgos que debes estar dispuesto a asumir y los niveles de estrés que puedas tolerar.

Entonces empiezas a asumir tareas arduas. Cosas que no te resultan naturales. Te arriesgas e incluso inviertes más tiempo y dinero para alcanzar tus sueños. Te comprometes a superar tus límites y te entregas «por completo».

Cuando estás estresado te dices: «¡Qué bien! Me estoy esforzando, seguro que valdrá la pena. Debo seguir mi camino y salir de mi zona de confort. ¡Me estoy acercando a mi meta!».

Tal vez hables con tus familiares y amigos cercanos acerca de por qué estás tan ocupado y sobre cuánto te estás esforzando para dejar de estar tan ocupado algún día: «Valdrá la pena. Así debe ser».

Con el tiempo, puede que algunas tareas te resulten más fáciles, pero habrá otras que odies y seguirás obligándote a hacerlas igual. Pronto empezarás a sentirte fatigado. Estarás cada vez menos motivado a hacer lo que deberías estar haciendo. Y las tareas no siempre darán los resultados que esperabas. Te presionarás más y más, con la idea de que quizá todavía no has abandonado lo suficiente la zona de confort y por eso no has alcanzado el éxito.

Te sentirás muy incómodo, hasta el punto de que el estrés y la ansiedad se convertirán en algo habitual. Y, al poco tiempo, empezarás a creer que vivir significa estar sobrecargado de trabajo y que el miedo es un compañero necesario.

Y en esos momentos en los que notes que el cuerpo se agota y te obliga a tomar un descanso, te sentirás flojo, poco productivo, conformista e incluso *culpable*. Probablemente consigas el trabajo que querías, pero inmediatamente estarás insatisfecho; porque te acostumbraste a no detenerte nunca a apreciar las cosas que sí tienes. Estarás programado para vivir estresado, porque asociarás el estrés al progreso. Lograste reprogramar tu cerebro y tu vida para seguir el camino más difícil, porque relacionarás el estrés con la sensación de estar vivo, y la satisfacción, con la muerte. Dirás cosas como «Descansaré cuando muera» y usarás esa ambición como propulsor para continuar, aunque estés exhausto.

Este escenario es aterrador y muy familiar. Puede que ya lo hayas vivido o que lo estés atravesando en este momento. O tal vez eres testigo de cómo otros lo viven a tu alrededor. Esta forma de vida está tan arraigada que nunca nos detenemos a cuestionarla. «Claro que necesito sentirme incómodo para ser exitoso», dices. Y ni siquiera te has detenido a pensar si esa afirmación es cierta o no.

Desde mi punto de vista, esta mentalidad está tan anticuada, pero al mismo tiempo tan aceptada, que ha creado el mundo al revés.

Si no estás crees lo que digo, veamos estos ejemplos cotidianos:

- Vanagloriamos el trabajo duro y el sacrificio. Nos esforzamos por alcanzar nuestras metas a cualquier precio. Sin embargo, nadie dice «ojalá hubiera trabajado más» en su lecho de muerte. Lo que realmente lamentamos es no haber pasado más tiempo con nuestros seres queridos, no haber descansado más, no haber viajado más, no haber conectado más o no haber hecho más las cosas que nos hacen sentir bien. Eso quiere decir que en un mundo correcto priorizaríamos las relaciones, las conexiones, el descanso y las cosas que disfrutamos. Sin embargo, en el mundo al revés, estamos siempre dispuestos a sacrificar lo más valioso.

- Creemos que el camino hacia nuestros sueños está fuera de nosotros. Sin embargo, nadie sabe mejor que nosotros hacia dónde queremos ir. En un mundo correcto, buscaríamos la guía en nuestro interior. Pero en el mundo al revés desconfiamos de esa guía y esperamos que sea otro el que nos muestre el camino. En consecuencia, muchos nos sentimos perdidos e infelices.

- Concentramos toda nuestra atención en lo que está mal en el mundo, en lo que no funciona y en lo que no nos parece bien. Encendemos la televisión en cualquier momento del día y pasamos horas y horas obsesionándonos con los peores escenarios que nos rodean. Sin embargo, al mismo tiempo reconocemos que tenemos la libertad de crear nuestra propia realidad según dónde enfoquemos nuestra atención. ¿Cómo podemos crear un mundo bello, justo y expansivo si invertimos la mayor parte de nuestra atención y energía en observar lo que no funciona? En un mundo correcto, nos concentraríamos en encontrar soluciones en lugar de enfocarnos en los problemas, porque sabemos que, si nos enfocamos en los problemas, solo crearemos más problemas.

Tal vez una de las características más dañinas de vivir en el mundo al revés es que se enaltece la incomodidad y se menosprecia a aquellos que han decidido vivir dentro de su zona de confort.

¿No es extraño que la mayoría de las personas parezcan estar descontentas con sus vidas la mayor parte del tiempo?

La constante insatisfacción con el lugar donde estamos, con quiénes somos y con lo que estamos haciendo es una consecuencia directa de nuestra batalla contra la zona de confort. Y parece una locura.

Es como si estuviéramos en una habitación repleta de comida deliciosa y nos negáramos a comerla. Y en lugar de eso, insistiéramos en salir al mundo exterior y cazar lo que deberíamos comer. No tiene sentido y, sin embargo, se ha convertido en la ideología aceptada para guiar nuestras vidas y decisiones.

En el mundo al revés, tendemos a asociar sentirnos cómodos con la resignación, pero en realidad la resignación es una zona en sí misma y la exploraremos en el capítulo 3.

En un mundo correcto, sabríamos reconocer cuándo estamos fuera de nuestra zona de confort, y, como sabríamos que nuestro poder reside en la zona de confort, priorizaríamos volver a ella. En un mundo correcto, viviríamos y nos expandiríamos desde nuestra zona de confort, el lugar donde nos sentimos seguros, conectados y en paz. Vivir de esa forma puede ayudarnos a reducir notablemente, e incluso eliminar, la mayoría de los conflictos que hay en nuestra vida y en la sociedad. Claro, no siempre estaremos de acuerdo, porque somos una especie diversa, pero dentro de nuestra zona de confort nos sentimos seguros y podemos expresarnos sin tener que atacar a los demás.

Además, al expresar y lograr lo que queremos, también nos volvemos más tolerantes con las opiniones de los demás.

Vivir dentro de la zona de confort nos libera y nos permite fluir. Darnos el permiso de ser quienes realmente somos nos proporciona la libertad de tomar decisiones que se alineen con nuestro propósito.

Pero ¿*cómo* podemos lograr vivir de esta manera en el mundo al revés, que quiere que vivamos de acuerdo al sistema, ideas e ideales de otras personas? ¿Cómo *elegir* una vida cómoda en un mundo que nos menosprecia por hacerlo? A veces hasta nos da vergüenza admitir que disfrutamos la vida *dentro* de nuestra zona de confort, porque nos da miedo lo que puedan decir los demás.

Esas son las preguntas que responderemos juntos en los próximos capítulos.

Lo has logrado

¡Has llegado al final del capítulo 1! Nuestro viaje acaba de empezar y el objetivo de este capítulo era compartir contigo algunos de mis hallazgos sobre la zona de confort. Espero que en tu lectura hayas empezado a cuestionar tu perspectiva de la zona de confort, o al menos hayas visto que vivir fuera de ella puede haber generado un mayor nivel de estrés o inseguridad en tu infancia, o incluso ahora.

En el próximo capítulo abordaremos algunas creencias sobre la zona de confort que solemos adoptar automáticamente, como resultado del constante bombardeo con este concepto por parte del mundo al revés. Espero que, a medida que leas, sigas abierto y dispuesto a analizar tus propios pensamientos e ideas. Y, como digo siempre, si te sientes un poco abrumado o necesitas apoyo, contáctame a través de mis redes sociales. ¡Estoy aquí!

Capítulo 2

POR QUÉ TUS CREENCIAS TE HACEN SENTIR INCÓMODO

Una de las razones principales por las que nos resistimos a quedarnos en nuestra zona de confort es que nos hemos creído las historias falsas que la sociedad nos cuenta sobre estar cómodos y cómo eso influye en que logremos o no nuestros sueños.

Cuando las cosas no van bien, es posible que pienses que quedarte en tu zona de confort evitará que las cosas se solucionen, y que solo al aventurarte en lo desconocido encontrarás el cambio que necesitas. Y cuando las cosas van bien, tal vez sientas que relajarte en tu zona de confort anulará todo tu progreso.

Lamentablemente, no te das cuenta de cómo estas creencias están afectando tu felicidad, tu salud, tu bienestar y tu prosperidad. Y, debido a todas estas creencias falsas que te han enseñado, evitas tu zona de confort.

Este libro cuestiona esas creencias. Porque ofrece una nueva forma de vivir y crear tus sueños para que sea más fácil, más natural y más divertido. Sin embargo, para que eso funcione, necesitas reflexionar acerca de tus creencias.

Por favor, tómate tu tiempo para leer las próximas páginas. Probablemente sean las más importantes de todo el libro. Tómate tu tiempo para leerlas y luego resuelve el ejercicio con total honestidad. Esto te ayudará a hacer un seguimiento de tu progreso cuando volvamos a revisarlo más adelante.

Sé que hacer una autoevaluación requiere esfuerzo. Pero te prometo algo: si trabajas en ello, obtendrás resultados. En este caso, el trabajo implica identificar tus creencias, y los resultados consistirán en liberarte de aquellas que te están frenando y que te impiden alcanzar tus sueños más atrevidos de una manera divertida, fácil y emocionante.

ACERCA DE LAS CREENCIAS

Antes de poder identificar las creencias que te están limitando, necesitas entender qué son las creencias.

Cuando tienes un pensamiento recurrente, tu cerebro hace algo extremadamente eficiente: transforma ese pensamiento en un programa automático que puede ejecutarse constantemente, incluso debajo de todos los demás pensamientos conscientes que tienes a diario. Una vez que un pensamiento se vuelve automático, nunca más tendrás que *elegir* pensarlo. Porque se transforma en un «hecho», en una creencia.

Tu cerebro está constantemente convirtiendo pensamientos en creencias. Y esto se debe a que tu mente solo puede retener una determinada cantidad de pensamientos a la vez. Es decir, que tu cerebro automatizará cualquier pensamiento con tal de hacer espacio.

Esto puede ser muy útil, ya que te permite retener información de tus experiencias del pasado sin necesidad de recordar constantemente esa información o los acontecimientos que dieron origen a ese pensamiento en primer lugar. Por ejemplo, si tocas una estufa caliente es probable que pienses que «las estufas queman», y una vez que esa idea se transforma en un hecho, siempre tendrás cuidado al tocar una estufa. No importa si recuerdas o no la primera vez que te quemaste.

Lamentablemente, esta habilidad de convertir pensamientos en hechos puede llevar a limitarnos en nuestras experiencias si esos pensamientos tienen una naturaleza limitante. Por ejemplo, si crees que hablar en público te provoca ansiedad, vivirás esa experiencia de una forma distinta a aquellas personas que creen que hablar en público es emocionante.

La idea de que *todos los problemas tienen solución* puede estimular el ingenio, mientras que la idea *nunca encuentro las respuestas correctas* puede afectar tu creatividad y crecimiento.

SI PUEDES CREERLO, PUEDES RECIBIRLO

Un amigo mío cree que tiene buena suerte y, en consecuencia, siempre le suceden cosas afortunadas. Gana sorteos, consigue estacionar su vehículo aunque las calles estén atestadas y siempre encuentra a un extraño que tiene justo lo que él está buscando. Una vez perdió su licencia de conducir y la persona que la encontró se la envió por correo incluso antes de que se diera cuenta de que la había perdido.

Las creencias son la forma en la que nuestro cerebro le encuentra un sentido y una explicación al mundo que nos rodea. Se originan a partir de nuestro entorno y de las experiencias que vivimos, pero, al fin y al cabo, esto no es más que una elección. Para que un pensamiento se convierta en una creencia, tenemos que darle validez. Tenemos que estar de acuerdo con ese pensamiento.

Según Michael Shermer, profesor de psicología y fundador de la revista *Skeptic*, primero moldeamos nuestras creencias y luego recopilamos evidencia que las respalde.

Cuando adoptamos una creencia, el cerebro empieza a crear historias, justificaciones y explicaciones a su alrededor. Por ejemplo, mi amigo siempre tiene buena suerte, sin importar dónde vaya. Y luego tengo otra amiga que cree que si sus uñas no están perfectas, el chico con el que sale la dejará. Y, de alguna manera, siempre termina saliendo con los pocos hombres en este mundo que parecen tener un problema con las uñas descuidadas.

Esto significa que lo que creemos determina nuestra realidad, no al revés.

Por eso Henry Ford dijo: «Si crees que puedes, tienes razón. Si crees que no puedes, también tienes razón».

Las creencias son la forma en la que nuestro cerebro le encuentra un sentido y una explicación al mundo que nos rodea. Se originan a partir de nuestro entorno y de las experiencias que vivimos, pero, al fin y al cabo, esto no es más que una elección.

Tiene sentido, entonces, que alguien que cree que *la vida es difícil* no tenga una vida fácil, que alguien que cree que *es malo en matemáticas* nunca sea bueno en matemáticas, y que alguien que cree que *los millonarios son estafadores* no sea millonario a menos que se convierta en un estafador.

No aspires al fracaso si lo que quieres es el éxito

Conozco a alguien que tiene grandes deseos, trabaja mucho y siempre habla de ganar la lotería. Incluso juega a la lotería algunas veces por semana. Sin embargo, cree que las personas adineradas son avaras y que el dinero es la representación del mal y saca lo peor de nosotros. Ella gasta dinero y trabaja por dinero, pero sus creencias acerca del dinero hacen que le resulte imposible retenerlo. Y, en consecuencia, está terriblemente endeudada. Su crisis financiera afecta todas las áreas de su vida. Su creencia negativa acerca del dinero genera una carencia, sin importar cuánto trabaje o los aumentos salariales que reciba.

Es literalmente imposible vivir una vida que no se alinee con nuestras creencias.

Y, por eso, cambiar lo que creemos es tan difícil. Una vez que algo se convierte en una verdad absoluta para nosotros, se vuelve cada vez más difícil cuestionarlo. Llega un punto en el que acumulamos tanta evidencia a favor de esta verdad que parece imposible que no sea cierta. Si esa creencia arraigada se formó durante la infancia, es posible que tengamos décadas de pruebas que la respalden. Si estás viviendo una realidad que no te gusta, es probable que estés aferrado a creencias que no te benefician, creencias que limitan tu creatividad, tu inspiración y tu capacidad para prosperar.

¡Pero todavía hay esperanzas! ¡*Puedes* cambiar tus creencias!

Dado que las creencias tienen su origen en pensamientos, solo puedes cambiar una creencia limitante cuando decides dejar de darle crédito al pensamiento original. Es en ese momento cuando tienes la opción de adoptar un pensamiento diferente, ¡uno que te beneficie y te empodere!

En el siguiente ejercicio, vamos a identificar cualquier creencia limitante que puedas tener acerca de la zona de confort. No te saltes este paso. Reconocer tu posición con respecto a tus creencias te ayudará a cuestionarlas y cambiarlas a medida que avances en la lectura de este libro.

EJERCICIO DE LA ZONA DE CONFORT N.° 1
¿Cuáles son tus creencias respecto de la zona de confort?

No puedes cambiar tu vida si sigues con los mismos patrones internos de siempre. Y tampoco podrás cambiar tu vida si no eres consciente de las creencias que tienes ahora. En este ejercicio, he creado una manera simple de evaluar tus creencias actuales acerca de la zona de confort al listar algunas de las creencias más comunes que existen. Es importante que hagas este ejercicio; te permitirá medir tu progreso y observar tu transformación al final del libro. Así que tómate unos minutos, siéntate, lee cada oración y marca aquellas que creas verdaderas o con las que te sientas identificado. Si encuentras creencias que no están mencionadas aquí, asegúrate de escribirlas en los espacios en blanco al final de la lista.

Tus creencias actuales sobre estar en la zona de confort:

☐ Vivir dentro de la zona de confort te limita.

☐ Si estás cómodo, no vas a crecer.

☐ El cambio empieza fuera de tu zona de confort.

☐ Tienes que dar un paso para salir de tu zona de confort.

☐ Las mejores cosas no suceden en tu zona de confort.

☐ Tus sueños están fuera del confort.

☐ La vida empieza fuera de la zona de confort.

☐ El que no arriesga, no gana.

☐ Para ser exitoso, tienes que sentirte incómodo.

☐ Debes salir de la zona de confort si quieres tener una buena vida.

☐ Sin dolor, no hay ganancia.

☐ Si juegas a lo seguro, nunca ganarás nada.

☐ La zona de confort está llena de excusas.

☐ Es imposible crecer dentro de la zona de confort.

☐ Fuera de la zona de confort te sientes más vivo.

☐ Es imposible ser productivo dentro de la zona de confort.

☐ Conocerás tu potencial una vez que abandones la zona de confort.

☐ Cuando estás dentro de la zona de confort, no estás asumiendo tus responsabilidades.

☐ El crecimiento y el cambio no son posibles dentro de la zona de confort.

☐ Si te quedas dentro de la zona de confort, estás renunciando a tus sueños.

☐ Si siempre optas por la salida fácil, nunca abandonarás la zona de confort.

☐ El miedo y la ansiedad son los indicadores de que vas por el buen camino.

☐ Solo alcanzarás tu propósito si te sientes incómodo.

☐ La zona de confort es la enemiga del éxito.

☐ Cuanto más tiempo te quedes en la zona de confort, más te resignarás.

☐ La imaginación y la creatividad son el fruto de la incomodidad.

☐ Si estás dentro de la zona de confort, te estás mintiendo a ti mismo y poniéndote excusas.

☐ Tu zona de confort te limita y te restringe.

☐ Si estás cómodo, eres débil.

☐ Si no sales de tu zona de confort, nunca crecerás.

☐ Vivir dentro de tu zona de confort equivale a renunciar a tus sueños.

- ☐ Elegir la zona de confort equivale a rendirse.
- ☐ Buscar la comodidad es vergonzoso.
- ☐ La zona de confort es la salida fácil.
- ☐ La magia está fuera de la zona de confort.
- ☐ Tu creatividad y tu talento pueden fortalecerse fuera de la zona de confort.
- ☐ Te limitas a ti mismo quedándote en tu zona de confort.
- ☐ Si te quedas en tu zona de confort, algo estás haciendo mal.
- ☐ Es normal sentirse culpable dentro de la zona de confort.
- ☐ Te estás haciendo daño a ti mismo y a los demás quedándote en tu zona de confort.
- ☐ Tu zona de confort es un lugar *fijo*. No cambia ni evoluciona.
- ☐ Si estás cómodo, te estás mintiendo a ti mismo.
- ☐ Si te quedas dentro de tu zona de confort, no estás actuando a tiempo.
- ☐ En tu zona de confort, tus sueños mueren.
- ☐ _____
- ☐ _____
- ☐ _____

Lo que has logrado

¡Bien hecho! ¡Has terminado el capítulo 2! Enfrentar las creencias limitantes no es nada fácil, pero lo has logrado. ¡Excelente! Es muy importante que hayas hecho este ejercicio, porque ahora podrás hacer un seguimiento de tu progreso al final del libro. Y, mejor aún, ahora que has identificado tus creencias actuales acerca de la zona de confort, podrás cambiarlas. Y lo mejor de todo es que no tienes que hacer nada más que lo que ya estás haciendo para cambiar esas creencias. A medida que avances con la lectura del libro y hagas los ejercicios, verás que tus creencias sobre el tema irán cambiando de manera natural. ¡Y pronto verás que logras reemplazar las creencias que te limitaban por creencias que te empoderan!

Sé que estás listo para empezar una vida que te estrese menos y te haga fluir más, así que a continuación nos adentraremos en lo que yo llamo *las tres zonas de la vida*. ¿En cuál estás tú? Averigüémoslo...

Capítulo 3

LAS TRES ZONAS DE LA VIDA

Todos vivimos dentro de lo que yo llamo las tres zonas de la vida: la *zona de resignación*, la *zona de supervivencia* y la *zona de confort*. Generalmente, vamos y venimos entre estas zonas a lo largo de nuestra vida. La zona en la que pasas la mayor parte de tu tiempo determina la calidad de tus decisiones y, por ende, la calidad de tu vida.

Entender las tres zonas de la vida, saber dónde te encuentras en cada momento y seguir moviéndote hacia la zona que fomenta la paz interior y la conexión es la forma más efectiva que conozco para vivir una vida más feliz y crear experiencias placenteras y satisfactorias.

LAS TRES ZONAS DE LA VIDA

LA ZONA DE RESIGNACIÓN

Cuando nos referimos a la zona de confort, la mayor parte de las personas cree que hablamos de la zona de resignación. Por esta razón, entender esta zona requiere que profundicemos un poco más y miremos bajo la superficie. Aunque piensen que están satisfechos, quienes viven en esta zona están muy lejos de sentirse realmente cómodos.

Es muy común que las personas que viven la mayor parte del tiempo en la zona de resignación afirmen que se sienten satisfechas, aunque en realidad se encuentren estancadas y sean incapaces de entrar en acción debido al miedo, incluso si no son conscientes de que ese temor está presente.

Muchas veces, esta falta de motivación se manifiesta con un sentimiento de apatía. Las personas que viven en esta zona simplemente van por la vida sin preocuparse demasiado por nada. Pueden estar «satisfechas» con lo que tienen porque les falta la energía, claridad y dirección para aspirar a más. Después de haber soportado tantos fracasos, un fuerte sentimiento de duda les impide querer más porque piensan que eso no tiene sentido. «¿Qué sentido tiene intentarlo de nuevo?» Para alguien que vive en la zona de resignación, puede ser difícil conectar con otras personas, proyectos o actividades a un nivel más profundo. Creen estar demasiado expuestos debido a su propia vulnerabilidad. En cambio, pueden compartir en exceso o explicar demasiado para disimular su falta de interés.

En esta zona, lo más probable es que no nos sintamos muy a gusto con nosotros mismos. De hecho, hasta podríamos sentir que odiamos quiénes somos, nuestra apariencia, nuestras habilidades o la falta de ellas. Nos criticamos en exceso y sentimos envidia de los demás, o incluso resentimiento hacia aquellos que parecen tener una vida más sencilla que nosotros. También tendemos a culpar a otras personas o circunstancias ajenas a nuestro control. Es muy común que usemos términos como *siempre* o *nunca* para fortalecer nuestras creencias limitantes.

«Las cosas *nunca* me salen bien.»

«*Nunca* podré ser como él o ella.»

«*Siempre* me ignoran.»

La mayoría de nosotros hemos estado en la zona de resignación en algún momento de nuestra vida. Aquí, la vida se convierte en un simple intento de sobrevivir el día a día, y las emociones negativas que experimentamos pueden consumirnos. Y cuando habitamos la zona de resignación constantemente, nuestro consciente y subconsciente se ponen en piloto automático, de forma que todo lo que nos rodea afianza nuestro miedo, nuestras carencias y nuestras limitaciones.

Estoy segura de que has visto a otras personas vivir de esta manera. Quizá un familiar que tiene distintos talentos y habilidades potenciales pero que no pueden hacer nada por su cuenta. Esa falta de progreso se ve reflejada en una constante amargura o apatía que los aleja continuamente de su propia vida. En estos escenarios, la opinión generalizada es que esta persona no persigue lo que desea (o lo que creemos que debería desear) porque está demasiado «cómoda» con su situación actual, aunque eso esté muy lejos de ser cierto.

Lo que experimentamos en la zona de resignación no es confort ni satisfacción, sino miedo. Miedo al fracaso, miedo al éxito, miedo a la vulnerabilidad, miedo a preocuparse por algo, miedo a tener una conexión verdadera.

En esta zona, la incapacidad de pasar a la acción nos impide hacer lo que tenemos que hacer, lo que queremos hacer. Y cuando no estamos dispuestos a analizar lo que nos pasa, justificamos nuestra falta de acción con la excusa de que estamos bien como estamos. Que preferimos no desear más. Es bastante fácil negar que en realidad estamos insatisfechos si no estamos dispuestos o no podemos profundizar para ver las creencias limitantes sobre nosotros mismos y el mundo que nos mantienen estancados en esta zona. Esto ocurre porque, cuando nos encontramos en la zona de resignación, todo parece imposible, y eso nos sitúa al borde del estancamiento. Normalmente sentimos que todo lo que conseguimos corre peligro, o que lo que deseamos nunca se va a cumplir. En la zona de resignación prevalece la desesperanza, y es muy incómoda.

La resignación es incómoda

Las personas resignadas no están en su zona de confort. De hecho, no están para nada cómodas. Cuando pasas mucho tiempo en tu zona de resignación, te sientes perdido.

¿Te has sentido así alguna vez?

Yo sí. Cuando toqué fondo (la experiencia que conté al principio del libro) estaba hundida en mi zona de resignación. Mi mente estaba inundada por la autocrítica, el miedo, la soledad, las inseguridades e incluso unos pensamientos suicidas que surgían de vez en cuando (aunque no perduraban). Mi salud mental era inestable. Mi cuerpo físico pedía ayuda a gritos.

Estaba en un círculo vicioso que no podía frenar, en parte porque a cada paso que daba sentía que estaba satisfecha. Me daba mucho miedo indagar y descubrir los miedos y creencias falsas que me habían llevado a la zona de resignación.

En esta zona, me sentía estancada, agotada y sin esperanza. *Siempre* había sido una persona que buscaba solucionar sus problemas. Si parecía que no había forma de hacer algo, yo la iba a encontrarla o a inventarla.

Pero aquí me sentía indefensa. No sabía qué hacer, así que comía.

Subí de peso. Y más. Y más. Creía que la comida me satisfacía, pero en realidad no podía ver el miedo que se escondía detrás de comer en exceso.

Cuanto más comía, más odiaba mi cuerpo y más me deprimía. Y a mi alrededor todo se empezó a desmoronar, incluso mis ingresos. Perdí el éxito de ventas que tenía en *eBay*, donde era una vendedora destacada, porque la depresión me impedía estar al día con los pedidos. No asistía a las reuniones con mi familia y mis amigos. Ya nada me importaba. Dejé ir mis sueños y me atasqué. La vida dejó de importarme, literalmente. Ni siquiera me importaba hacer una actividad mínima como lavarme los dientes. No atendía el teléfono. Me quedaba en la cama y dormía.

Quizá tu experiencia de tocar fondo sea distinta a la mía, lo sé. Entonces yo todavía tenía una cama donde dormir, mis pertenencias y personas que se preocupaban por mí. Lo que sí compartimos es el sentimiento, esa profunda sensación de desesperanza y desesperación. La zona de resignación es un lugar que, si lo permitimos, puede destruirnos. Pero también puede ayudarnos a conocer las partes más profundas y oscuras de nosotros mismos, lo que nos lleva a un crecimiento definitivo. Estar en la zona de resignación no necesariamente significa tocar fondo. Puedes verlo como si fueras un *smartphone* que está todo el día advirtiendo que le queda poca batería. Incluso puedes apagarte de vez en cuando. Pero te conectas y recargas suficiente batería para seguir viviendo. Quizá no quieras completar la carga, o quizá la batería no tiene la capacidad de cargarse por completo porque necesita una reparación. Esta es la zona a la que llegamos después de agotarnos en la zona de supervivencia, de la cual hablaremos a continuación. Cuanto más tiempo pasemos aquí, más nos alejaremos de nosotros mismos y de lo que realmente nos da alegría, comodidad y satisfacción. Por eso los sueños mueren en la zona de resignación, no en la zona de confort.

Yo soy la prueba viviente de que es posible encontrar el camino de regreso desde la zona de resignación y prosperar. Logré salir de esa oscuridad gracias a las técnicas que comparto contigo en este libro. Así que, si estás en esta zona ahora, no te preocupes. Estoy aquí para echarte una mano.

Algunas frases características de las personas que viven y crean dentro de la zona de resignación son: «¿De qué sirve intentar otra cosa? Al fin y al cabo, el mundo es muy injusto», «Nunca me sale nada con facilidad» o «No tiene sentido tener sueños, porque siempre me termino decepcionando».

LA ZONA DE SUPERVIVENCIA

Si eres una persona muy ambiciosa y tienes el hábito de obligarte a salir de tu zona de confort, es probable que pases la mayor parte de tu tiempo en la zona de supervivencia. La característica principal de esta zona es el esfuerzo excesivo. También es una zona que se caracteriza por la comparación y la competencia y, por lo tanto, fomenta la envidia, el juicio hacia los demás y el resentimiento. Si estás en esta zona, estás constantemente mirando hacia fuera, te comparas con las personas que tienen lo que tú quieres y sientes la necesidad de ponerte a prueba.

En esta zona, todo parece fluctuar de un día para otro. Tus creencias sobre lo que es posible, la claridad de tus visiones de futuro, tus miedos y tus dudas. En un momento son muy elevadas y al siguiente se reducen al máximo, y esto se traduce en muchas victorias, éxitos fugaces, resultados poco confiables y contratiempos inesperados. En esta zona, mides tu progreso constantemente, como si llevaras un registro, y te cuesta construir y mantener relaciones auténticas.

Cuando actúas desde la zona de supervivencia, las cosas funcionan, pero requieren muchísimo esfuerzo y el resultado es impredecible. El sentimiento de satisfacción es efímero. Tienes algunos días excepcionales y se sienten todo un éxito, pero hay otros que son agotadores.

Si estás en esta zona, es normal que te sientas agotado debido a:

1. Que los resultados son mediocres a pesar de haberte esforzado mucho.
2. Que los resultados son exitosos, pero para poder sostenerlos es necesario esforzarse mucho más.

En esta zona, las personas se ven envueltas en situaciones que, si bien ofrecen resultados deseables, a la larga traen aparejados efectos secundarios negativos, como el fracaso, la fatiga o una enfermedad.

Esta zona está repleta de trampas, porque a veces nos da un impulso y crea la ilusión de que lo que estamos haciendo funciona.

Entonces seguimos haciendo cosas que nos hacen sentir incómodos y que conllevan resultados poco confiables. Vivimos en la búsqueda de esas pequeñas victorias y de aquellas grandes metas que parecen inalcanzables, y eso nos mantiene constantemente ocupados, sobrecargados y estresados.

Planea tu descanso o tu cuerpo lo planeará por ti

En la zona de supervivencia, es normal enaltecer el trabajo, confundir el estrés con el progreso y volvernos cínicos acerca de cualquier ideología que cuestione esta forma de vivir. Puede ser que tengas lo mejor de lo mejor, pero a cambio sacrificarás tu tiempo, tu energía y, lo más importante, tu salud.

Lo vi con mis propios ojos. Mi abuelo, a quien cariñosamente llamaba Papa, se convirtió en uno de los principales vendedores de la industria metalúrgica de Pittsburgh en su época de mayor auge, a mediados o finales del siglo xx. Era todo un *experto*.

Demostró su lealtad y dedicación a la empresa al mudarse con su familia en varias ocasiones a diferentes estados a lo largo de su carrera. Durante los fines de semana viajaba por todo el país para hacer formaciones y cerrar tratos. Y durante la semana siempre iba más temprano y se quedaba hasta más tarde, y tanto en el camino de ida como en el de vuelta, debía enfrentarse al tráfico. Cuando estaba en su casa, escuchaba programas de radio sobre negocios o se formaba para seguir progresando en su carrera profesional.

Él trabajaba para vivir el sueño americano, para tener los mejores objetos materiales, seguridad para su familia y un buen retiro. Según él, la vida requería un compromiso serio, mucho trabajo y dedicación. Cuanto más se esforzara, más éxito tendría.

De niña yo lo idealizaba. Tenía una linda oficina en la ciudad, una casa hermosa y coches antiguos. Era la persona más exitosa que conocía. Cuando me quedaba con mis abuelos, me despertaba a las cinco de la madrugada para saludarlo y mi abuela no lo veía hasta que oscurecía.

Cuando volvía, la mayoría de las veces se sentía estresado, exhausto y alterado. Al llegar, yo veía cómo agarraba la pipa de tabaco, se dirigía a la cocina y se servía un vaso de vodka con hielo. En ese momento no lo sabía, pero con el paso de los años me di cuenta de que era alcohólico.

Mi familia lo intentó todo para ayudarlo.

Él iba a las reuniones de Alcohólicos Anónimos, pero no lograba que el cambio perdurara en el tiempo.

A medida que envejecía, el ritmo frenético de su adicción al trabajo le pasó factura y sus mecanismos de defensa no lo ayudaron. Poco después de retirarse le diagnosticaron cáncer. Y, después de varios años difíciles y dolorosos, falleció.

Mi Papa era igual a cualquier otra persona que trabaja incansablemente por un sueldo fijo. Con una determinación férrea, él anhelaba retirarse y finalmente disfrutar de la vida. Tenía la ilusión de que, si trabajaba duro en su juventud, todo ese esfuerzo finalmente daría sus frutos y algún día podría relajarse. Pero no pudo hacerlo. Cuando se retiró, tenía de todo menos salud.

Aprendí muchísimo de él, pero también entendí que su vida fue un claro ejemplo del éxito que se obtiene cuando estamos dentro de la zona de supervivencia, que es la zona en la que vivimos la mayor parte de las personas a lo largo y ancho de Estados Unidos incluso a día de hoy. Las oficinas estadounidenses están repletas de personas que pasan la mayor parte de su vida estresadas y agotadas, porque es lo único que conocen. Las paredes de las grandes corporaciones están colmadas de letreros de esta zona. La veo en las pilas de documentos que reposan sobre el escritorio de los ejecutivos con los que me reúno. La veo en los ojos cansados y en los bostezos de sus empleados. La veo en los informes de productividad mediocres, en la falta de confianza entre departamentos y en los montones de dulces y café que hay en las salas de descanso. En esta zona, solo estamos tratando de llegar a fin de mes, de *sobrevivir*. Siempre miramos con lascivia a aquellos que tienen lo que deseamos y pensamos que *quizá si hacemos un poco más, también nosotros podamos tenerlo.*

Estás aquí para triunfar y sentirte vivo, no solo para sobrevivir

Cuando las personas hablan de la «rutina» o el «esfuerzo», se refieren a la zona de supervivencia. Cuando dicen frases como «Sin dolor, no hay ganancia» o «Trabaja duro, diviértete mucho», lo hacen desde la zona de supervivencia. Cuando les dicen a sus hijos que «el dinero no crece en los árboles» y que «un pasatiempo no es una carrera», los están criando desde la zona de supervivencia. En realidad, vivir bajo presión no es sostenible. Tienes que dejar que las cosas sucedan según su curso natural. Tienes que hacer cosas que te hagan sentir bien y que te hagan sentir vivo, esa es la forma de prosperar.

En general, la respuesta que da la zona de supervivencia a cada problema consiste en hacer más y más cosas, como si la vida dependiera de ello. Por este motivo, la zona de supervivencia puede ser un entorno hostil para aquellas personas que son más sensibles o que necesitan soledad para recargar su batería. Me llevó años darme cuenta de que la razón por la cual me sentía muy incómoda en esta zona no era porque yo tuviera un problema. Quizá si hubiera sido menos empática y más extrovertida, hubiera sobrevivido mucho más tiempo antes de enterrarme bajo el estrés. Podría haber estado toda la vida en esta zona, como mi Papa, sin llegar a tocar fondo. Pero mi personalidad no es compatible con la zona de supervivencia, y, si eres una persona más sensible e introvertida, como yo, es probable que esta zona te esté haciendo pedazos.

Por otro lado, quizá tengas el tipo de personalidad que puede sobrevivir al clima volátil característico de esta zona durante muchos años.

En la zona de supervivencia, la opinión generalizada es que tienes que sentirte incómodo para ser exitoso. Si te creíste esta idea y vives la mayor parte del tiempo en esta zona, ¡lo más probable es que estés luchando contra la mismísima premisa de este libro! Si es tu caso, piensa lo siguiente: ¿y si tengo razón? ¿Y si de verdad puedes conseguir todo lo que quieres sin tanto estrés? Si realmente existiera una forma de hacerlo, ¿no te gustaría saberlo?

Algunas frases características de las personas que viven y crean dentro de la zona de supervivencia son: «El mundo es muy competitivo y la suerte no está de mi lado», «Ser exitoso es difícil, así que tendré que trabajar mucho para conseguirlo» y «Si me estreso significa que estoy yendo por el camino correcto hacia mis metas».

LA ZONA DE CONFORT

¿Disfrutas de crear en el flujo? ¿Priorizas tu autocuidado? ¿Te importa ser auténtico? ¿Eres apasionado? ¿Tienes un propósito? ¿Buscas crecimiento? ¿Eres intencional? ¿Confías en que todo te saldrá bien y en que, en definitiva, la vida está a tu favor?

Si la respuesta a cualquiera de estas preguntas es sí, tal vez ya estés viviendo dentro de la zona de confort o yendo en esa dirección.

¡Excelente! ¡Bien hecho! Sigue leyendo, porque lo que aprendas en este libro te ayudará a fluir hacia la vida de tus sueños con más precisión.

Si estas preguntas te generan enojo, desesperanza, miedo o excusas, no te preocupes. Este libro te ayudará a resolver los hábitos internos que te están impidiendo vivir de forma fácil y expansiva dentro de la zona de confort.

LA ACTITUD DE LA ZONA DE CONFORT

Intuición

Tranquilidad Fe

Felicidad
Conexión Sueños

Confianza Autoestima

Salud
Seguridad Pasión

LA ZONA DE CONFORT

Éxito Amor
Entusiasmo

Expresión Diversión Abundancia

Realización Creatividad

Alegría

Piensa en la zona de confort como si fuera el hogar donde te sientes seguro, libre de expresarte sin miedo a sentirte juzgado. Esta zona abarca todo lo que te hace sentir tú mismo y a gusto con tu vida. Aquí todo se siente cómodo y natural. Es un espacio personalizado donde puedes quedarte y sentirte fuerte y empoderado a pesar de los momentos estresantes y las amenazas externas.

Cuando estás en la zona de confort, tu amígdala (el lugar donde se ubica el estrés en tu cerebro) generalmente está inactiva. A menos que te enfrentes a un peligro inmediato, como que se prenda fuego en la cocina, te sientes seguro y tranquilo. Esto te permite entrar en modo «descansar y digerir», para que tu cuerpo pueda recuperarse y sanar. Además, permite que tus ondas cerebrales se desaceleren y se conviertan en ondas alfa, lo que te brinda la capacidad de solucionar problemas de una forma más creativa.

Desde el punto de vista físico, cuando te sientes seguro puedes alcanzar la coherencia cardíaca, según los estudios científicos del Instituto HeartMath sobre la interacción entre el corazón y el cerebro. Dado que todos los órganos se sincronizan con el corazón, cuando están en coherencia significa que pueden sanar más rápido y funcionar de manera más eficiente. Por eso crear en la zona de confort es una fuerza tan poderosa: te da acceso a un nivel de salud física, psicológica y emocional que no está disponible cuando luchas por tu vida. Y eso te convierte en una persona más saludable, más creativa y con más paz, que se dirige con calma hacia lo que desea.

La zona de confort no es un lugar estático. De hecho, si lo permitimos, nuestra zona de confort seguirá creciendo y expandiéndose constantemente. Siempre está en evolución. Y esto se debe a que somos criaturas en constante aprendizaje que disfrutan de experimentar cosas nuevas. Por naturaleza tendemos a extender los límites de nuestras habilidades y experiencias.

Disfruto mucho cuando veo a mis hijas en su zona de confort. Se desenvuelven con tranquilidad y hacen las cosas con alegría. Parecen no tener dudas de que pueden lograr lo que se propongan. Les encanta superar sus límites y aprender.

Deseamos el confort y la expansión por naturaleza

Cuando mi hija era pequeña, solía llevarla a un parque muy grande cerca de nuestra casa. Las primeras veces que fuimos, apenas se alejaba de mi lado. Se distanciaba algunos metros y enseguida quería volver a la seguridad de estar bajo mi órbita. ¡Y se olvidaba de jugar con los otros niños! Es como si no existiera nadie más que su madre. Su zona de confort me incluía a mí y prácticamente nada más.

> La zona de confort no es un lugar estático. De hecho, si lo permitimos, nuestra zona de confort seguirá creciendo y expandiéndose constantemente. Siempre está en evolución.

Cuando yo estaba cerca, ella se sentía segura. Le gustaba explorar siempre y cuando yo estuviera ahí. Caminaba por el parque con tranquilidad y comodidad. Probaba cosas nuevas, a la vez que se sentía relajada y se divertía. Hacía bromas, exploraba y se arriesgaba. Pero, en cuanto se sentía incómoda, se cerraba, se asustaba e incluso intentaba aferrarse a mí como si su vida dependiera de ello.

Cada vez que volvíamos al parque, veía cómo la zona de confort de mi hija comenzaba a expandirse. Pronto, ya no necesitaba que la tomara de la mano mientras se deslizaba por el tobogán. Logró alejarse varios pasos de mí e incluso se acostumbró a que me sentara en un banco y la observara a lo lejos mientras correteaba sin preocuparse por mi presencia. Empezó a conversar con otros niños y a hacer amigos con naturalidad.

Es muy llamativo que estemos dispuestos a darles a nuestros hijos el espacio que necesitan para expandir gradualmente su zona de confort, pero no seamos capaces de hacer lo mismo por nosotros. Sabemos que, para que nuestros hijos puedan desarrollarse, es importante que se sientan seguros y a gusto para poder explorar el mundo que los rodea sin sentirse amenazados o desamparados. En cambio, cuando se trata de nosotros mismos, creemos que la seguridad y la comodidad nos estancarán.

Vivir dentro de la zona de confort implica ser conscientes de cómo nos sentimos en un determinado momento y elegir caminos que nos brinden seguridad, comodidad y apoyo, en lugar de optar por aquellos que generen ansiedad, miedo y estrés. La zona de confort surge de un lugar de seguridad y protección. Cuando cumplimos esas necesidades básicas, la zona de confort puede expandirse.

Así logré que la comunidad de *Power of Positivity* (El poder de lo positivo) se expandiera y llegara a millones de personas. Mucha gente me ha pedido que sea su *coach* o mentora, o que les cuente a sus equipos el secreto de mi éxito. Aunque es cierto que hay experiencia, habilidades y un proceso detrás, en realidad no es tan diferente de lo que se puede encontrar en otros lugares. Hay miles de libros de negocios, programas y *coaches* que pueden desglosar mis procesos diarios de negocio mejor que yo. De hecho, todavía estoy aprendiendo.

Creo que el secreto de mi éxito yace en mi perseverancia para alinearme con mi zona de confort para así poder expandirla. Después de tocar fondo, decidí que nunca más me obligaría a salir de mi zona de confort. Ya no trabajaría hasta el agotamiento. Ya no iba a seguir el mapa del éxito trazado por otras personas. En cambio, sería más introspectiva y me inclinaría a hacer aquello que *yo* sintiera natural y cómodo, y luego *me expandiría y crecería desde ese espacio.*

Tu zona de confort es tu zona de poder

Cuando vives en tu zona de confort, te levantas cada mañana con un propósito. Tienes claridad mental, te sientes inspirado y te permites actuar desde esa inspiración. Como vivir dentro de la zona de confort nos da seguridad, habitar ese espacio hace que prioricemos naturalmente aquellos eventos, relaciones y tareas que nos divierten y nos satisfacen.

Te haces preguntas como: «¿Qué puedo hacer hoy por el mundo?», «¿Qué actividad divertida puedo hacer hoy?» y «¿Cómo puedo abordar este problema de una manera que me haga sentir bien?».

Cuando actúas desde la zona de confort, escuchas tu propia voz en lugar de las sugerencias de los demás. Confías en ti mismo. Dejas de compararte con los demás porque te das cuenta de que cada persona está haciendo su propio camino. Construyes límites sanos y los respetas. Y, a partir de ahí, empiezas a vivir la vida a tu manera en lugar de seguir el camino de otra persona.

La zona de confort es una especie de burbuja protectora que creamos para que la vida fluya con seguridad, confianza, claridad y creatividad. La confianza, la conexión, la estabilidad, la claridad y el propósito son estados emocionales que se experimentan en la zona de confort. Esta es la zona donde crecemos y creamos sin esfuerzo. Cuando estamos dentro de la zona de confort, transitamos los días con un propósito, ligereza y optimismo.

Algunas frases características de las personas que viven y crean dentro de la zona de confort son: «La vida está sabiamente diseñada y las cosas siempre suceden armónicamente para mi propio beneficio», «Lo único que necesito para tener éxito es ser yo mismo y seguir mi propia voz» o «Si puedo soñarlo y afirmarlo, puedo recibirlo».

LAS OBJECIONES MÁS FRECUENTES SOBRE VIVIR EN LA ZONA DE CONFORT

1. Vivir en la zona de confort significa renunciar a mis sueños.

Muchas personas temen sentirse a gusto o felices en su situación actual, ya que creen erróneamente que eso implica rendirse.

Aunque pueda parecer contradictorio, en realidad ocurre todo lo contrario. No podremos avanzar si no somos honestos acerca de nuestro punto de partida.

Por ejemplo, si quieres llegar a un restaurante con la ayuda del GPS, no puedes colocar la dirección del restaurante como destino y luego la dirección de otra persona como punto de partida. Obtendrás indicaciones, pero no te servirán de nada. Lo mismo sucede cuando niegas tu situación y circunstancias actuales por miedo a quedarte estancado.

Vivir en la zona de confort implica aceptar el lugar donde estás y quién eres en este momento. No tiene nada que ver con renunciar a tus sueños. Pero te ayuda muchísimo a alcanzarlos, porque puedes dar los pasos que te llevarán de tu situación actual al lugar donde quieres estar.

2. Vivir en la zona de confort significa que jamás haré algo que me haga sentir incómodo.

En su libro *Hábitos atómicos*, James Clear menciona la regla «Ricitos de Oro»: «Los seres humanos alcanzamos el máximo nivel de motivación cuando nos enfrentamos a tareas que se encuentran justo en el límite de nuestras habilidades actuales. No tan difíciles, pero tampoco tan fáciles. En el punto intermedio».

Por naturaleza, a los humanos nos encantan los desafíos. Nos encanta crecer. Nos encanta hacer cosas que desafíen nuestras habilidades. Pero, cuando una tarea es muy complicada, perdemos la motivación y nos rendimos.

Esto quiere decir que estamos diseñados para hacer cosas que no siempre resultan cómodas, incluso cuando estamos dentro de nuestra zona de confort. Sin embargo, hay una diferencia abismal entre hacer cosas incómodas dentro de nuestra zona de confort y hacerlas fuera de ella.

Por ejemplo, si tengo el cuerpo rígido, estirarme hasta el límite de mi comodidad puede hacerme sentir un poco incómodo, incluso doloroso, pero si aprendo a relajarme durante ese proceso, el estiramiento ayudará a que mis músculos se aflojen. Sin embargo, si hago una apertura forzada, puedo lastimarme. Cuando vivimos dentro de la zona de confort, tendemos a expandir la zona de una forma que nos resulte cómoda. Es decir, que, cuando nos enfrentamos a una tarea que nos da miedo, tendemos a buscar la forma de completarla con facilidad y sin tanto miedo.

Construimos *puentes* porque entendemos que la vida no tiene que ser difícil ni peligrosa.

Buscamos sistemas de apoyo, guías y herramientas para que nos ayuden a atravesar el camino.

Este proceso se denomina *andamiaje* y ahondaremos en dicho concepto más adelante.

3. Quedarse en la zona de confort es la salida fácil.

Sí, así es. Y, ¿qué problema hay en tomar la salida fácil?

Si vas a hacer una caminata, ¿prefieres tomar el sendero que está libre de residuos y ramas caídas o prefieres abrir un nuevo camino?

Tenerlo todo en la vida hace que simplifiquemos y sistematicemos. Creamos un teclado que nos permite escribir con los cinco dedos de cada mano, de manera fácil y eficiente. Creamos motores que convierten el combustible en energía para poder recorrer largas distancias en menos tiempo. Diseñamos la cocina para reducir la cantidad de desplazamientos necesarios a la hora de preparar la comida. A esto le llamamos «trabajar de forma inteligente». Incluso nuestro cuerpo está diseñado para conservar y optimizar la energía para que los trillones de células que componen nuestros órganos puedan operar con eficiencia y armonía. Estamos literalmente diseñados para que la vida sea eficiente y cómoda.

Entonces, ¿por qué nos resistimos a elegir la «salida fácil» para vivir la vida? ¿Por qué creemos que debemos sentirnos incómodos para prosperar?

Creo que es hora de tomarnos las cosas con calma, de sentirnos cómodos y de vivir la vida de una forma que nos resulte natural. ¿Qué te parece esa idea radical?

¿EN QUÉ ZONA ESTÁS?

LAS TRES ZONAS DE LA VIDA

Quiero que sepas que es normal entrar y salir de estas tres zonas a lo largo de la vida. Quizá ya sepas en qué zona estas en este momento a partir de las descripciones que acabas de leer. Si todavía no estás seguro de en qué zona estas, tómate unos minutos para responder las preguntas del ejercicio siguiente. Te ayudarán a ver con más claridad hacia qué zona te diriges y por qué.

A medida que leas y evalúes cómo te sientes con las siguientes afirmaciones, sé honesto contigo mismo. No es necesario que compartas los resultados de esta evaluación con nadie más, pero es importante que seas sincero y vulnerable a la hora de responder.

Sé que admitir algunas de estas afirmaciones puede generar sentimientos de culpa o vergüenza. Si es así, te animo a que te trates con cariño y compasión. Tómalo como información, no como una forma de atacarte a ti mismo. Es realmente liberador estar finalmente dispuesto a mirarte con transparencia y aceptarte tal como eres.

Si te resulta difícil no juzgarte, déjame decirte que yo misma he experimentado cada una de estas afirmaciones en algún momento de mi vida. He sentido estas emociones y he tenido estas creencias prácticamente de manera constante. Reconocer los patrones de pensamiento y comportamiento que me alejaban de mi zona de confort fue el primer paso en el camino para volver a mí.

EJERCICIO DE LA ZONA DE CONFORT N.º 2
¿En qué zona estás?

Coloca un número del 1 al 5 al lado de cada afirmación para indicar qué tan de acuerdo estás con cada una.

1 = Nunca

2 = Ocasionalmente.

3 = A veces.

4 = Con frecuencia.

5 = Casi siempre

		Tu respuesta 1-5
1	Me preocupa el futuro.	
2	Descuido fácilmente mis propias necesidades.	
3	Me da culpa priorizarme.	
4	Siento que todos obtienen lo que quieren menos yo.	
5	Me da miedo que la gente me conozca por cómo soy en realidad.	
6	Me siento abrumado.	
7	Me cuesta dormirme por la noche.	
8	Cuando despierto por la mañana siento que no he descansado.	

9	No confío en mi propia intuición.	
10	Me cuesta cumplir con mis compromisos.	
11	La felicidad está fuera de mi control	
12	Quiero ser feliz, pero no sé cómo.	
13	No me gusta mi trabajo ni a lo que me dedico.	
14	Hay mucha gente tóxica en mi vida.	
15	El futuro me da ansiedad.	
16	Cuando pienso en el futuro, me cuesta entrar en acción.	
17	La vida es difícil.	
18	Me cuesta mucho tener esperanza cuando hay tanta incertidumbre.	
19	Ingiero alimentos que no me hacen sentir bien y tampoco son buenos para mi salud.	
20	Los pensamientos que tengo hacia mí mismo son crueles.	
21	Los pensamientos que tengo hacia los demás son críticos.	
22	Tengo dolores de cabeza, tensión muscular y otros problemas de salud con frecuencia.	
23	Suelo aislarme de mi familia y mis amigos.	
24	Consumo sustancias como alcohol, drogas, tabaco, etc. para distraerme.	
25	Mis emociones son inestables. Suelo sentirme irritable, frustrado, de mal humor y fastidioso.	
26	Me cuesta expresar mis sentimientos y mis necesidades.	
27	La gente se aprovecha de mí.	
28	No sé qué quiero.	
29	Quiero quedarme en la cama todo el tiempo.	
30	Me siento poco importante e incomprendido.	
	PUNTUACIÓN TOTAL:	

Una vez que hayas puntuado cada afirmación del 1 al 5, haz la suma total y escribe el resultado en el recuadro «Puntuación total». La puntuación te servirá para saber en qué zona estás la mayor parte del tiempo y qué tan cerca estás de las demás.

30–90 La zona de confort

Si tu puntuación está dentro de este rango, estás en la zona de confort la mayor parte del tiempo. Es decir, que, aunque le dedicas tiempo a tu crecimiento personal y expansión, también satisfaces tus necesidades y estás dispuesto a pedir ayuda si la necesitas. Enfrentas los desafíos con una actitud positiva y resolutiva que te ayuda a encontrar las oportunidades que buscas.

El desafío. El mayor desafío al que te enfrentarás en la zona de confort es lograr quedarte. El mundo te hará creer que trabajar con tranquilidad es algo malo o vergonzoso. Algunas frases, como «Hay que estar preparado para lo peor» o «Lo que fácil viene, fácil se va», reflejan esta resistencia a creer que la vida puede ser sencilla y placentera. ¡No te lo creas! Esta ideología la crearon las personas que no viven en su zona de confort y, por lo tanto, no entienden el poder y el potencial que te da vivir allí.

La buena noticia. La buena noticia es que, cuanto más tiempo pases en tu zona de confort, más fácil te resultará vivir, más suerte tendrás y más oportunidades tendrás. Si normalizas y esperas obtener estos resultados, te resultará más fácil acomodarte a la expansión natural que te ofrece la zona de confort.

Los próximos pasos. Mantente en este camino, continúa trabajando en pos de tener una mentalidad positiva y sigue nutriendo tu entorno. Usa las herramientas de este libro para construir tu zona de confort y mejorar tu capacidad para vivir dentro de ella. Cuanto más persistas en esta tarea, más baja será tu puntuación en este ejercicio y más agradable y satisfactoria será tu vida.

91–120 La zona de supervivencia

Si tu puntuación está dentro de este rango, pasas la mayor parte del tiempo en la zona de supervivencia, donde trabajas mucho y los resultados son confusos. Si la puntuación que has obtenido es baja, quizá te sientas a gusto con el esfuerzo que estás haciendo. Quizá sientas que lo que estás haciendo funciona, ya que estás viendo resultados. Quizá tengas creencias que te llevan a hacer más actividades y dices cosas como «Sin dolor, no hay ganancia» o «Ya dormiré cuando me muera». También es posible que te enorgullezca tu capacidad de trabajar a pesar de la incomodidad y de llevarte siempre hasta el límite. En cambio, si tu puntuación es más bien alta, estás al borde del agotamiento. Si bien tu esfuerzo da sus frutos, también tienes problemas de salud, estrés o inconvenientes con tus relaciones. Es posible que sientas que te estás quedando sin combustible y sin motivación. Estás muy cerca de la fatiga y el agotamiento.

El desafío. El desafío de estar en la zona de supervivencia es que sientes un impulso para seguir hacia adelante, lo que te lleva a creer que estás en un buen lugar. Por un tiempo, el esfuerzo que haces da resultados, hasta que empiezas a notar los efectos colaterales que genera en tu salud física y mental.

La buena noticia. La buena noticia es que en cualquier momento puedes mirar hacia adentro y empezar a satisfacer tus necesidades. En la zona de supervivencia, los pequeños esfuerzos tienen un gran impacto en tu seguridad, equilibrio y sensación de conexión contigo mismo. En otras palabras, no hace falta que hagas cambios drásticos en tu vida para que te sientas aliviado y tranquilo.

Los próximos pasos. Lo mejor que puedes hacer en esta zona es cuestionar las creencias e ideologías que te producen un constante agotamiento. Tienes que estar dispuesto a pensar: «Quizá exista un camino más sencillo, y, si así fuera, ¿no sería bueno encontrarlo?». Luego, da los pasos que remarco en este libro para que gradualmente te dirijas hacia la zona de confort. Te prometo que la vida será más sencilla y agradable cuando priorices el confort, la tranquilidad y la seguridad en ti mismo. Eso es lo mejor que puedes hacer por ti hoy.

121–150 La zona de resignación

Si la puntuación que obtuviste está en este rango, estás en la zona de resignación. Es posible que te sientas estancado y sin esperanza. Es posible que estés tan cansado que literalmente no tengas energía para intentar algo nuevo. Las cosas que en algún momento disfrutabas ya no son tan relevantes y te invaden pensamientos que te piden que te rindas. Quizá estás atravesando un problema de salud.

El desafío. La parte más difícil de estar en la zona de resignación son las emociones que sientes. Miedo, desesperanza, agobio, depresión y la sensación de estar tan estancado en una vida que no quieres, que hasta te resulta difícil pensar en una salida. «¿De qué sirve preocuparme?», te preguntas. Y eso puede ir seguido de una ola de pensamientos críticos hacia ti mismo.

La buena noticia. El lado positivo de estar en la zona de resignación es que, una vez que estás aquí, finalmente puedes rendirte. Tira la toalla. Nada de lo que has hecho ha funcionado, así que ¿de qué sirve seguir intentándolo? Cuando te rindas, dejarás de ejercer resistencia y finalmente podrás liberarte de tus propias críticas y expectativas. Y, en ese momento, empezarás a cambiar tu vida. Si logras seguir sin imponerte presión, podrás guiarte hacia tu zona de confort con menos esfuerzo del que crees.

Los próximos pasos. Date por vencido, deja de esforzarte tanto, relájate y suelta el control y la resistencia. En realidad, estás en el mejor lugar para dirigirte hacia tu zona de confort. El proceso de crear con confort que presento en este libro te guiará para hacerlo paso a paso. Continúa leyendo y haciendo los ejercicios. En poco tiempo, vivirás una vida que te llenará de energía y que disfrutarás.

Lo que has logrado

¡Bien hecho! ¡Has terminado el capítulo 3! Sé que ha sido mucha información, pero espero que las descripciones de cada una de las tres zonas de la vida te hayan ayudado a recordar los diferentes momentos en tu vida en los que has vivido en una u otra zona. Ten en cuenta lo siguiente: No tienes de qué avergonzarte si estás en la zona de supervivencia o en la zona de resignación. Cada zona en la que has vivido te ha convertido en quien eres hoy. Todas las experiencias, incluso las malas, te convirtieron en quien eres.

Entender las tres zonas de la vida, saber dónde estás en un determinado momento e intentar moverte hacia la zona en la que puedas mantener la paz interior y la conexión contigo mismo es la forma más efectiva que conozco de mejorar tu calidad de vida. Saber en qué lugar estás te ayuda a saber cuál es tu punto de partida y así llegar a donde quieres ir. Tienes el derecho de crear experiencias agradables y satisfactorias.

En el próximo capítulo, veremos cuáles son los peligros de vivir fuera de la zona de confort. Son cambios fisiológicos que suceden en el cuerpo. Como había mencionado anteriormente, vivir fuera de la zona de confort activa la amígdala, el centro de estrés en el cerebro, y afecta tu capacidad para crecer y aprender cosas nuevas. Cuando vives en tu zona de confort, le das a tu cerebro la oportunidad de aprender cosas nuevas y eso te permite ganar y reconstruir la confianza en tus propias habilidades.

¡Adelante!

Capítulo 4

LA AUTOESTIMA Y LA CONFIANZA EN UNO MISMO EN LA ZONA DE CONFORT

Cuando la confianza en otra persona se rompe, también se ve afectada tu seguridad en esa relación. Lo mismo sucede con la relación que tienes contigo mismo. Cuando no confías en ti, te sientes desconectado, confundido e inseguro, y todas estas sensaciones perjudican la confianza en uno mismo. Cuando vives fuera de tu zona de confort de forma permanente, creas un sinfín de emociones negativas que perjudican tu autoestima y tu confianza.

La autoestima está estrechamente ligada a la confianza que tienes en tus propias habilidades, credibilidad y valores. Además, desempeña un papel importante en cómo percibes la forma en que los demás te ven. Si tu autoestima está dañada, es normal que creas que no le agradas a los demás o incluso que te odian. Te vuelves propenso a sentirte inseguro, autocrítico, avergonzado y solo.

Te invito a reflexionar sobre tu infancia y recordar alguna ocasión en la que uno de tus padres, algún miembro de tu familia, amigo o maestro te haya presionado para hacer algo que no te resultaba natural o cómodo, y te haya hecho vivir una situación que te provocó ansiedad o estrés.

A lo mejor eres tímido y te pidieron que hablaras frente a toda la clase, o quizá eras extrovertido o revoltoso y te pidieron que te quedaras quieto y dejaras de causar alboroto.

¿Cómo te sentiste en ese momento? ¿Qué historia creaste acerca de ti mismo y tus habilidades como resultado de ese incidente? ¿Qué repercusiones emocionales y conductuales hubo?

Si fuiste aquel niño tímido al que obligaron a hablar frente a toda la clase, es probable que hablar en público te genere rechazo de por vida. Quizá te dijiste que tienes algún problema.

Al fin y al cabo, al parecer, a ninguno de tus compañeros le provocaba ansiedad ponerse frente a toda la clase y hablar. Incluso hay gente que vive para los momentos en que tienen la oportunidad de compartir sus ideas en público. En cambio, a ti te aterroriza cualquier ocasión en la que tienes que hacer una presentación en el trabajo o hablar en alguna fiesta o cena, sea del tamaño que sea.

Quizá piensas: «Se me da muy mal hablar en público. Nunca fui bueno para eso, ni siquiera cuando era niño».

Si eras aquel niño extrovertido al que quisieron callar, quizá sientas que tienes algún problema en cuanto a tu nivel de energía, tu voz o tu forma particular de expresarte. Puedes sentirte cohibido o incluso culpable cuando percibes que eres «ruidoso» y «molesto».

Quizá piensas: «¿Por qué no puedo ser normal, como los demás?».

CÓMO SE DAÑA LA AUTOESTIMA

Cuando de niño te dicen que lo que te resulta natural no importa y que hay algo mal en ti por vivir la vida de una manera que te resulta cómoda, es probable que lo interpretes como si te estuvieran diciendo que no vales nada y que lo que es natural y cómodo para ti está mal o es anormal. Así comienzas a ser autocrítico y, en consecuencia, tu autoestima empieza a disminuir. Finalmente, comienzas a adaptarte a los estándares de las personas que te rodean, y que no se alinean con tus dones y talentos.

Hay una estrecha relación entre tu autoestima y tu capacidad de conectarte con los demás. Algunos estudios demuestran que, cuanto más baja es tu autoestima, más difícil te resulta conectar con los demás y más soledad experimentas. Cuando oigo a alguien decir cosas como «Nunca fui bueno en matemáticas» o «Me cuesta concentrarme», me pregunto qué situación estresante habrá atravesado para sentirse de esa forma.

Los estudios también indican que la autoestima y la confianza están íntimamente relacionadas. En un estudio que se llevó a cabo en 1954 y se publicó en el *Journal of Personality and Social Psychology*, los investigadores Craig W. Ellison e Ira J. Firestone declararon que nuestro nivel de autoestima afecta nuestra capacidad y disposición para confiar en nosotros mismos y en los demás. Para poder confiar en los demás y pedir que nos acepten, primero debemos confiar en nosotros mismos y aceptarnos.

Pero, cuando tenemos problemas de autoestima, también tenemos problemas para confiar. Y si no tenemos confianza en nosotros mismos, comenzamos a dudar de nuestro propio instinto, de nuestras ideas, preferencias y acciones. Porque la forma en que te muestras al mundo refleja tu relación contigo mismo, y si se rompe la confianza que tienes en ti, también se rompe la confianza que tienes en la gente que te rodea. En consecuencia, el mundo y todas las personas y circunstancias parecen arbitrarios, hostiles e inseguros.

En su charla titulada «*The Anatomy of Trust*», parte de la serie de *SuperSoul Sessions* presentada por Oprah Winfrey en OWN TV, la investigadora y autora Brené Brown utiliza la metáfora de un frasco de canicas para explicar cómo se construye la confianza. Según Brown, la confianza se fortalece o se quiebra a través de pequeños actos, aparentemente insignificantes. Pequeños actos como recordar el nombre de una persona, ir a un funeral, pedir ayuda, llamar a alguien cuando le dices que lo vas a llamar. Cada una de estas situaciones equivalen a colocar canicas en el frasco y construir la confianza. Estos pequeños momentos que te ayudan a construir confianza son los mismos en los que te puedes sentir traicionado y que te llevan a sacar canicas del frasco.

Creo que la confianza se construye y se quiebra de la misma manera, tanto en nuestras relaciones con los demás como en nuestra relación con nosotros mismos, a través de pequeños actos que llevamos a cabo en momentos fugaces y aparentemente insignificantes a lo largo de la vida. Sin embargo, cuando se trata de confiar en nosotros mismos, a menudo nos enfrentamos a situaciones generadas por poderes más allá de nuestro control.

Por ejemplo, un adulto le pide a un niño que haga algo que le resulta incómodo y que terminará afectando su rendimiento académico o sus relaciones sociales. En ese tipo de situaciones, puedes desarrollar confianza en ti mismo o puedes traicionar tu propia confianza. Una niña puede dar una excelente presentación frente a toda la clase y descubrir que se siente cómoda haciéndolo, mientras que otra niña puede sentirse incómoda, titubear, avergonzarse y descubrir que no tiene confianza para hablar en público. La diferencia entre estas experiencias radica en la zona de confort individual de cada niña. Para una de ellas, hablar en público se encuentra dentro o justo en el límite de su zona de confort; mientras que, para la otra, está muy fuera de ella.

Cuando observo a los niños, noto una gran diversidad en sus formas de expresión e intereses. Cada niño posee un conjunto único de preferencias que parecen ser innatas. Mis propias hijas, que comparten casi todo su material genético y han tenido experiencias similares en su crianza, tienen personalidades y preferencias completamente distintas que se reflejan en sus diferentes zonas de confort. Una actividad que no requiere absolutamente nada de esfuerzo para la mayor puede aburrir o generar ansiedad a la menor. En consecuencia, las actividades y situaciones que dan confianza a cada niña son completamente distintas.

Consecuencias fisiológicas

Desafortunadamente, tan solo vivir una sola situación fuera de tu zona de confort durante tu infancia basta para que la imagen que tienes de ti mismo se vea afectada. Una vez que tu cerebro detecta que una determinada actividad es una amenaza, siempre te generará ansiedad. *Por eso nuestra experiencia en la infancia tiene tanta repercusión en nuestra vida adulta.*

Lo que quizá no sabes es que presionarse a hacer algo que no te resulta cómodo tiene consecuencias fisiológicas. En su libro *Un ataque de lucidez*, la neurocientífica Jill Bolte Taylor escribe: «Cuando aparecen estímulos que se perciben como familiares, la amígdala [el centro de estrés del cerebro] está en calma […]. Pero, en cuanto la amígdala se activa debido a estímulos desconocidos o tal vez amenazantes, eleva el nivel de ansiedad del cerebro y centra la atención de la mente en la situación inmediata».

Cuanto más te resistas y más vergüenza sientas por pasar tiempo en tu zona de confort, mayor es el riesgo de quebrar la confianza en ti mismo.

Esta actividad de la amígdala es muy útil cuando te persigue un tigre en la naturaleza, pero puede ser perjudicial para tu vida cotidiana, ya que tu atención se centra en la supervivencia y se aleja de cualquier tipo de aprendizaje o de la posibilidad de encontrar una solución creativa a los problemas. Esto significa que, tanto en la infancia como en la vida adulta, cuanto más te alejes de tu zona de confort, más difícil será para tu cerebro aprender y retener nueva información.

Tu capacidad para confiar en ti mismo está ligada a tu relación con tu zona de confort. Cuanto más te resistas y más vergüenza sientas por pasar tiempo en tu zona de confort, mayor es el riesgo de quebrar la confianza en ti mismo.

La pérdida de la confianza en uno mismo

Cuando estás dentro de tu zona de confort, adquieres confianza en ti mismo, autoestima, seguridad y autenticidad. En cambio, cuando vives fuera de tu zona de confort, te estás diciendo a ti mismo, a nivel subconsciente, que está mal ser quien eres y que lo que te resulta natural no es importante ni valioso. Te convences de que para lograr algo necesitas ser otra persona, hacer lo que haría otra persona y vivir como otra persona. Pero después te preguntas por qué no te sientes cómodo en tu propia piel y por qué te criticas tanto.

Entonces, ¿qué pasa con la persona que se esfuerza en exceso y trabaja arduamente, pero aparenta estar completamente satisfecha y se muestra segura de sí misma? Puede que estés pensando en un amigo, familiar o compañero de trabajo que claramente se encuentra en su zona de supervivencia, pero muestra una alta autoestima, e incluso una percepción exagerada de sí mismo. Esta persona aparenta tenerlo todo bajo control y nunca parece dudar de sus habilidades, opiniones o acciones. Incluso puedes pensar «¡Está tan segura de sí misma!» o «¡Desearía tener esa confianza inquebrantable!».

Es importante analizar lo que realmente impulsa el comportamiento de alguien que muestra una confianza excesiva, para ver qué emociones están detrás de esa actitud. La verdadera confianza en uno mismo nace de un lugar interno de seguridad y comodidad, no necesita demostrarse, ni controlar a los demás o desacreditar a nadie solo para tener la razón. Creo que este tipo de comportamientos son síntomas de inseguridad, autocrítica y ego, no de confianza en uno mismo o autoestima. Cuando percibimos una amenaza a nuestra sensación de valía, sentimos la necesidad de justificarnos o protegernos.

Cuando observo cómo tratamos a los niños en nuestra sociedad, entiendo mejor por qué los adultos tienen relaciones problemáticas con su zona de confort y por qué tantos nos sentimos inseguros, indignos e insuficientes. A los niños rara vez les preguntan qué los hace sentir cómodos. Nadie los consulta a la hora de planificar su educación.

Como sociedad, rara vez nos detenemos a observar las habilidades a las que los niños se sienten atraídos naturalmente y no los apoyamos lo suficiente para que desarrollen y fortalezcan esas habilidades. En cambio, aplicamos un enfoque educativo igual para todos. Al estandarizar la educación e incluso la crianza, enseñamos a nuestros hijos que para poder vivir en sociedad deben encajar en un determinado molde, uno que resulta incómodo para muchos de ellos. ¿Cuántas veces has escuchado cosas como «Haz lo que te apasiona como un pasatiempo, pero consigue un trabajo formal», en referencia a algo que te entusiasmaba? ¿Cuántas veces le has dicho eso a tus hijos?

Por otro lado, cuando nuestros hijos se sienten seguros, cómodos y desinhibidos, experimentan momentos de inmensa creatividad. Viven para expresarse y, cuando se sienten cómodos, puede ser maravilloso observar sus formas de expresarse.

Pero los niños no son los únicos que viven para expresarse. Como adultos, explorar los límites de nuestra propia imaginación y expresar nuestras ideas constituye la esencia de lo que nos da alegría. Somos más felices cuando tenemos la oportunidad de vivir una vida que nos permite disfrutar de experiencias divertidas y emocionantes.

Es importante remarcar que las experiencias que disfrutas, incluso las que te dan «miedo», nunca suceden fuera de tu zona de confort. Si algo es emocionante, divertido y te resulta sencillo o por lo menos alcanzable, entonces está *dentro* de tu zona de confort. Estas emociones que te hacen sentir vivo o que te motivan a entrar en acción son señales de que estás trabajando con ideas que son naturales para ti.

Cuando estás en tu zona de confort, te permites ser quien eres. Cuando vives en tu zona de confort, le das a tu cerebro la oportunidad de aprender cosas nuevas y eso te permite ganar y reconstruir la confianza en tus propias habilidades y así restituir la confianza en ti mismo. El mensaje que te das es que no hace falta ser ni hacer algo distinto a lo que eres o estás haciendo en este momento. Este es un momento crucial en la vida de muchas personas. Para mí, durante este momento finalmente pude respirar.

Sentí que me sacaba un enorme peso de encima cuando por fin empecé a preguntarme: «¿Qué tengo ganas de hacer hoy?». Al dejar de escuchar lo que el mundo *esperaba de mí* y permitirme decidir qué hacer en función de mi nivel de comodidad, di el primer paso hacia la reconstrucción de mi relación conmigo misma. Después de algunas semanas, me sentía mejor y volví a tener ganas de hacer las cosas que amaba. Empezaron a aparecer oportunidades para trabajar desde casa que me entusiasmaban, y un sentimiento de satisfacción comenzó a crecer en mí. Fue como regresar a casa. Al poco tiempo, esa satisfacción se transformó en esperanza, entusiasmo y alegría.

Lo que has logrado

¡Has llegado al final del capítulo 4! ¡Bien hecho! Ahora puedes ver claramente que salir de tu zona de confort tiene un impacto negativo en tu autoestima. Cuando vives en tu zona de confort, le das a tu cerebro la oportunidad de aprender cosas nuevas, cosa que te permite ganar seguridad y reconstruir la confianza en tus propias habilidades. Saber esto representa un punto crucial en tu vida, pues finalmente puedes permitirte ser quien realmente eres.

Cuando te aceptas por quien realmente eres, puedes iniciar tu camino hacia la creación de la vida que realmente deseas. Esto nos lleva al siguiente capítulo, donde se destaca la importancia de acceder a tu sabiduría interna y escucharla, porque solo *tú* sabes cómo crear la vida que anhelas. Me complace ser tu guía y compartir mi viaje contigo. Estoy segura de que empezarás a prestar más atención a lo que te dice tu voz interior. En el próximo capítulo, te mostraré mi proceso de crear con confort, que es básicamente el mapa detallado para crear tu propia zona de confort.

Capítulo 5

EL CAMBIO INTERNO HACIA EL CONFORT

Imagina vivir con alguien que nunca te escucha cuando hablas. Imagina que nunca presta atención cuando compartes tus deseos, ideas o preferencias. Finge que ni siquiera existes. Imagina que, en algún momento, esa persona decide que todo lo que dices está mal y, a partir de entonces, cuando sugieres algo, hace exactamente lo opuesto. Incluso si escucha lo que tienes para decir, su respuesta es: «Eso no es cierto. Veamos qué opinan los demás sobre esto». Así es como te tratas a ti mismo cuando desestimas tu propia verdad o tu voz interior.

En algún momento, es posible que experimentes cómo múltiples voces te hablan a la vez en tu mente. Lograr escuchar la indicada es la clave para crear la vida que anhelas. Entre esas voces está el constante parloteo mental que juzga y cataloga todo lo que te rodea y también está la voz pesimista que tiene la asombrosa habilidad de detectar y amplificar hasta los riesgos y errores más insignificantes. Y luego está la voz de la intuición, la sabiduría interior, la guía divina, el espíritu, Dios o como prefieras llamarla. Reconoces ese susurro sereno y gentil que sabe todo lo que hay que saber sobre ti, dónde quieres ir y cómo llegar allí. Esta voz nunca es agresiva ni aterradora. Nunca te obligará a hacer nada. Solamente te hace sugerencias. Y, aunque nunca le prestes atención, jamás te dará la espalda.

Solo puedes oír esa voz en la zona de confort, no podrás hacerlo fuera de ella. Y, para poder oírla con claridad, debes ir hacia donde está. No puedes pararte en medio del caos y el miedo de la zona de resignación y tratar de escucharla. Sería como pararse en pleno Times Square y tratar de escuchar el suave susurro de una amiga que te habla desde la paz de su casa de campo. Tienes que ir donde está tu amiga si quieres escuchar lo que tiene que decirte. Tu voz interior es tu amiga y reside en la seguridad de tu zona de confort.

SENTIRSE BIEN GENERA UN CAMBIO INTERNO

Cuando era niña, escuchaba mi voz interior de forma innata. De hecho, mi abuela siempre me recordaba lo que Pepito Grillo le decía a Pinocho: «Deja que tu consciencia sea tu guía». Pero, a medida que fui creciendo, mi voz interior se fue apagando gradualmente debido a las exigencias de las personas que me rodeaban. Empecé a dudar de esa guía porque los adultos me daban consejos desde fuera de mi zona de confort. Aunque lo hacían con las mejores intenciones, sus consejos me alejaron de lo que realmente me hacía sentir bien y de lo que era natural para mí. Tuve que perderlo todo para darme cuenta de que había dejado de escuchar mi voz interior y me había perdido en el afán de complacer a los demás.

Me había metido en un callejón sin salida. Tenía que decidir entre quitarme la vida o hacer algo que no había hecho en mucho tiempo: escuchar lo que necesitaban mi cuerpo, mi mente y mi alma. Una de las primeras cosas que hice fue reemplazar afirmaciones como «¡No sé qué hacer!» o «¡No sé cómo me tengo que sentir!» por preguntas como «¿Qué quiero hacer?» o «¿Qué me haría sentir bien en este momento?». Para cada pregunta llegó una respuesta. Y confié en que era la respuesta correcta.

Por primera vez en mucho tiempo, dejé de juzgar mis propios deseos, sentimientos y preferencias. Si me sentía cansada y quería quedarme en la cama, dejé de pensar que era una perezosa. En cambio, pensaba: «Lo que necesito en este momento es descansar. Descansar está bien». A veces subestimamos el poder de nuestras palabras y hasta qué punto la forma de hablarnos puede influir en nuestra experiencia.

Tu voz interior es tu amiga y reside en la seguridad de tu zona de confort.

Me permití sentirme aliviada por estar donde estaba. Me hallaba en un lugar seguro. Tenía una cama cómoda. Tenía ropa calentita. Mi intuición se convirtió en mi guía, y la gratitud y las afirmaciones se convirtieron en mis rituales diarios. Cuanto menos juzgaba mi situación y más me permitía estar cómoda con mi entorno, mejor me sentía. Cuando me permití ser yo misma, volvió a avivarse la llama. Me encontré a mí misma nuevamente.

En el momento en que se produjo este cambio interno en mí, tuve que quedarme en cama dos semanas, pero luego me sentí inspirada a levantarme y estirarme. Encontré actividades físicas que me resultaban reconfortantes. Empecé a comer alimentos nutritivos. A medida que empecé a tomar decisiones que me hacían sentir cómoda, mejor me sentía y más ideas fluían hacia mí y a través de mí. Empecé a perder peso, pero no porque odiara mi cuerpo y quisiera cambiarlo, sino porque aprendí a amarlo y a cuidarlo de la manera adecuada.

Celebré los pequeños logros, me hablé con amor y comencé a confiar en que, al final, todo iba a ir bien. Mi vida estaba cambiando rápidamente. Estaba viendo los efectos que tenían los pensamientos positivos en mi vida. Estaba creando un ciclo de retroalimentación positiva. Cuando di un paso hacia la zona de confort, pude acceder a los pensamientos positivos, que fueron los que me ayudaron a quedarme allí. Empecé a crear rituales de la zona de confort, hábitos que me parecían sencillos, naturales y reconfortantes. Cuando la vida se ponía difícil, mis rituales me ayudaban a quedarme en mi zona de confort. ¡Y al poco tiempo apareció *Power of Positivity*!

Mi nueva vida parecía mágica. Quería compartir mi inspiración con otras personas. Sentía una profunda motivación por ayudar a los demás a transformar su vida tan solo cambiando sus pensamientos, así que empecé a compartir afirmaciones y citas en línea a diario. Así fue como la comunidad empezó a crecer rápidamente. Sí, requirió mucho esfuerzo, pero disfrutaba tanto lo que hacía que las «largas horas» que pasaba trabajando se pasaban volando. Todo fluía, y es así como se encuentran la pasión y el propósito. En los próximos capítulos, te mostraré los pasos exactos que di para poder empezar a fluir para que tú también puedas hacerlo.

Poco después, empecé a recordar esos momentos mágicos. Quería saber qué había sucedido dentro de mí como para permitirme hacer un cambio tan drástico en mi vida con tanta facilidad. Me di cuenta de que cada decisión que tomé en ese momento de transición positiva fue por algo que me ayudaba a sentirme más segura o por algo que nacía de un sentimiento de seguridad. La seguridad lo era todo. Era el sentimiento que más necesitaba para avanzar, sanar y crecer. Era lo que me había hecho falta todo ese tiempo. Con tan solo preguntarme qué prefería, empecé a desarrollar una sensación de seguridad en mi vida.

Pero ¿por qué me había llevado tantos años permitirme sentirme bien con mi situación? ¿Por qué había peleado con tanta ferocidad en contra de mi comodidad?

Cuando vivimos fuera de nuestra zona de confort, adoptamos un estilo de vida en el que siempre estamos buscando la plenitud en el exterior. Sin embargo, al no encontrarla fuera de nosotros mismos, nos condenamos a una vida de búsqueda sin encontrar aquello que anhelamos. Este estilo de vida genera un trauma.

Si has vivido toda tu vida fuera de tu zona de confort, cuando finalmente vuelvas a ella, puede llevarte un tiempo acostumbrarte a su sencillez. Porque te despierta sospechas. Es como si hubieras vivido en una zona en guerra toda tu vida. Cuando finalmente vuelves a la seguridad de tu hogar, lejos del campo de batalla, nunca dejas de cubrirte las espaldas, porque la paz del silencio de cada habitación te hace sospechar, y llegas incluso a cuestionar los motivos de la brisa que mueve las brillantes hojas al otro lado de tu ventana.

La buena noticia es que ya no tienes que vivir así nunca más. Acomodarte al confort de tu vida es posible. Una vez que la vida empieza a mejorar, nunca deja de hacerlo.

EL PROCESO DE CREAR CON CONFORT

A estas alturas debes estar diciendo: «¡Ya entendí, Kristen! ¡Te sigo! Pero ¿por dónde empiezo?».

En primer lugar: ¡GENIAL! Me alegra que hayamos llegado juntos hasta aquí y también me entusiasma lo que todavía queda por venir.

En segundo lugar, debes empezar por donde empiezan todos los viajes: el lugar donde estás. Estás en el lugar correcto, en el momento correcto, haciendo lo que debes hacer. Sigue leyendo este libro y haciendo los ejercicios, y antes de que te des cuenta estarás viviendo en tu zona de confort, creando la vida que sueñas, estresándote menos y fluyendo más.

En algún momento dirás algo como: «Esto parece demasiado fácil». Y mi respuesta será: «¡Genial! Es fácil porque así debería ser».

Modificamos nuestra actitud cuando finalmente caemos en la cuenta de que la vida debería ser fácil y divertida, y que merecemos tener todo aquello con lo que soñamos.

En cuanto a mí, me quedo en mi zona de confort y constantemente creo una vida a mi manera gracias a las herramientas y técnicas que he desarrollado en lo que yo llamo el proceso de crear con confort. En los próximos capítulos, te voy a guiar paso a paso para que llegues a tu zona de confort, te quedes allí y experimentes un crecimiento natural e intuitivo, mientras te aceptas tal y como eres en cada paso del camino. Cuando aprendas este método, tú también podrás usar este efectivo y poderoso proceso de tres pasos cada vez que te sientas estancado o necesites un impulso para alcanzar tus sueños.

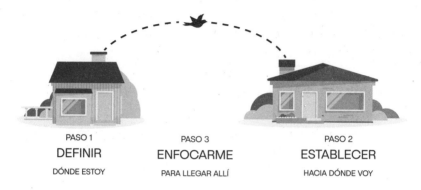

EL PROCESO DE CREAR CON CONFORT

PASO 1
DEFINIR
DÓNDE ESTOY

PASO 3
ENFOCARME
PARA LLEGAR ALLÍ

PASO 2
ESTABLECER
HACIA DÓNDE VOY

Aquí hay una vista previa de los tres pasos que aprenderás en la parte II, «El proceso de crear con confort»:

- **Paso uno: Definir.** En esta sección, analizarás detenida y sinceramente dónde estás. Usarás la *pirámide S.E.R* para crear un entorno tanto interno como externo de Seguridad, Expresión y Regocijo/alegría. Analizarás cómo te estás mostrando en tu vida actual para poder perfeccionar tus elecciones y límites con honestidad, transparencia e intención.

- **Paso dos: Establecer.** En esta sección identificarás hacia dónde vas. Usarás herramientas como *tu yo expandido*, el *mapa de visualización de la zona de confort*, *afirmaciones* y *emociones* que te ayudarán a crear la visión del futuro hacia el que te quieres dirigir. Definirás quién quieres ser mientras disfrutas tu vida al máximo y tomarás decisiones conscientes que estén en sintonía con la vida que intencionalmente anhelas.

- **Paso tres: Enfocarte.** Por último, en este paso explorarás cómo llegar allí. Usarás herramientas como la *aclimatación*, la *meditación*, los *hábitos*, las *posturas de poder* y el *flujo* para expandir constantemente tu zona de confort actual, de manera que pueda abarcar la vida que realmente anhelas. Estas herramientas te servirán a lo largo de toda tu vida para crear una vida llena de bendiciones que podrás disfrutar durante décadas.

He desglosado estos tres pasos en distintos capítulos y en cada uno de ellos me concentro en una herramienta, técnica o cambio de mentalidad en específico que te ayudará a prosperar dentro de tu zona de confort. Una vez que estés cómodo, podrás recurrir a cualquiera de estas herramientas según las necesites, ya sea para ser honesto contigo mismo acerca de tu situación actual, tener claridad sobre tus metas o inspirarte para avanzar.

Observa que, en el diagrama del proceso de crear con confort, el tercer y último paso, *Enfocarme para llegar allí*, no se encuentra al final, sino en medio de los dos pasos anteriores. Esto se debe a que, para poder avanzar hacia donde quieres ir (paso tres), primero debes definir dónde estás (paso uno) e identificar hacia dónde vas (paso dos). No se construyen puentes al azar en el medio del océano con la esperanza de llegar a tierra firme en algún momento. Primero identificas una isla, evalúas de manera objetiva tu posición en relación con ella y luego, según la distancia y otros factores, decides qué tipo de puente construir para conectarte con esa isla.

Eso es exactamente lo que harás con tu vida: construir un puente que conecte el lugar en el que estás con el lugar al que quieres llegar. En consecuencia, cuando llegues al paso tres, las medidas que tomes serán más efectivas a la hora de llevarte a tu destino deseado.

Cuando termines de leer este libro e implementes todas las herramientas y técnicas que comparto aquí, tendrás todo lo necesario para convertirte en un profesional de la zona de confort. Y los que te rodean empezarán a verte distinto. Es posible que quieran saber qué te ha sucedido, por qué estás menos estresado y cómo atraes tantas nuevas oportunidades a tu vida con tanta facilidad. Pero tú sentirás que cada día te estás convirtiendo más en quien realmente eres. A medida que te des permiso para ser tú mismo, tus sentimientos de seguridad y confianza en ti mismo aumentarán. Tus sueños empezarán a tomar forma y tú empezarás a sentir que mereces recibir todo lo que anhelas. Incluso tu relación con los que te rodean mejorará.

Mientras avanzas en cada paso y realizas los ejercicios de los siguientes capítulos, te ruego que no seas autocrítico. Todos tenemos nuestras cuestiones internas por solucionar. Es parte de ser humanos. Ser sincero y menos autocrítico te dará la oportunidad de solucionar esas cuestiones y así poder conectar con tu fuente de poder personal. Si te topas con algunas áreas de tu vida que parecen demasiado sensibles o difíciles de cambiar, no te quedes atascado en ellas. Sigue leyendo el libro y trata de hacerlo lo mejor posible en cada ejercicio. Te prometo que, si sigues avanzando y das lo mejor de ti, empezarás a cosechar los beneficios de vivir en tu zona de confort.

Lo que has logrado

¡Has terminado el capítulo 5! Te envío un fuerte abrazo. Estás bien encaminado. Me emociona que puedas experimentar y aceptarte tal y como eres, ¡así podrás reconocer tu poder y compartirlo con el mundo! Vienen cosas increíbles y solo necesitas creer en ellas para que se hagan realidad. Cuando vives en tu zona de confort, vives en tu poder, y, entonces, cada elección y cada paso que das en ese espacio te proporcionan satisfacción. La zona de confort es la salida fácil, y así debe ser. Cuando vivimos en nuestra zona de confort, nos convertimos en quien realmente somos y la vida que anhelamos comienza cuando prestamos atención a nuestra voz interior.

Ahora sigamos con la parte II y el proceso de crear con confort, y empecemos por el paso uno, *Define dónde estás*. En el primer capítulo del paso uno, podrás enlazar tu hogar real con tu hogar interno, tu zona de confort, y verás por qué es tan importante que crees un espacio que la refleje.

PARTE II

EL PROCESO DE CREAR CON CONFORT

¡**Te felicito!** ¡Estás a punto de empezar un viaje hacia ti mismo! En estos capítulos encontrarás todo el conocimiento, las herramientas y la información que me ayudaron a crear la vida de mis sueños con facilidad. He hecho lo que me correspondía al plasmar esta información en estas páginas, ¡y me emociona poder compartir todo lo que sé contigo!

Antes de continuar con el paso uno del proceso de crear con confort del capítulo 6, necesito que nos hagas un enorme favor a mí y a ti. Tómate unos minutos y escribe una declaración consciente e intencional hacia ti mismo.

Tu vida responde a la claridad de tus decisiones. Cuanto más intencional seas en las decisiones que tomes y las declaraciones que hagas, más rápido y sencillo será ver los resultados reflejados en tu vida.

He escrito una declaración para ayudarte. Si te sientes identificado con estas palabras, no dudes en copiarlas en el espacio de abajo. Si no, puedes escribir las tuyas. Tómate tu tiempo, siente cada frase que escribas y expresa la elección que estás haciendo. Una vez que firmes y le pongas fecha a tu declaración, nos encontramos en el paso uno: *Define dónde estás*, en el capítulo 6.

Yo, [tu nombre], estoy listo para vivir la vida de mis sueños. Hoy me doy permiso para fluir con la vida. Me doy permiso para honrarme y priorizar mi confort, mi autocuidado y mi bienestar. Sé que vine a la Tierra por una razón y esa razón es que tengo derecho a disfrutar de la vida. Estoy listo para priorizar mi seguridad, mi diversión y mi expresión, lo cual me brinda los medios para inspirar y animar a quienes me rodean. Mientras lea este libro, haré todo lo posible por vivir de una manera que ilumine mi ser. Estoy listo para crear la vida que amo dentro de mi zona de confort.

Mi declaración: ✎

_____

_____

_____

_____

_____

_____

_____

_____

_____

_____

_____

_____

_____

Firma y fecha _____

Tu vida responde a la claridad de tus decisiones. Cuanto más intencional seas en las decisiones que tomes y las declaraciones que hagas, más rápido y sencillo será ver los resultados reflejados en tu vida.

Capítulo 6

REGRESAR A TI MISMO

Imagina por un momento que tu hogar está en su estado más ideal. Es un lugar limpio, ordenado, lleno de cariño, seguro y bonito. Un hogar donde todo tiene su sitio y es fácil de encontrar y usar. Está decorado con tu estilo favorito, con colores y texturas que te relajan y te hacen sentir en paz. Tiene muebles, electrodomésticos, cuadros, accesorios y otras cosas que te brindan alegría y confort. Cada habitación tiene un propósito específico según tus necesidades, y cada objeto ha sido elegido cuidadosamente de acuerdo a tus preferencias personales. Cada detalle, desde la textura de los picaportes hasta la frecuencia con la que cambias las sábanas y cómo organizas tus cajones, se ha pensado minuciosamente para que tu experiencia sea lo más placentera posible.

Cuando le pregunté a mi público de *Power of Positivity* qué era para ellos un hogar ideal, estas fueron algunas de las respuestas más comunes:

- Un lugar seguro donde me siento protegido de las amenazas externas.
- Un lugar limpio y lleno de amor donde me siento cómodo y seguro.
- Un lugar limpio y organizado, completamente personalizado según mis gustos y preferencias.
- Un lugar privado e íntimo donde puedo ser auténtico y expresarme sin miedo a que me juzguen.

- Un lugar donde puedo conectar con mi familia, reír y sentir amor y serenidad.
- Un espacio lleno de la presencia de Dios, bendiciones y naturaleza.
- Un lugar que realmente me representa.
- Un lugar al que puedo llamar «propio».
- Un lugar donde encuentro paz, amor, seguridad y la oportunidad de relajarme.
- Un lugar repleto de felicidad y conexión.

Recibí miles de respuestas a mi encuesta y no me sorprendió para nada que palabras como *seguridad, paz, amor* o *confort* se repitieran una y otra vez. Todos queremos un hogar donde nos sintamos seguros y tranquilos. En el fondo, anhelamos las cosas simples que el dinero no puede comprar.

Como tu hogar ideal, tu zona de confort es tu santuario interior. Solo puedes encontrarla dentro de ti, jamás la encontrarás fuera. Es el lugar donde puedes escucharte y sanar. Es el lugar al que vuelves para encontrarte contigo mismo, donde experimentas la mayor tranquilidad y donde finalmente puedes relajarte y disfrutar sin restricciones. Incluso en este estado de relajación puedes alcanzar el éxito y la plenitud. Cuando estás en tu zona de confort, sientes confianza en ti mismo, estás tranquilo, seguro y en estado de flujo. Tienes una sensación de claridad y un propósito. Al igual que con un hogar físico, cuanto más cuidas y amas tu espacio, más placentera se vuelve tu experiencia cuando estás allí.

Si no te sientes conectado y en paz, puede ser que tu vida se haya llenado de pensamientos limitantes, creencias, comportamientos y hábitos que te impiden reconocerte entre todo ese desorden. Sería como llenar tu hogar con pilas de correo, muebles y cuadros que no te gustan, libros que no has terminado y cosas que en realidad no significan nada para ti. Así como es difícil sentir paz cuando estás rodeado de caos, es igual de difícil tratar de habitar un cuerpo cuya mente está repleta de pensamientos y hábitos que ya no te sirven. Te aleja de tu zona de confort.

ENCUENTRA TU ZONA DE CONFORT

El primer paso que tienes que dar para vivir en tu zona de confort es encontrarla. Cuando la encuentres, te encontrarás a ti mismo.

Entiendo que el concepto de «encontrarla» puede sonar un poco raro o bobo, en especial si no sabes qué estás buscando. Así que permíteme ayudarte.

Quiero que te detengas un momento y, mientras lees estas palabras, respires profundamente varias veces desde el abdomen. Siéntate cómodo y sigue respirando profundamente. Siente la cálida y reconfortante onda de relajación que te envuelve. Sumérgete en esa sensación y sigue respirando profundamente hasta que tu respiración se estabilice en un ritmo lento. Ahora, imagina que una luz blanca y brillante rodea todo tu cuerpo. Esta luz es poderosa e infinita. Con cada respiración te sientes más y más relajado, y la luz se hace más y más brillante. Estás en calma. En paz. El calor que irradia la luz hace que tu cuerpo y tu mente se relajen por completo. Te sientes seguro. Sabes que tu cuerpo es tu hogar. ¡Has llegado a tu zona de confort!

Tal como se puede ver en este ejercicio, no hace falta que vayas a ningún lado para encontrar tu zona de confort. Por el contrario, para encontrarla tienes que volver a ti mismo. Al hogar que se encuentra dentro de ti. En el lugar donde estás en este momento te encontrarás a ti, así como tu confort y tu sensación de seguridad.

No hay un sentimiento más poderoso que darse cuenta de que estás perfectamente bien tal cual estás. Nada te ayudará a abordar más efectivamente el dolor que identificar tu desorden interno y organizarlo. Porque, una vez que el desorden desaparezca, solo quedarán tus fortalezas.

A medida que avances con los próximos capítulos, es importante que sepas que tu zona de confort no se limita únicamente a tu hogar físico. Estoy usando la analogía del hogar físico para ayudarte a comprender esta idea que, de otra manera, podría resultar difícil de entender, y también para mostrarte que está bien salir de la zona de confort de vez en cuando. Es posible que notes que estar allí no es algo absoluto, sino que puede variar según las diferentes áreas de tu vida. Podrías estar en tu zona de confort en un área y no en otra. Además, es probable que observes que, al priorizar estar en la zona de confort en un área de tu vida, esta sensación también empiece a expandirse en las demás áreas.

El amor impulsa el confort

Tengo una amiga que logró manifestar éxitos increíbles en su vida, pero no está conforme con el lugar donde está en su carrera profesional. De hecho, a pesar del éxito que ha cosechado, suele sentirse desesperanzada, confundida y deprimida. Cuando le pido que me cuente lo que piensa, su respuesta es: «Siento que nunca voy a tener la carrera profesional que quiero. Todo el mundo avanza para lograr sus sueños y yo siempre me quedo atrás».

Quedarse atrás representa un miedo y un punto de dolor para mi amiga. Una creencia muy arraigada y testaruda a la que se aferra y que dice algo así: «No merezco tener lo que quiero porque no soy digna de ello. Por eso yo siempre me quedo atrás, mientras que aquellos que sí lo merecen tienen todo lo que desean».

Por supuesto, la ironía está en que mi amiga tiene una vida increíble. A muchas personas que la ven desde fuera les encantaría tener la vida que ella creó. Pero, como se aferra a esa creencia, para ella su verdadero anhelo siempre está fuera de su alcance, y todo el éxito que ha cosechado en realidad es una mezcla agridulce que incluye contratiempos y decepciones.

Por otro lado, he visto cómo mi amiga alcanzaba sus metas con una facilidad increíble cuando estaba enamorada de alguien. El autor y psicólogo Bruce Lipton se refiere a este tema en su libro *Efecto luna de miel*, una frase que él acuñó y resume este efecto mágico.

Él cree que el amor nos abre al mundo y eso nos da la alegría, energía y felicidad que buscamos. En ese estado nos alineamos con la energía de nuestros deseos. Este «efecto luna de miel» puede suceder en cualquier momento si te mantienes en el presente y disfrutas de esos estados emocionales positivos.

El primer paso que tienes que dar para vivir en tu zona de confort es encontrarla. Cuando la encuentres, te encontrarás a ti mismo.

En el caso de mi amiga, al centrar la mayoría de sus quejas alrededor de su carrera profesional, cuando inicia una nueva relación logra descomprimir un poco esas frustraciones. Su foco de atención cambia de un área en la que suele actuar desde su zona de supervivencia (su carrera profesional) a otra área en la que actúa desde su zona de confort (el amor y la presencia). Cuando está en su zona de confort, baja la guardia y se divierte, deja de sentir que está estancada y empieza a sentirse segura, capaz, atractiva y poderosa. La idea principal aquí es que el amor es un sentimiento tan poderoso y positivo que puede llevarte a tu zona de confort casi instantáneamente. El confort que nos da el amor crea un amor hacia el confort.

SÉ CONSCIENTE DE LA COMODIDAD

La vida fluye muy fácilmente cuando estás en tu zona de confort, y eso es cierto en el caso de mi amiga. Cuando entra en su zona de confort, nada puede impedir que haga realidad su visión.

Y esto también puede sucederte a ti, pero quizá sea distinto. Así como cada ser humano es único, lo mismo sucede con nuestra zona de confort, con cómo la creamos y la expandimos. Al fin y al cabo, hay una sola pregunta que realmente importa: ¿estás dentro o fuera de tu zona de confort?

Para responder a esta pregunta hay que tomar conciencia de lo que te resulta cómodo a ti, es decir, identificar tu zona de confort. De esa forma, si sabes cómo se siente estar en tu zona de confort, aprenderás a darte cuenta de cuándo estás fuera de ella. Cuando te des cuenta de que no estás en tu zona de confort, lo más importante es encontrar el camino de vuelta. Es importante destacar que, en especial al comienzo de este trabajo, puedes entrar o salir de las tres zonas de la vida cualquier día. Ese sería uno de esos días caóticos en los que sientes que tus emociones están descontroladas y atraviesas momentos de gran alegría y otros de profunda tristeza. ¡Está bien! Si eres constante, aprenderás a navegar cada una de las zonas y podrás volver a tu zona de confort fácilmente. Será tan natural para ti cuando te acostumbres, que te darás cuenta rápidamente cuando entres en alguna de las otras zonas.

Muchas personas no son conscientes de que quedan atrapadas una y otra vez en la zona de supervivencia y en la zona de resignación porque centran su atención en los pensamientos y emociones presentes en esas zonas, en vez de enfocarse en el lugar donde quieren llegar. Se obsesionan con el estrés que están sufriendo. Se hacen preguntas como: «¿Por qué nada me sale bien?» o «¿Por qué nunca tengo tiempo para nada?». Se dejan llevar por el parloteo constante de su mente y permiten que estos pensamientos limitantes se repitan constantemente en su cabeza.

Otras personas quedan atrapadas en esas zonas tratando de entenderlas. Creen que, si analizan la zona en la que están, lograrán salir de allí. Eso también es una trampa. Analizar la zona en la que estás todos los días te condena a quedarte allí.

La consciencia es la clave, pero no te centres tanto en el lugar donde estás porque la idea no es quedarse mucho tiempo allí. Si quieres salir, tienes que cambiar el foco de atención hacia la zona en la que quieres entrar (donde quieres estar), en lugar de enfocarte en la zona en la que estás. Por eso es muchísimo más efectivo concentrarse en la zona de confort que en las otras dos. Al aprender, definir y analizar la zona de confort, no solo podrás volver a ella todas las veces necesarias, sino que también aumentarás considerablemente la cantidad de tiempo que pasas allí. Por ese motivo, en el resto del libro nos concentraremos en aprender y trabajar desde tu zona de confort. Tomaremos conciencia de lo que es cómodo y pondremos toda la atención allí. Cuando nos refiramos a la zona de supervivencia y a la zona de resignación, lo haremos brevemente y con el fin de entender mejor la zona de confort. ¿Estás de acuerdo? ¡Trato hecho!

Bueno, entonces volvamos a tu situación actual, porque la única forma de empezar un viaje es hacerlo desde donde estás.

EMPIEZA DONDE ESTÁS

Volvamos a los resultados del ejercicio de evaluación de zonas que completaste al final del capítulo 3. Esto te ayudó a hacerte una idea general acerca de en qué zona te encuentras la mayor parte del tiempo. Si ya estás en tu zona de confort, ¡te felicito! El resto del libro te ayudará a afianzar tu relación con tu zona de confort y te dará las herramientas para que crees la vida que anhelas. Si no estás en tu zona de confort, no te preocupes. La mayor parte de la gente está en tu misma situación. Pronto tendrás las herramientas que te guiarán hacia ella y te ayudarán a quedarte allí. Por ahora, lo más importante es que seas sincero contigo mismo acerca de en qué zona estás.

En primer lugar, tienes que hacer las paces con el lugar donde estás. Si pasas la mayor parte de tu tiempo en la zona de supervivencia, tienes que decirte a ti mismo que está bien estar allí. Si hace tiempo que estás atrapado en la zona de resignación, también está bien.

Estés donde estés, es el lugar correcto. Luchar contra eso o desear que sea distinto solo creará resistencia y te alejará de tu zona de confort. Ser honesto respecto del lugar donde estás, aceptarlo y hacer las paces con él es como enviarte un mensaje de que no hay nada malo en ti. No estamos tratando de «arreglarte». No hace falta arreglar nada, porque no hay nada malo en ti.

Ahora profundicemos un poco más. Volvamos a la analogía de la zona de confort como tu hogar físico.

Hay muchos tipos de hogares distintos en el mundo físico. Tu hogar puede ser un apartamento o incluso una habitación que alquilas en casa de alguien. Independientemente de cómo sea tu hogar, la meta es crear un espacio seguro al que puedas regresar y ser completamente auténtico, sin remordimientos.

Sin embargo, para muchas personas, su hogar está lejos de ser el refugio que desean. Esto puede deberse a que no dedican la intención que les gustaría a la hora de crear su hogar o a que no se sienten seguros en el lugar donde viven. Para algunas personas, el hogar es simplemente un lugar para descansar por la noche, mientras invierten la mayor parte de su tiempo, atención y energía fuera de él, para progresar o mantenerse a flote. Muchas personas desean crear un hogar físico que sea cómodo y seguro, pero sienten que no tienen los medios para hacerlo. Si todavía no creaste un hogar en el que te sientas seguro y que refleje tu esencia, los próximos capítulos te ayudarán a concretarlo.

El tiempo, el dinero y los recursos no tienen prácticamente nada que ver. Conozco a muchas personas que tienen muy poco, pero han logrado adaptar su hogar para que sea seguro, cómodo, satisfaga sus necesidades y refleje sus preferencias.

Una persona que conozco tuvo que mudarse de su hermosa casa cerca de la playa a una autocaravana un poco más alejada del mar debido a circunstancias imprevistas. No ganaba mucho dinero y se las arregló con lo que tenía. La autocaravana que pudo comprar no era gran cosa, pero con el tiempo logró transformarla de forma que le resultó perfecta. De hecho, la vibra que le dio se parece mucho a la de su casa en la playa. Encontró la forma de apreciar su hogar, que era pequeño pero acogedor, porque logró personalizarlo a su gusto.

Hay muchas similitudes entre la relación con nuestro hogar físico y la relación con nuestra zona de confort, y pueden ayudarnos a ver cómo es y cómo se siente nuestra zona de confort cuando la cuidamos. A veces, cuando me siento preocupada, confundida o temerosa acerca del futuro, intento entrar en sintonía con mi zona de confort. Y otras veces, limpio mi hogar físico. Hago una limpieza profunda, ordeno, compro un adorno o una planta y, al hacerlo, la energía cambia. Cuando me ocupo de mi hogar físico, le doy lugar a la confianza y a la claridad interna. Espero que, independientemente del estado de tu hogar físico, entiendas esta analogía tal cual fue concebida: como una especie de mapa sencillo hacia tu zona de confort.

Aunque esta analogía puede ser útil para explicar los detalles de la zona de confort, no quiero que te detengas demasiado en ella, porque, a diferencia de tu hogar físico, tu zona de confort no es un *lugar* en sí. Es más bien una sensación de confort, seguridad, confianza y pertenencia a la que accedes cuando vives bajo tu propio poder. Por eso yo llamo a la zona de confort tu hogar *interno*, porque es un estado en el que te sientes seguro y como en casa.

Espero que la analogía de la zona de confort como tu hogar interno sirva para mostrarte que el desorden, ya sea un desorden material en tu hogar o un desorden energético en tu zona de confort, no es más que eso: un desorden. No dice nada sobre ti, sobre tu valor, lo adorable que eres, tu habilidad para prosperar ni nada parecido. Lo único que transmite el desorden es que algo está desordenado. Si no te gusta o no te hace sentir bien, lo ordenas.

Ahora pongamos manos a la obra. Y recuerda: ¡puedes contar conmigo!

PIRÁMIDE S.E.R

He descubierto que en la relación con nuestro hogar físico existen tres capas que también pueden aplicarse a nuestra zona de confort.

1. **Seguridad:** «Mi hogar/mi zona de confort me protege contra las amenazas externas».
2. **Expresión:** «Mi hogar/mi zona de confort me da el espacio para expresarme».
3. **Regocijo y alegría:** «Mi hogar/mi zona de confort me produce regocijo y alegría».

Organicé estas tres capas en lo que yo denomino la «pirámide S.E.R». Cada capa de la pirámide se ubica sobre la anterior, es decir, que la primera (seguridad) está abajo de todo.

Esta secuencia indica que podremos acceder a los estados superiores cuando alcancemos un nivel de satisfacción en los estados inferiores.

Una vez que te sientas seguro y cómodo a la hora de expresarte, y explores esos sentimientos, nacerán el regocijo y la alegría.

De acuerdo a la teoría de la jerarquía de las necesidades del psicólogo Abraham Maslow, las personas se sienten motivadas por cinco categorías básicas de necesidades, y sentirse seguro es una de las necesidades básicas del ser humano, precedida por la necesidad de tener un techo, comida y agua. Es necesario satisfacer las necesidades inferiores antes de abordar las necesidades que se encuentran en una jerarquía superior. Si no nos sentimos seguros, protegidos y cómodos, no podemos satisfacer las necesidades superiores, como las relaciones, los logros y la autorrealización. Cuando no nos sentimos seguros para expresarnos, es difícil que nos permitamos soñar.

La pirámide S.E.R es similar a la jerarquía de Maslow y te ayudará a adentrarte en la construcción de tu zona de confort. Tal como vimos anteriormente, tu zona de confort es como tu hogar. De la misma forma que amueblas tu hogar a tu gusto, tienes que darle el mismo cariño y atención a la creación de tu hogar interno.

Aquí tienes un ejemplo de esa relación paralela: tu hogar real existe en el mundo material, lo que significa que puedes mirar a tu alrededor y darte cuenta al instante de si tu relación con él está en riesgo. Ves el desorden material que tienes que limpiar, hueles la pérdida de gas que pone en peligro tu vida e identificas fácilmente si la presencia de un extraño te hace sentir inseguro o incómodo. Si tu casa se encuentra en un barrio hostil, puedes escuchar las amenazas a través de las paredes. Si en tu casa hay una acumulación de muebles y desorden, puedes tomar con tus propias manos los elementos que desees quitar y sacarlos de tu espacio.

El entorno hostil y desordenado que puedes crear en tu hogar físico, también puedes crearlo en tu interior. Sin embargo, dado que tu estado interno no es tan tangible como tu hogar físico, es muy fácil pasar por alto las señales de desorden. Es posible que no notes el desorden de tu hogar interno hasta que esté al borde del colapso. Sin embargo, hay señales que te indican en qué lugar de tu zona de confort se encuentra el desorden y qué estás haciendo para poner en riesgo tu sensación de seguridad, confort y pertenencia. Para reconocer estas señales, tienes que familiarizarte con tu zona de confort y saber cómo entrar en ella.

Gracias a la estructura de la pirámide S.E.R podrás lograrlo.

A medida que reorganices tu hogar y tu vida de acuerdo a la pirámide S.E.R, inevitablemente comenzarás a desprenderte de los hábitos, patrones de pensamiento, creencias, personas y acciones que te impiden conocerte por completo. Y luego empezarás a reemplazarlos por pensamientos, experiencias, personas y hábitos que te ayudarán a darte la seguridad que necesitas para expresarte de manera genuina. Te enfocarás en descubrir quién eres realmente, en lo que te hace feliz y en lo que te da paz.

Cada ejercicio, ejemplo y reflexión que compartiré contigo en los próximos capítulos está diseñado para ayudarte a estar presente para que puedas reconocerte en cada momento, identificar lo que es importante para ti, descubrir el desorden que necesitas limpiar y tomar decisiones que sientas cómodas y naturales para ti. Cada nueva preferencia disparará deseos nuevos, elecciones y acciones que se alineen con tu verdadero ser y, finalmente, fortalecerán o expandirán tu zona de confort.

Lo que has logrado

¡Bien hecho! ¡Has terminado el capítulo 6! Ahora sabes que el primer paso para vivir en tu zona de confort es identificar en qué zona te encuentras actualmente y aceptarlo. Si no oponemos resistencia, siempre nos dirigiremos hacia la zona de confort porque ese es nuestro estado natural.

En los próximos tres capítulos abordaremos los tres niveles de la pirámide S.E.R, tanto en relación con tu hogar físico como a tu zona de confort. A menudo, la relación con uno se refleja en la relación con la otra; por ende, hacer limpieza de uno puede ayudar a limpiar la otra. Así que adentrémonos al primer y más fundamental nivel de la pirámide S.E.R: la seguridad.

Capítulo 7

SEGURIDAD: SIÉNTETE SEGURO Y LIBERA TU POTENCIAL

Los hábitos que te ayudaban a sobrevivir no te servirán para prosperar en la seguridad de tu zona de confort.

La seguridad es necesaria para sobrevivir, pero, irónicamente, cuando abandonamos la comodidad y entramos en modo supervivencia, la seguridad desaparece. Por eso la base de la pirámide S.E.R es la *seguridad*. Tener claras tus preferencias, tanto en tu vida como en tu hogar, es fundamental para sentirse seguro; y es algo que a menudo se pasa por alto.

En este capítulo analizaremos dos componentes fundamentales de la seguridad: los *límites* y el *autocuidado*. Uso estas palabras que son bastante populares de una forma un poco distinta a la que quizá estás acostumbrado. Por este motivo, me gustaría que dejaras a un lado tus pensamientos en relación con estos temas a medida que leas las próximas páginas, para que puedas estar receptivo a las ideas que compartiré contigo.

En el contexto del nivel de seguridad de la pirámide S.E.R, los límites corresponden a tus necesidades y preferencias dirigidas hacia el exterior, mientras que el autocuidado se refiere a tus necesidades y preferencias internas. Para establecer una base sólida de seguridad en tu zona de confort, es necesario comprender y fortalecer ambos aspectos. La sensación de seguridad nace del equilibrio que logras al atender tanto tus necesidades externas (los límites), como tus necesidades internas (autocuidado). Estos dos conjuntos de preferencias conforman gran parte de tus pensamientos, acciones, palabras y emociones, ya estén dirigidos hacia ti mismo o hacia los demás.

A medida que leas este capítulo, siéntete libre de tomarte las pausas que necesites para limpiar o reorganizar tu espacio físico, para escribir en tu cuaderno acerca de tu espacio interior o simplemente para reflexionar sobre las ideas que comparto. Si te comprometes de esa manera con el material, este capítulo te ayudará a sentar las bases para que puedas vivir y prosperar en tu zona de confort. He incluido algunos ejercicios de escritura para incentivarte a tomarte esas pausas, reflexionar e integrar todo este material en tu vida.

No te apresures.

LOS LÍMITES SON SANOS

«¿Cómo hago para crear límites sanos?» es una de las preguntas que más me hacen en la comunidad de *Power of Positivity*, y, en general, quienes hacen esa pregunta se sienten culpables a la hora de expresar sus sentimientos. Estas personas no saben cuáles son sus necesidades o sus preferencias, ya sea porque no valoran sus propias ideas, logros y deseos o porque están en una lucha interna por complacer a los demás.

Los límites representan las preferencias que te protegen del mundo exterior. Estas preferencias no se limitan únicamente a tus relaciones con otras personas. También pueden abarcar eventos, ideas, historias, puntos de vista o incluso objetos y pertenencias.

Cuando no sabes lo que quieres o necesitas para sentirte seguro, no puedes comunicar tus deseos ni a ti mismo ni a los demás, y no podrás concentrarte en crear experiencias y relaciones que estén en sintonía con tu propia sensación de seguridad.

Los límites saludables te permiten respetarte a ti mismo y exigir que los demás te respeten. Darte a ti mismo el respeto que deseas es el primer paso para pedirlo y recibirlo de los demás.

Muchas veces, andamos por la vida sin explorar internamente lo que nos ayuda a definir nuestro conjunto único de necesidades y preferencias. Fallamos a la hora de establecer cómo queremos que nos traten y qué es algo tan sencillo como el respeto. La mayoría de las personas quieren sentirse mejor, pero les resulta difícil encontrar ese lugar seguro, cómodo y satisfactorio (su zona de confort) en su interior.

Cuando tu zona de confort no está definida, tus preferencias están constantemente bajo la amenaza del mundo exterior. Si no defines tus preferencias, no tienes límites y, en consecuencia, sientes que la gente está permanentemente pasándose de la raya. La falta de claridad genera situaciones e interacciones en las que la gente no sabe qué está bien y qué no, y por eso se aprovechan de ti, te pasan por encima y desestiman tus necesidades.

Establecer límites no se trata de construir muros más altos, fuertes o impenetrables. En lugar de eso, es un proceso de introspección y conexión con lo que te hace sentir bien, auténtico y cómodo, para luego comunicar esas preferencias a los demás.

Establecer límites no se trata de construir muros
más altos, fuertes o impenetrables. En lugar de eso,
es un proceso de introspección y conexión con lo
que te hace sentir bien, auténtico y cómodo, para
luego comunicar esas preferencias a los demás.

En el capítulo 3 mencioné que cuando te sientes estresado o ansioso se activa la amígdala, el centro de estrés en el cerebro. Dado que la función de la amígdala es protegerte frente a situaciones de peligro inmediato, cuando se activa, el organismo reacciona con el mecanismo de *lucha o huida*. El organismo te prepara para luchar o huir por tu vida.

El mundo exterior puede ser peligroso. Imagina cómo sería vivir al aire libre, sin resguardo. Estarías expuesto a las inclemencias del clima, a los animales, a los vehículos, etcétera. Por eso vivimos en casas con paredes y un techo, para protegernos de las personas indeseadas, de los animales y del clima. Aislamos nuestras paredes y colocamos ventanas de doble cristal para protegernos del ruido y las inclemencias del clima. Incluso elegimos cuidadosamente el entorno donde construir nuestra casa y nos basamos en nuestras sensibilidades, limitaciones físicas y preferencias de estilo de vida. En el hogar físico, encontramos numerosos elementos que nos ayudan a definir nuestras necesidades y preferencias externas. A continuación, enumeraré algunos ejemplos sobre cómo establecer límites físicos con el mundo exterior:

- **Los límites físicos de tu hogar:** paredes, ventanas, puertas, vallas, portones, árboles y arbustos.
- **Medidas de seguridad y hábitos:** colocar cerraduras en las puertas y portones, sistemas de seguridad, cámaras, etcétera.
- **Reglas de conducta:** horarios de visitas (no habrá visitas después de las 8 de la tarde), normas de convivencia (no apoyar los pies sobre los muebles), comunicación (evitar chismes o palabras ofensivas), integridad (avisar si llegas tarde), etc.

Cuando empieces a prestar más atención a los detalles de tu hogar físico, podrás perfeccionar tus necesidades y preferencias y definir las nuevas con facilidad. Y lo mismo sucede con tu zona de confort. Cuando empieces a prestar más atención a tus necesidades y preferencias internas, podrás perfeccionarlas y definir las nuevas. Tu zona de confort, al igual que tu casa, no es un lugar estático. Si te encuentras en tu zona de confort e interactúas con ella de forma permanente, podrás ver que está en constante evolución, cambio y expansión.

Cuando vives en tu zona de confort, existen varias maneras de definir y comunicar tus necesidades y preferencias al mundo exterior. A continuación, verás algunos ejemplos sobre cómo comunicar los límites de tu zona de confort:

- **Preferencias físicas:** cuánto contacto físico prefieres, la frecuencia con la que deseas ver a tus amigos o pasar tiempo con ellos, cómo comunicas tus necesidades físicas y expresas tus preferencias, entre otros.
- **Preferencias en cuanto a las relaciones:** las personas con las que te relacionas, cómo pides y aceptas ayuda, cuándo te muestras sincero y vulnerable, cómo cuidas tu tiempo, cómo expresas amor, entre otros.
- **Autoprotección:** cómo y cuándo dices que no, cómo esperas que te traten, cómo expresas tu incomodidad, entre otros.
- **Reglas de conducta:** establecer una política de tolerancia cero hacia el comportamiento abusivo, asumir la responsabilidad por los errores, no ir a dormir enojado, expresar tus emociones y pensamientos, prohibir los insultos durante las discusiones, entre otros.

Ten en cuenta que la función de los límites no es alejar a la gente ni las experiencias de tu vida, y tampoco controlar a las personas o las situaciones. Su objetivo es aclarar y comunicar tus preferencias para que puedas sentirte seguro y cómodo.

Sin embargo, la gente es responsable de sus elecciones. Por ejemplo, si tú prefieres no contestar el teléfono después de las 10 de la noche y alguien llama después de esa hora, al día siguiente puedes explicarles con tranquilidad por qué no contestaste: «No suelo contestar al teléfono después de las 10 de la noche». Por otro lado, si no estableces que el horario límite para contestar las llamadas telefónicas son las 10 de la noche, es probable que sigas contestando esas llamadas nocturnas que interrumpen tu tiempo y comiences a guardar rencor por lo que consideras una demanda excesiva de la otra persona y una falta de respeto hacia tu espacio personal.

Si estás lidiando con una persona que sigue haciéndote daño, el límite más extremo sería eliminar a esa persona de tu vida.

Sin embargo, frente a esta situación, si eres sincero acerca de tus necesidades reales y estás dispuesto a comunicárselas a la persona con la que tienes el problema, es posible que encuentres una solución que no sea tan drástica.

Cuando defines tus necesidades, no hace falta que te enojes, porque sabes a qué atenerte. Las actitudes de la gente dejan de afectarte tanto y puedes expresar tus necesidades y preferencias (tus límites) con más claridad y sin sentirte culpable. Puedes tomar decisiones y vivir de una forma que esté en sintonía con quien eres, y eso se reflejará en tu vida.

Por eso es tan importante hacer lo que te haga sentir seguro. Si prefieres llevar un estilo de vida más tranquilo, ir a dormir temprano y despertar antes del amanecer para meditar, probablemente no alquilarías un apartamento en el tumulto de una ciudad, donde escuchas sirenas y otros ruidos fuertes a todas horas. Si el humo del cigarrillo te hace sentir mal, no vivirías con gente que fuma. Si te gusta interactuar con gente, no elegirías un trabajo en el que te sientes solo detrás de un escritorio todo el día.

Elegir deliberadamente con quién compartes tu tiempo y a quién permites entrar en tu espacio personal es fundamental para crear seguridad.

Si no marcas los límites, estás atrapado

Cuando iba a la universidad, tenía un amigo al que le asignaron aleatoriamente un compañero de cuarto. Tenían personalidades muy distintas. Mi amigo prefería quedarse en casa y estudiar los fines de semana. Llevaba una vida sana, no consumía drogas y era selectivo en cuanto a las personas con las que se relacionaba. Por el otro lado, a su compañero de cuarto le gustaba mucho salir de fiesta. Solía traer desconocidos a su dormitorio después de las fiestas y permitía que cualquiera se quedara a pasar la noche sin siquiera consultárselo a su compañero de cuarto. En varias ocasiones, mi amigo regresó a su habitación después de clase y se dio cuenta de que su compañero de cuarto había faltado a clase para quedarse con un grupo de amigos en la habitación. La mayoría de las veces, mi amigo prefería quedarse conmigo porque sentía que su compañero no lo respetaba. Como podrás imaginarte, esta situación era muy angustiante y mi amigo decidió mudarse al semestre siguiente. Los límites indefinidos de mi amigo lo dejaban a merced de la voluntad de los demás.

Un ejemplo más extremo sería si permitieras que una persona violenta, impredecible y abusiva se mudara a tu casa. No podrías relajarte en tu propia casa y, probablemente, tampoco fuera de ella.

La cuestión es que lo que permitamos entrar a nuestra casa o nuestro espacio será lo que determine las experiencias de nuestra vida, ya sea dentro del hogar o fuera de él.

A veces parece que no tienes control sobre quién o qué habita tu hogar. Al parecer, algunos habitantes están allí desde que tienes memoria. El sofá de tu madre que termina en tu sala de estar, el desorden, el carácter o el alcoholismo de uno de tus padres pueden convertirse en elementos cotidianos de tu entorno. Si te encuentras en una situación en la que un trauma o un trastorno de la infancia todavía te acecha, existen formas de hacer un análisis profundo que te ayude a identificar y soltar esos patrones destructivos. Tuve que identificar y soltar muchos de esos patrones a lo largo de mi vida, y puedo decirte esto: la vida es mucho más linda y segura cuando desalojamos a los habitantes que interfieren con nuestra paz y le abrimos las puertas a personas, hábitos, pensamientos, creencias e ideas que nos brindan amor y apoyo.

Quizá viviste con un padre abusivo y, aunque ya no esté contigo, el abuso sigue formando parte de tu espacio a través de tus pensamientos negativos. Por eso es importante supervisar y establecer límites a tus propios pensamientos, ideas, relatos, puntos de vista y formas de vivir que no están en sintonía con quien eres o quien quieres ser. No hace falta que aceptes todo lo que llega. Literalmente puedes rechazar una idea si no te sirve. Eso es establecer un límite.

Si no estableces límites, esas ideas comenzarán a formar parte de ti. Así como supervisas lo que entra en tu hogar físico a través de los medios que consumes, qué programas de televisión ves, qué música escuchas, qué películas miras o qué libros o revistas lees, también puedes seleccionar cuidadosamente lo que habita tus espacios mentales y emocionales.

De alguna forma, lo que dejas entrar a tu espacio personal sagrado se convierte en parte de ti. Se convierte en una extensión de quien eres en este momento. Los límites te ayudan a ser intencional en tus elecciones, para que puedas sentirte seguro en tu hogar y en tu cuerpo.

EJERCICIO DE LA ZONA DE CONFORT N.° 3
Límites

En tu cuaderno, responde las siguientes preguntas sobre la seguridad y los límites:

- ¿Te sientes seguro en tu hogar? ¿En tu barrio? Si la respuesta es sí, ¿qué te hace sentir seguro? Si la respuesta es no, ¿qué te hace sentir inseguro? ¿Qué crees que podrías hacer para que tu hogar se sienta más seguro?
- ¿Con quién vives? ¿Cómo es tu relación con esa persona o personas?
- ¿Cuáles son algunas de tus necesidades y preferencias respecto a tu relación con los demás? ¿Te resulta fácil o difícil comunicar tus límites?
- ¿Con quién pasas la mayor parte del tiempo? ¿Por qué?
- ¿Cuáles de tus relaciones te hacen sentir incómodo o inseguro? ¿Qué aspecto de esas relaciones te hace sentir así? ¿Qué necesitas para sentirte más seguro en esas relaciones?
- ¿Cuáles de tus relaciones te hacen sentir seguro y apoyado? ¿Qué aspecto de esas relaciones te hace sentir así? ¿De qué manera puedes fomentar esas cualidades en otras áreas de tu vida?

- ¿Qué medios (libros, programas de televisión, noticiarios, redes sociales, páginas web, etcétera) consumes diariamente? ¿Cómo te hacen sentir?
- ¿Qué viejos hábitos o patrones de comportamiento has adquirido en tu crianza y deseas cambiar? ¿Qué hábitos o patrones de comportamiento desarrollaste y te hacen sentir bien, empoderado, apoyado y seguro?
- ¿Cómo es tu diálogo interno? ¿Es amoroso y alentador? ¿O es crítico?
- ¿Qué importancia le das a lo que los demás opinen de ti? ¿Te sientes cómodo a la hora de expresar tus preferencias?

CUIDARSE A UNO MISMO ES TOMAR CONCIENCIA DE UNO MISMO

Para cuidar un hogar es necesario cierto nivel de mantenimiento. Tu hogar se vuelve inseguro rápidamente si hay una pérdida de gas o de agua, si el cableado eléctrico tiene algún problema, si las tuberías están oxidadas o si hay moho o ratas en el sótano. Si no estás atento, los sistemas internos de tu hogar pueden deteriorarse o desgastarse sin que te des cuenta. Quizá te das cuenta de que tienes un problema en el cableado eléctrico después de que haya provocado un cortocircuito o descubres el moho después de haber enfermado.

Así como tu hogar físico necesita mantenimiento, tu interior también necesita que le prestes atención para que puedas sentirte seguro y desenvolverte de manera óptima. El autocuidado hace referencia a aquellas necesidades internas que tienes que satisfacer para estar saludable y sentirte seguro.

Hay cuatro áreas dentro del autocuidado en las cuales me concentro para encontrar el camino hacia mi zona de confort.

1. **Autocuidado físico**: atender las necesidades de mi cuerpo físico para que pueda funcionar con normalidad.
2. **Autocuidado mental**: atender mis necesidades psicológicas para mejorar la conciencia y el control sobre mis pensamientos, creencias y hábitos mentales.

3. **Autocuidado emocional**: mi habilidad para comprender y guiar mis emociones y tu bienestar.
4. **Autocuidado espiritual:** mi conexión con la parte no física e intangible de mí misma, mi espíritu.

A veces es difícil saber por dónde empezar a prestarle atención a estas áreas. Cuando hay una pérdida de agua en tu casa, al menos puedes cerrar la llave de paso y arreglar las tuberías, pero ¿qué haces cuando la pérdida es totalmente interna y, en general, invisible?

Lo que he aprendido es que estas cuatro áreas del autocuidado nos hablan. Si estás dispuesto a prestar atención a las señales, te ayudarán a ver con exactitud dónde están el dolor, la tensión y la incomodidad, y también te dirán cómo aliviar y sanar esos síntomas.

Una parte muy importante del autocuidado es la autoconciencia. La autoconciencia implica prestar atención a lo que está ocurriendo en tu interior, cómo te hace sentir y qué puedes hacer para mejorar.

Cuando no te cuidas, tu cuerpo comienza a debilitarse, caes en una depresión o te invade la desesperanza. Tus emociones negativas toman el control y pierdes la conexión contigo mismo y con el mundo. Si desestimas lo que sucede en tu interior, puedes enfrentar una crisis de salud, mental o espiritual, que en casos extremos hace que la vida sea insoportable. En cambio, si incorporas el autocuidado a tu vida diaria, puedes desarrollar un ambiente en tu interior que te brinde seguridad y te ayude a cumplir tus sueños.

El autocuidado físico consiste en tu relación con tu cuerpo físico. Existe una relación directa entre tu zona de confort y tu bienestar físico. A veces, nuestro trato físico es un reflejo de nuestra relación con nuestra zona de confort. Cuando vives constantemente fuera de tu zona de confort, tiendes a descuidar tu bienestar físico.

Es posible que reduzcas tus horas de sueño, dejes de hacer actividad física y comas alimentos que sacian tu apetito, pero no te nutren. Cuando tu cuerpo manifiesta su rechazo hacia este tipo de trato, tú puedes pasar por alto estas señales de advertencia o, peor, silenciarlas o evadirlas.

Esta evasión trae aparejadas consecuencias negativas. Si tu hogar necesita una reparación y tú la pasas por alto, la situación empeorará, y lo mismo sucede con tu cuerpo. Si tienes una herida y no te ocupas de ella, con el tiempo empeorará, en especial si sigues irritando la zona. Te conviertes en un inútil tanto para ti mismo como para los demás si no te ocupas de mantener tu cuerpo físico. Nadie se siente seguro en su hogar si las paredes están a punto de desmoronarse.

Una de las formas más accesibles para comenzar a observar, comprender y definir tu zona de confort es prestar atención a tu cuerpo y entrar en sintonía con él. Empieza a estar atento a aquellas cosas que tu cuerpo disfruta, a lo que le resulta fácil y lo hace sentir bien.

¿Te gusta más caminar o nadar? ¿Prefieres estirar por la mañana o por la noche? ¿Qué alimentos hacen que tu cuerpo se sienta liviano y con energía? ¿Qué alimentos lo hacen sentir débil y pesado? ¿Qué alimentos agregarías o eliminarías de tu dieta si solo comieras los que hacen que tu cuerpo se sienta bien? ¿Cómo se siente tu cuerpo cuando duermes seis horas? ¿Y cuando duermes ocho? ¿Qué tipo de silla le resulta cómoda a tu cuerpo? ¿Qué tipo de actividad física disfruta?

Yo pongo en práctica el autocuidado físico cuando voy a pasear por un entorno natural, cuando me doy un baño o me voy a la cama temprano. Tu cuerpo tiene preferencias específicas que son distintas a las preferencias de la mayoría de los demás cuerpos. Dado que tú eres quien ocupa tu cuerpo, ¿no crees que es importante descubrirlas? Y, ya que es el cuerpo que habitarás el resto de tu vida, ¿no crees que merece un buen cuidado?

El autocuidado mental comienza por tomar conciencia de tus pensamientos, creencias y hábitos mentales.

A veces pareciera que tu cerebro tuviera su propia mente, con pensamientos repetitivos que no puedes controlar. He llegado a sentir que no puedo controlar o cambiar mi parloteo mental. A veces tomar consciencia de los pensamientos es suficiente para lograr calmarlos. No hace falta que los frenes. Basta solamente con observarlos. Poder hacer esto es el primer paso para tener control sobre tu mente.

Tus hábitos mentales tienen un gran impacto en la calidad de tu vida. De la misma manera que no puedes prosperar en un entorno lleno de desorden y suciedad, es difícil avanzar en la vida cuando tu mente está repleta de caos y confusión.

Hoy en día, se habla mucho de la actitud. Muchos maestros hacen hincapié en la importancia de colmar tu mente de mensajes positivos o inspiradores, llamados afirmaciones. Hace años que las uso y las comparto con la comunidad de *Power of Positivity*. Hemos construido una biblioteca gigantesca en torno a la actitud porque nuestro público nos sigue pidiendo herramientas para ejercitar la positividad, tales como las afirmaciones.

Hay más contenido positivo que nunca. Sin embargo, a diario recibo mensajes de mi comunidad diciendo que sus afirmaciones no funcionan. No es que las afirmaciones no funcionen, sino que la «doble mentalidad» se interpone en el camino. Hay personas que buscan la independencia financiera, pero demonizan a los ricos. Otras buscan la paz interior, pero no son capaces de perdonar. Algunas buscan relaciones sanas, pero generan dramas innecesarios.

¡Lo sé! No es fácil deshacerse de las creencias limitantes que nos han transmitido, y algunos de nuestros hábitos mentales pueden remontarse a lo que aprendimos de nuestros padres o abuelos. Si vivimos en la pobreza durante nuestra infancia, la riqueza puede hacernos sentir incómodos. Si tuvimos una crianza traumática, puede costarnos confiar en los demás. Más adelante, te hablaré de una poderosa herramienta que te ayudará a adaptarte a la realidad que elijas, independientemente de los hábitos mentales con los que hayas crecido. Pero, por ahora, es importante que tomes conciencia sobre tus hábitos mentales actuales.

Si prefieres una casa y una mente desordenadas, registra esa preferencia. Si quieres tener más dinero, pero ir a un restaurante caro te hace sentir incómodo y fuera de lugar, toma nota de esa contradicción. Si quieres tener una relación tranquila, pero buscas pelea cada vez que las cosas van sobre ruedas, es importante que te des cuenta de este comportamiento.

No es tarea fácil, pero te digo por experiencia que tus inseguridades y malos hábitos (los que te hacen sentir vulnerable) te están controlando. Son alertas rojas gigantes que te están diciendo en qué tienes que trabajar. Simplemente obsérvalas sin juzgarlas y sin la necesidad de cambiarlas. Lo más importante es que *no* te juzgues.

Antes de hacer cualquier cambio, primero debes tomar conciencia de tu lugar actual, al igual que cuando estás a punto de limpiar tu hogar físico te tomas un momento para ver qué está desordenado.

Cuando pones en práctica el autocuidado mental, dejas de prestarle tanta atención a los hábitos mentales que te llevan a sentir emociones negativas y empiezas a darle más importancia a aquellas emociones que te hacen sentir tranquilo y empoderado.

Mi rutina de autocuidado mental incluye herramientas y actividades como *mindfulness*, meditación, replantearme las cosas, generar ideas positivas, pasear por entornos naturales y dormir la siesta. Cuando empieces a cuidar tu bienestar mental, puedes utilizar los recursos que están disponibles en la comunidad de *Power of Positivity*, así como los recursos específicos de este libro en www.thecomfortzonebook. com/resources, para ayudarte a tener control sobre tus propios pensamientos y hábitos mentales.

El autocuidado emocional tiene que ver con tu bienestar emocional.

Mucha gente está a merced de sus emociones. Se sienten indefensos frente a sus sentimientos. En consecuencia, creen que las emociones están fuera de su control, que tienen vida propia y que no pueden hacer nada para cambiarlas.

En su libro *Atlas of the Heart* (Atlas del corazón), Brené Brown plantea que nuestra disposición para reconocer, identificar de manera precisa y comunicar honestamente nuestras emociones puede ayudarnos a sentirnos más en paz y menos a merced de emociones abrumadoras: «El lenguaje es un portal hacia la construcción de significado, la conexión, la sanación, el aprendizaje y la autoconciencia. [...] Cuando no encontramos las palabras para expresar lo que nos pasa, nuestra capacidad para comprender qué nos sucede y compartirlo con los demás se ve sumamente limitada. Sin un lenguaje preciso, nos resulta difícil obtener la ayuda que necesitamos, no siempre logramos regular o manejar nuestras emociones y experiencias de manera productiva, y nuestra autoconciencia se reduce».

También escribe que «tener las palabras correctas para describir emociones específicas nos permite identificar esas emociones en los demás, y de esa forma reconocer y gestionar nuestras propias experiencias emocionales cuando las experimentamos». Según Brown, «el proceso de clasificar las experiencias emocionales se relaciona con una mayor regulación emocional y bienestar psicológico».

Tomar consciencia de tus emociones es un paso importante para dejar de estar a merced de ellas. En su exitoso libro *Un ataque de lucidez*, la doctora Jill Bolte explica que el ciclo de vida de una emoción dura tan solo 90 segundos. Esto significa que, si la emoción no te «atrapa» con explicaciones, justificaciones y relatos, la sensación física de esa emoción desaparecerá de tu sistema en 90 segundos. Cuando una emoción persiste después de ese tiempo, fuiste tú quien decidió mantenerla activa.

El problema principal es que la mayoría de nosotros no crecimos prestando atención a cómo nos sentimos. Por eso a muchas personas les cuesta identificar sus emociones. Por si fuera poco, cuando tomamos conciencia de nuestras emociones, a menudo intentamos darles sentido, justificarlas, explicarlas, rumiar sobre ellas, combatirlas o rechazarlas.

La emoción nos atrapa y la usamos para justificar nuestras acciones.

Poner en práctica el autocuidado emocional implica dejar de alimentar, justificar y engancharnos con emociones que limitan nuestra experiencia y, en lugar de eso, cultivar y atender las emociones que mejoran nuestra calidad de vida. ¿Cómo lo logramos? Básicamente, identificando y soltando las emociones negativas tan pronto como surjan y aprovechando las emociones positivas cuando las percibamos. Mi rutina de autocuidado emocional es muy parecida a la de autocuidado mental, pero también utilizo herramientas y hago actividades como escribir en mi diario, expresar gratitud y aprecio, perdonar, llorar, liberarme de los juicios, hablarme positivamente, hablar con un ser querido, disfrutar de la soledad, leer un buen libro o escuchar música inspiradora, entre otras. Al cuidar nuestro bienestar emocional, comenzaremos a elegir con mayor facilidad y frecuencia aquello que nos hace sentir bien.

El ***autocuidado espiritual*** habla de tu conexión con la parte no física e intangible de ti mismo, tu espíritu.

En la vida hay muchas cosas que pueden experimentarse con los sentidos y explicarse o enseñarse con palabras. Tomemos el ejemplo del hogar físico. Tus elecciones en cuanto al color de las paredes, la forma de los muebles, el aroma de las velas, la textura de las cortinas o el sabor de los alimentos que preparas son cosas que se pueden ver, tocar, oler o probar, y también se pueden explicar y compartir con palabras.

Además de todas estas cosas tangibles, también existen aspectos no físicos, inmateriales y subjetivos que no pueden transmitirse con palabras o imágenes. Las personas que entren en tu hogar deben sentirlas y experimentarlas por sí mismos.

La abrumadora sensación de amor y gratitud que a veces experimento al salir al porche de mi casa por la mañana es una experiencia personal que no puedo expresar con palabras. Puedo compartir una foto. Puedo contártela con todo lujo de detalles y tú puedes imaginar una versión de mi experiencia, pero es imposible que sientas la intensidad de la conexión que yo siento a menos que tú experimentes tu propia conexión en un momento que sea igual de profundo para ti.

Al igual que sucede con tu hogar físico, hay determinadas partes de tu vida interior que solo pueden sentirse. ¿Cómo le explicas a alguien lo que es el amor? La única manera es demostrarlo para que puedan ver cómo se siente.

Sin embargo, no puedes sentir la emoción por ellos. La experiencia del amor no se puede enseñar, ya que su origen no es físico, al igual que tu mundo espiritual tampoco lo es.

Esta área ha sido fundamental para construir, explorar y agrandar mi zona de confort. De hecho, los días más oscuros que he experimentado fueron aquellos en los que no me conectaba con esa parte interna y orientadora que está conectada con todo lo que existe. Me sentía tan perdida que, debido a esa desconexión, también perdí la esperanza en su presencia. Pero, pase lo que pase, somos, ante todo, seres espirituales que tienen una experiencia física. Aunque nuestras interpretaciones y creencias puedan diferir levemente, todos somos iguales. Todos tenemos creencias distintas, pero, según mi experiencia, sé que tenemos un alma, un espíritu que está conectado con Dios, y cuando cultivo esa relación me siento bien. Puedes llamar a esta energía intangible de diferentes formas: Dios, Universo, Ser Superior, Fuente, por nombrar algunas. Sea cual sea el término con el que te identifiques, representa esa parte de ti que va más allá de tu forma física.

Este libro no trata de que elijas mi camino espiritual, sino de que crees el tuyo y prosperes. Trata de la conexión.

Cada camino es único. Vivir en la zona de confort implica reconocer, aceptar y celebrar no solo tu singularidad, sino también los deseos y preferencias de los demás, sin juzgarlos. Cuando estableces una conexión con tu espíritu, tiendes a experimentar emociones más positivas, como la conexión, el amor, la confianza, la esperanza, la compasión y el aprecio. Y, cuando no tienes esa relación, normalmente te sientes aislado, temeroso, ansioso y desesperanzado. A largo plazo, estos sentimientos pueden verse reflejados en diversos problemas e incluso enfermedades.

La verdad es que, cuando dejas de lado una parte vital de ti mismo al no cultivar una relación espiritual con tu propio ser, lo estás limitando. Al reconocer y desarrollar una relación con la parte intangible de tu ser, estás reconociendo tu plenitud.

Quizá uno de los mayores regalos que puedes hacerte es tomar conciencia y establecer una conexión espiritual con la parte de ti mismo que está íntimamente conectada con el mundo físico y con los demás. Algunas prácticas que he utilizado para fortalecer mi conexión espiritual son la oración, la meditación, la reflexión en soledad, ir a misa, la respiración profunda, el contacto con la naturaleza, la escritura, la conexión con la tierra, la lectura de textos sagrados, la participación en mi comunidad religiosa, la expresión de gratitud y la interacción con personas con ideas similares a las mías.

EJERCICIO DE LA ZONA DE CONFORT N.º4
Autocuidado

Preguntas sobre el autocuidado físico:

- ¿Qué tipo de alimentos hacen sentir bien a mi cuerpo? ¿Qué alimentos lo hacen sentir débil y pesado?
- ¿Mi cuerpo me pide más descanso debido al cansancio o a la fatiga?
- ¿Mi cuerpo me pide más acción debido a la ansiedad?

- ¿Mis músculos se sienten muy tensos y necesitan masajes o estiramientos?
- ¿Qué tipo de actividad física disfruto?
- ¿Cómo me siento al respirar profundamente?
- ¿Qué preferencias y necesidades tiene mi cuerpo y he pasado por alto hasta ahora?

Preguntas sobre el autocuidado mental:

- En un día normal, ¿mis pensamientos son positivos o negativos?
- ¿En qué pienso cada mañana cuando me despierto? ¿Enseguida pienso en mi lista de tareas, lo cual me hace sentir abrumado, o en qué podría salir mal? ¿Pienso en aquello que me hace sentir agradecido o entusiasmado?
- ¿Tengo el hábito de quejarme, culpar o justificar las cosas?
- ¿Tengo el hábito de pensar y hablar de los peores escenarios posibles? ¿O prefiero pensar en desenlaces más optimistas?
- ¿Qué hábitos mentales me hacen sentir indefenso o limitado?
- ¿Qué hábitos mentales me hacen sentir empoderado?

Preguntas sobre el autocuidado emocional:

- ¿Soy consciente de mis emociones?
- Cuando tomo consciencia de ellas, ¿puedo identificarlas y comunicarlas adecuadamente?
- Cuando atravieso emociones negativas, ¿qué hago?
- Cuando atravieso emociones positivas, ¿qué hago?

Preguntas sobre el autocuidado espiritual:

- ¿Me tomo el tiempo para conectar con mi ser espiritual a diario?
- ¿Con qué prácticas espirituales me siento cómodo?
- ¿Cómo puedo profundizar mi conexión espiritual?
- ¿Cómo podría enriquecer mi viaje espiritual?

Lo que has logrado

¡Bien hecho! ¡Has terminado el capítulo 7! Ahora cuentas con las herramientas necesarias para cultivar una sensación de seguridad dentro de ti. Sé que ha sido mucha información para asimilar y estoy orgullosa de ti por embarcarte en este viaje. Espero que ahora puedas ver cómo tu hogar y tu zona de confort se reflejan mutuamente. Y que la similitud entre ellos te haya ayudado a afianzarlos. Cuando he mencionado la pirámide S.E.R y he desvelado su primera capa, la seguridad, espero que hayas notado la correlación con la jerarquía de necesidades de Maslow. Suceden cosas mágicas cuando dirigimos nuestra atención hacia nuestro interior y nos damos cuenta de que la tarea de hacernos sentir seguros recae en nosotros mismos, y que esto se puede lograr al definir y vivir dentro de nuestra zona de confort.

En el próximo capítulo, quiero explorar el siguiente nivel de la pirámide S.E.R: la expresión. Ahora que has reconocido tus necesidades y preferencias, tanto las que se relacionan con el exterior (los límites) como las que se relacionan con el interior (el autocuidado), estás listo para expresar y compartir tu ser único con el mundo. ¡Y eso es precisamente lo que abordaremos en el capítulo 8!

La vida es mucho más bonita y segura cuando desalojamos a los habitantes que interfieren con nuestra paz y abrimos las puertas a personas, hábitos, pensamientos, creencias e ideas que nos brindan amor y apoyo.

Capítulo 8

EXPRESIÓN: SÉ QUIEN REALMENTE ERES

Tu forma de expresarte es el medio que tienes para mostrarte y compartir tus preferencias con el resto del mundo. Cuando te sientas seguro contigo mismo, automáticamente te desplazarás al segundo nivel de la pirámide S.E.R: la expresión.

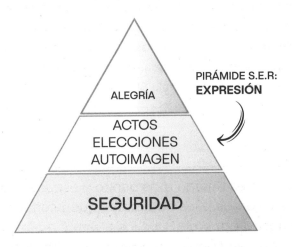

Tu forma de expresarte es la vía de acceso a tu interior que tienen los demás. En cierto sentido, es la base de tus relaciones, porque tu forma de expresarte comunica e influye en cómo los demás te ven e interactúan contigo. Ayuda a que te conozcan y sepan cómo tratarte. Te permitirá crear la vibración que atraerá a tu tribu.

Tu forma de expresarte puede darse distintas maneras. Cualquier cosa que hagas para compartir tus preferencias con el mundo exterior es parte de tu forma de expresarte. Tus palabras, tu forma de vestirte, tu lenguaje corporal y tus gestos, cómo reaccionas durante una discusión, tus aspiraciones artísticas (como la música, la pintura o el baile), así como otras aspiraciones que normalmente no se consideran creativas o artísticas (como la profesión que eliges, tus ideas políticas y cómo resuelves los problemas): todo esto es parte de tu forma de expresarte. Hay tantas formas de expresarse como seres humanos en este planeta.

Los tres elementos que constituyen tu forma de expresarte son tu *autoimagen*, tus *elecciones* y tus *actos*. Tu autoimagen reside en tu subconsciente y se proyecta al mundo a través de tus elecciones y de lo que haces a partir de esas elecciones. Por eso a veces te enfrentarás a determinados problemas que no se resolverán aunque tomes cartas en el asunto o vayas por un camino distinto. Porque la causa de esos problemas radica en la imagen que tienes de ti mismo.

Tus palabras, tu lenguaje corporal y tus actos dan vida a tu interior. Dan forma a tu realidad personal, a tu personalidad. Tu forma de expresarte ante el mundo construye las bases de tu carácter y tu reputación. Crea tu identidad.

Es posible que la forma en que los demás te ven difiera de cómo tú te ves a ti mismo.

Si te caracterizas por quejarte de todo, dirán que eres una persona negativa, pero quizá tú te consideres una víctima. Si sueles hablar de las personas a sus espaldas, te catalogarán como un chismoso, pero quizá tú podrías justificarte pensando que tienes razón. Si no te gusta participar en conversaciones, es posible que otros te perciban como una persona seria o creída, pero tú podrías considerarte tímido. Si estás muy enfocado en tu carrera profesional, otros podrían verte como alguien que se esfuerza demasiado, pero tú podrías sentirte inseguro y necesitar validación.

Si no estás de acuerdo con la forma en que los demás te perciben, quizá debas evaluar la imagen que tienes de ti mismo, ya que eso es lo que determina tu forma de expresarte. Lo mismo ocurre con tus logros. Si tienes grandes sueños, pero no consideras que puedas alcanzarlos o sientes que no estás a la altura, nada de lo que elijas o hagas te llevará por ese camino.

MEJORA TU AUTOIMAGEN

Tu forma de expresarte te ayuda a proyectar tu imagen interna hacia el exterior. Juega un rol muy importante en cómo los demás te perciben e interactúan contigo. Cómo te muestras al mundo es una manifestación de quién eres en ese momento.

La imagen que tienes de ti mismo puede ser positiva y empoderadora, puede inspirarte confianza y ayudarte a elevar tu autoestima. Pero también puede ser negativa y causar el efecto contrario, llenándote de dudas e inseguridades.

El problema aquí es que, si tú no has desarrollado tu propia imagen a tu gusto y voluntad, eso quiere decir que sucedió involuntariamente durante tu infancia y ha estado funcionando en piloto automático desde entonces. La buena noticia es que puedes reajustar y perfeccionar la imagen que tienes de ti mismo en cualquier momento. De hecho, yo lo he hecho varias veces a lo largo de mi vida, en ocasiones incluso sin darme cuenta. Incluso esta mañana, antes de empezar a escribir, me he tomado media hora para escribir en mi diario y trabajar la imagen que tengo de mí misma. Tu crecimiento es directamente proporcional a la imagen que tienes de ti mismo.

Así como puedes tener una casa ideal, como comentamos en el capítulo 6, también puedes tener una imagen ideal de ti mismo dependiendo del lugar al que quieras llegar o quién quieras ser. Lo llamo el *yo expandido* y lo veremos más detalladamente en el capítulo 11. Por ahora, es importante que tomes consciencia de la imagen que tienes de ti mismo actualmente. Cuando eres sincero contigo mismo sobre el lugar donde te encuentras, te sientes seguro para expresarte y trabajas tu interior, todo comienza a encajar, porque te estás expresando desde tu zona de confort.

Cuando te acostumbras a la zona de confort y empiezas a desarrollarla, eliges quién eres y qué lugar ocupas en el mundo. Cuando vives dentro de este espacio seguro e intencional, te das permiso para ser quien eres realmente.

En definitiva, la persona que proyectas es la persona que contemplas en el espejo. Ni tus elecciones ni tus acciones vencerán a la imagen que tienes de ti mismo en tu cabeza. Además, nada te impide mejorar esa imagen.

Hay un ejercicio que me gusta hacer cuando la imagen que tengo de mí misma se desgasta y me cuesta verme como la persona hermosa y fuerte que soy. Me doy una larga ducha y visualizo cómo todos los pensamientos y sentimientos negativos abandonan mi cuerpo y se van por el desagüe. Luego, cuando termino, me miro al espejo y le dijo «te amo» a mi reflejo. Continúo diciendo «te amo» y además agrego aspectos que me encantan de mí misma. «Amo mis brazos». «Amo mi cara». «Amo el color y la suavidad de mi pelo». «Amo mi resiliencia». «Amo que nunca me he rendido y que lo sigo intentando» «Amo lo amable que soy». «Amo esa peca». Continúo haciendo esto hasta que siento que me invade una profunda sensación de alivio y dejo de sentirme pequeña e impotente. Cinco minutos frente al espejo son suficientes para cambiar la imagen que tengo de mí misma y, junto con ella, las elecciones que haga el resto del día.

ELECCIONES + ACTOS

Toda elección que hagas constituye una oportunidad para poner a prueba una idea, expresar creatividad y ajustar tus preferencias. Cuando fomentas una autoimagen positiva, te sientes a gusto y te expresas tal como eres independientemente de las circunstancias. Cuando te expresas de manera auténtica, muestras quién eres realmente. Puedes vivir plenamente y ser la fiel expresión de ti mismo. La autenticidad se encuentra en tu zona de confort y se refleja a través de tus elecciones, que se materializan a través de tus actos.

Uso la palabra *elecciones* a propósito, porque quiero que sepas que *tú* tienes el poder de elegir cómo te presentas ante el mundo. La forma en que te expresas no tiene nada que ver con tus circunstancias, con tus relaciones o con las elecciones de los demás. Tú tienes el control sobre eso. Independientemente de lo que esté sucediendo en tu vida, puedes elegir abordar esas situaciones de una forma auténtica y mostrar quién eres a través de tus actos.

Por ejemplo, puedes decidir que el morado es el tono perfecto para resaltar tu habitación, pero es posible que al pintar una pared de ese color te des cuenta de que no te gusta para nada. Puede que el tono de morado que has elegido sea demasiado oscuro, por lo que decides ajustar esa elección y probar un tono más claro. O tal vez simplemente sientes que la pared morada no es lo que buscabas, lo cual te lleva a optar por otro color completamente diferente. Así es como tu forma de expresarte se convierte en un patio de pruebas donde puedes explorar y experimentar cómo pulir y reajustar tus ideas y preferencias. Esta exploración y reajuste de tu forma de expresarte también se da en el plano intangible.

Por ejemplo, si quieres escribir un libro, quizá debas exponerte a diferentes estilos de escritura y familiarizarte con libros y escritores que se alineen con la visión que tienes de tu libro. Tengo una amiga que a sus 45 años se inscribió en un curso de poesía y, para su sorpresa, descubrió que le encanta escribir y recitar sus poemas. Nunca es tarde para descubrir nuevas formas de expresarse, para ser lo que fuiste creado para ser.

Cuando te sientes seguro y usas tu forma de expresarte para probar y ajustar tus preferencias, verás que están en constante cambio. Nunca nos estancamos. Nuestras vidas están en constante evolución. El resultado de esta evolución depende de lo intencionales que seamos a la hora de elegir, actuar y expresarnos.

Cuando no eres intencional en tus actos y elecciones, te expresas de forma pasiva o reactiva por defecto. Te pones a la defensiva y te cargas de pensamientos, elecciones, relaciones y acciones que te agobian. Cuando saturas tu mente y tu vida con pensamientos y actividades que agotan tu energía, te alejas de la posibilidad de expresarte de forma intencional y consciente.

Sin embargo, cuando eres honesto contigo mismo acerca de tu propia imagen, eliges conscientemente y actúas de forma intencional, puedes moldear gradualmente esa imagen para que tu verdadero ser emerja, como lo hace cuando te sientes en paz, cómodo y seguro. Comienzas a contrarrestar e incluso a eliminar los sentimientos de carencia o insuficiencia, lo que se refleja en una expresión más auténtica y en sintonía con tus valores y deseos más profundos.

Cuando te acostumbras a la zona de confort y empiezas a desarrollarla, eliges quién eres y qué lugar ocupas en el mundo. Cuando vives dentro de este espacio seguro e intencional, te das permiso para ser quien eres realmente.

Es importante tener en cuenta que vivir de esta manera no significa que podamos imponer nuestros valores a los demás ni tratar de controlar sus acciones. De hecho, es todo lo contrario. Intentamos controlar el mundo exterior cuando no nos sentimos seguros ni confiamos en nosotros mismos. Cuando somos auténticos, no nos importa que otras personas sean auténticas, incluso cuando no estamos de acuerdo con sus elecciones.

Cuando eliges pasar la mayor parte de tu tiempo en tu zona de confort, te permites jugar, expresarte, experimentar y ajustar tus preferencias para crear una vida que se acerque continuamente a lo que deseas. Además, permites que los demás hagan lo mismo.

Es importante destacar que vivir en la zona de confort no significa que nunca te aventurarás fuera de ella. Después de todo, no pasamos el cien por cien de nuestro tiempo en casa, incluso si disfrutamos mucho de estar allí.

Somos seres humanos. Siempre queremos que la vida nos dé más y, a veces, sobrestimamos nuestras habilidades o recursos, cometemos errores, nos caemos y fracasamos, pero no pasa nada. Aunque nuestra meta sea quedarnos en la zona de confort la mayor cantidad de tiempo que podamos, eso no siempre es factible. Saber que siempre podemos volver a la zona de confort después de haberla dejado es un alivio.

A diferencia de tu hogar físico, puedes llevar tu zona de confort contigo a donde quiera que vayas, porque está profundamente arraigada en tu identidad. Puedes conducir y ver cientos de carteles publicitarios, escuchar miles de anuncios publicitarios o a decenas de personas hablar sobre sus miedos, pero si estás asentado en tu zona de confort, no te afectará en lo más mínimo. Estarás bajo tu propio poder y recurrirás a tus preferencias.

El impacto que produce tu forma de expresarte puede verse fácilmente en tu hogar físico. Si amueblas una habitación de acuerdo a tus propias preferencias, disfrutarás mucho más de ese espacio que si lo llenas con objetos que encontraste en la calle. Si miras la televisión cuatro horas al día en lugar de limpiar tu casa, enseguida se desordenará. Si cada vez que quieres pintar las paredes o buscar un gabinete o armario que te guste, te emborrachas y provocas un desastre, no pintarás las paredes y no tendrás un mueble nuevo.

A veces no es fácil ver con claridad cómo nos expresamos, pero escribir en un cuaderno o dedicar un poco de tiempo a reflexionar te ayudará a darte claridad y perspectiva. Te invito a que evalúes tus elecciones y tus actos con este nivel de honestidad, vulnerabilidad y curiosidad. En el capítulo 12 compartiré contigo una herramienta que podrás usar para reescribir tu identidad y, por tanto, para cambiar tus elecciones y tus actos para que reflejen la persona que quieres ser. Sin embargo, por ahora, el mejor regalo que puedes hacerte es el de tomar consciencia.

EJERCICIO DE LA ZONA DE CONFORT N.° 5
Expresión

En tu cuaderno, responde las siguientes preguntas con el mayor detalle posible:

1. ¿Quién soy? ¿Qué es lo que me define, tanto lo bueno como lo malo?
2. ¿Qué me gusta de mí? ¿Qué les gusta a los demás de mí? Rodea con un círculo los rasgos en común.
3. ¿Qué creencias y valores son los más importantes para mí? ¿La forma en la que vivo refleja esos valores?
4. ¿Qué me apasiona? ¿Con qué frecuencia priorizo ese deseo?
5. ¿Qué actividades hago para expresarme? ¿Cuáles, si es que las hay, me gustaría cambiar? ¿Cuáles me gustaría agregar?

6. ¿Tengo creencias o hábitos que están en conflicto entre ellas o con mi autoimagen? En caso de que así sea, ¿cuáles son y qué puedo hacer para resolverlo?

Lo que has logrado

¡Genial! ¡Has llegado al final del capítulo 8! Ojalá ahora comprendas que tu forma de expresarte guarda una relación muy estrecha con la imagen que tienes de ti mismo, es decir, cómo te percibes y qué crees que es posible para ti en la vida. Cuando vives dentro de tu zona de confort, puedes apreciar tu singularidad, tu belleza y tu poder. En consecuencia, puedes expresarte con confianza y con calma, sin necesidad de controlar o dominar a los demás.

En el próximo capítulo, nos sumergiremos en el tercero y último nivel de la pirámide S.E.R: el regocijo o alegría. La vida está hecha para disfrutarla, para que te entusiasmes. En cierta forma, el entusiasmo es tu derecho. Aprender a disfrutar de la vida es fundamental para construir una vida llena de bendiciones.

Nunca nos estancamos. Nuestras vidas están en constante evolución. El resultado de esta evolución depende de lo intencionales que seamos a la hora de elegir, actuar y expresarnos.

Capítulo 9

REGOCIJO Y ALEGRÍA: APROVECHA EL PODER DE LO POSITIVO

El verdadero desafío en la vida no consiste en construir una vida que puedas disfrutar, sino en aprender a disfrutar la vida que tienes.

Cuando aprendes a hacerlo, sucede algo mágico: el entusiasmo que te produce tu vida actual atrae más personas, relaciones y momentos que te brindan alegría. Y, a medida que esas bendiciones te entusiasmen más y más, llegan aún más cosas para disfrutar. Todavía me maravilla este circuito de retroalimentación positiva de disfrute que se genera en nuestra vida cuando comenzamos a dar prioridad a la alegría.

Una vez, una amiga me dijo que deseaba tener una vida tan bendecida como la mía.

—Mi vida es bendecida porque la disfruto —le dije.

—¡Pero tienes muchas cosas para disfrutar! —exclamó.

—Tengo cosas para disfrutar —dije— porque disfruto de todo lo que tengo.

Ella sonrió. Por la expresión en su rostro, pude percibir que su mente estaba remontándose a cuando conoció otra versión de mí, la versión de mí que era infeliz.

La gente a veces no se da cuenta de que los circuitos emocionales positivos de la vida se producen gracias a nuestra voluntad de celebrar y disfrutar lo que tenemos, sin importar lo grande o pequeño que sea. La expansión nace de los sentimientos de alegría y gratitud.

En este capítulo, aprenderás a crear ese regocijo y esa alegría de forma intencional para que luego puedas cosechar de sus beneficios.

Échale un vistazo a la pirámide S.E.R. Una vez tomas consciencia de tu forma de expresarte y cómo la relación que guarda con tu autoimagen impacta en tus elecciones y tus acciones, automáticamente das un paso hacia el último nivel de la pirámide S.E.R: *el regocijo o la alegría.*

A medida que asciendas en la pirámide S.E.R, te conviertes en tu versión más auténtica. Comienzas a vivir de una manera que se siente natural y cómoda. Comienzas a construir una vida alegre y plena.

Alcanzar el regocijo y la alegría es el objetivo supremo de la vida. Todo lo que queremos en la vida, lo queremos porque creemos que nos hará felices. Todo lo que hacemos, lo hacemos con la esperanza de que algún día nos dé alegría. Por desgracia, no todas nuestras acciones y logros nos conducirán hacia la felicidad. Estamos en una búsqueda constante de alegría y rara vez la encontramos.

La vida está hecha para disfrutarse, pero esa tarea se hace difícil (si no imposible) si te sientes inseguro, temeroso o estresado. Disfrutar la vida es mucho más sencillo si es un fiel reflejo de quién eres. A medida que leas este libro, ojalá te sientas cada vez más cómodo contigo mismo y puedas expresarte de manera auténtica, porque la expresión auténtica y la seguridad en ti mismo son las claves para disfrutar de la vida sin importar dónde te encuentres.

Cuando creas y potencias conscientemente tu zona de confort, haces posible que la alegría y la positividad formen parte de tu vida, independientemente de cómo sea tu realidad material.

La positividad, la esperanza y el optimismo florecen dentro de tu zona de confort, ya que, cuando te sientes seguro y en paz, accedes a un estado interno en el que puedes experimentar amor, gratitud, alegría, paz, emoción y felicidad. Me refiero a la verdadera sensación de felicidad y satisfacción, que no se obtiene después de adquirir más cosas o mejorar determinadas situaciones, sino al ajustar tu perspectiva para que finalmente puedas identificar todas las bendiciones que te rodean. Se trata de disfrutar el momento presente, del ahora. Este estado elevado del ser te permite expandir tu zona de confort con facilidad y disfrutar del viaje. Como si fueran unas vacaciones sin fin, te sientes a gusto con tu realidad cotidiana, porque tus elecciones son conscientes y satisfacen tus preferencias y necesidades.

Cada decisión que tomas en la vida es una oportunidad para construir un hogar interno que te permita generar y aumentar el regocijo y la alegría.

El regocijo es el estado positivo que experimentas cuando te encuentras inmerso en pensamientos, actos y eventos que satisfacen tus objetivos, deseos y necesidades. Cuando satisfaces tus necesidades de placer, propósito, seguridad, amor o pertenencia, cosechas los beneficios de esa satisfacción en forma de regocijo.

Según diversos estudios, el regocijo y el bienestar están estrechamente relacionados. Cuando te enfocas en crear más regocijo y alegría, mejoras tu calidad de vida y tu longevidad.

La calidad de regocijo que experimentes es directamente proporcional a cuánto priorices una actitud positiva en tu vida diaria. La positividad es la puerta de entrada hacia tu zona de confort. Cuando activas el poder de lo positivo, entras en tu zona de confort. Eso cambia tu estado de ánimo. Cambia la forma en que te diriges a ti mismo y a los demás. Cambia tu forma de actuar, porque te sientes atraído por actividades enriquecedoras y estimulantes que te inspiran alegría.

LOS ELEMENTOS DE LA ALEGRÍA

Hemos hablado de que el regocijo se encuentra en la cima de la pirámide S.E.R y se apoya sobre los niveles inferiores. Si miras el gráfico superior, puedes observar que he dividido el regocijo y la alegría en cuatro elementos clave: diversión, concentración, gratitud y creatividad.

Me gustaría compartir contigo algunas herramientas prácticas y ejercicios que me han ayudado a potenciar estos elementos de regocijo y alegría en mi vida después de practicarlos regularmente. Estos ejercicios te ayudarán a conectarte intencionalmente con el disfrute que te corresponde por derecho, para que puedas experimentar una mayor plenitud, creatividad y amor en tu vida. Selecciona aquellos con los que te sientas identificado en este momento y siéntete libre de regresar a este capítulo cuando lo necesites.

Regocijo + diversión

Una de las formas más rápidas y sencillas de regresar a tu zona de confort es haciendo actividades divertidas.

La sociedad moderna, guiada por su obsesión por la superación y por el estrés, subestima la idea de divertirse. Muchas personas idealizan el trabajo duro y asocian la diversión con la infancia, lo que da lugar a ideas y expresiones como «trabaja duro, diviértete mucho» y «mucho trabajo, poca diversión», en las que el término *diversión* puede asociarse con un comportamiento irresponsable, mientras que *trabajo* representa nuestras responsabilidades como adultos. Esta asociación a veces me desconcierta. Si eso es así, entonces soy una niña adulta.

Divertirnos es una de las actividades más humanas que existen. La diversión, la risa, la emoción, la gratitud, regocijo y la alegría suelen ir de la mano. Cuando nos sumergimos en uno, accedemos a los demás.

Y, sin embargo, la mayoría de las personas viven su vida sin preguntarse qué les resultaría divertido. Pareciera que detenernos un poco y darnos tiempo para divertirnos implicara posponer cosas más importantes o ser irresponsables. Podemos pasar semanas o incluso meses sin elegir una sola actividad que nos divierta. En el peor de los casos, podemos pensar que, si no nos divertimos, somos adultos productivos, como si uno de los requisitos para ser *adulto* fuera convertirse en una versión aburrida de nosotros mismos.

Intenta hacerte esta pregunta ahora mismo: «¿Qué puedo hacer hoy que sea divertido?».

No hace falta cambiar nada de tu vida para responder a esta pregunta. Elegir hacer algo divertido no es algo desvinculado de tu vida (ni debería serlo). Incluso si tu día está repleto de reuniones o tienes plazos que cumplir, puedes añadirle una pizca de diversión. Cuando me siento *estancada* mientras trabajo o escribo, me alejo por un momento y hago algo divertido. Ese algo puede ser llevar a mis hijos al parque y corretear con ellos, hacer alguna manualidad o mirar un video divertido. Cuando regreso a mi escritorio, me siento renovada y llena de energía, y, en consecuencia, soy mucho más productiva.

Cuando te des cuenta de que divertirte es una cuestión de actitud y que incluso en tus días más difíciles puedes hacer algo divertido, comenzarás a disfrutar de la vida un poco más. No es necesario realizar ningún cambio para que la diversión forme parte de tu vida, porque el verdadero origen de ese regocijo y de esa alegría no está en el mundo exterior, sino en la forma en que eliges interactuar con él.

EJERCICIO DE LA ZONA DE CONFORT N.° 6
Regocijo + diversión

Toma un bolígrafo y un papel y dedica unos minutos a responder las siguientes preguntas. Este ejercicio te ayudará a familiarizarte con tus preferencias y con lo que te resulta divertido. Una vez que hayas identificado estas preferencias, intenta incluir una o más en algún momento del día para sumarle diversión a tu vida.

- ¿Qué puedo hacer hoy que me resulte divertido?
- ¿Qué actividades disfruto a diario?
- ¿Cuál es la parte más agradable de mi día?
- ¿Qué alimentos me brindan alegría sin hacerme sentir culpable?
- ¿Cuándo fue la última vez que me sentí realmente emocionado? ¿Qué fue lo que me emocionó?
- Si pudiera hacer cualquier cosa y tener éxito, ¿qué haría? ¿Consideraría que este tipo de trabajo es divertido?
- ¿Qué me resulta fácil?
- ¿Qué actividades siento que son naturales e intuitivas para mí?
- ¿En qué suelo pensar más a menudo a lo largo del día? ¿Cómo me hacen sentir esos pensamientos?
- ¿Qué me emociona en este momento?

Puntos adicionales: Durante una semana, hazte esta pregunta cuando despiertes cada mañana: «¿Qué puedo hacer hoy que sea divertido?». ¡Y asegúrate de hacer esa actividad que te resulta divertida en algún momento del día!

Regocijo + concentración

Según diversos estudios, cuando te concentras por completo en una actividad, la disfrutas más. Esto se debe a que, cuando te concentras en actividades que requieren toda tu atención, estás presente. Un atleta que está en mitad de una competición no puede estar pensando en una conversación que tuvo ayer o en lo que podría suceder en una futura reunión. Un pianista que está en medio de una función no puede estar pensando en lo que preparará para cenar esa noche. Si por alguna razón el atleta o el pianista se permitieran distraerse con el pasado o el futuro, su experiencia, y posiblemente el resultado de sus esfuerzos, se verían afectados. Toda actividad es difícil y termina con errores evitables si no estás concentrado y presente.

Algunas personas usan la expresión *en la zona* cuando se refieren a un nivel de máxima concentración al realizar una actividad. De hecho, cuando alguien se encuentra *en la zona*, está tan concentrado en la tarea que realiza que el mundo exterior desaparece por completo. Cuando escucho la expresión *en la zona*, le agrego *de confort* al final, porque así se siente estar en la zona de confort.

Las actividades que más disfruto en la vida son aquellas en las que me sumerjo por completo. Jugar a las escondidas con mis hijos, bailar mientras cocino, salir a correr por la playa, escribir este libro, usar la cinta de correr que hay debajo de mi escritorio, jugar con mi perro, pasear por la montaña, recibir un mensaje de mi marido cuando termina el día… Cuando hago esas actividades, me siento presente. Estoy concentrada. No quiero estar en ningún otro lugar ni haciendo ninguna otra actividad. Y por eso disfruto plenamente de esos momentos. Cuando disfrutamos mucho de algo, las experiencias positivas y el regocijo de sentir que estamos presentes se intensifican, y de esa manera nuestra calidad de vida mejora.

El siguiente ejercicio te ayudará a sentirte más presente para que puedas disfrutar más de las actividades que te divierten y entrar en tu zona de confort con facilidad. Incluso las actividades más simples se vuelven profundamente transformadoras cuando estás presente y concentrado mientras las realizas.

EJERCICIO DE LA ZONA DE CONFORT N.º 7
Regocijo + concentración

Haz un frasco de regocijo y alegría. Cada vez que hagas una actividad que disfrutas, escribe en un trozo de papel de qué actividad se trata y cómo te has sentido. Luego, dobla el papel y colócalo en tu frasco de regocijo y alegría. De vez en cuando, saca al azar algunos papeles del frasco y recuerda cómo fue la experiencia positiva que tuviste mientras realizabas esa actividad. Intenta evocar esos sentimientos de gratitud, emoción, alegría, inspiración, satisfacción, etc., que estaban presentes en ese momento.

Revisar tu frasco de regocijo y alegría puede ser una forma divertida de volver a tu zona de confort cada vez que sientas que te estás pasando a la zona de resignación o a la zona de supervivencia.

Cuando escucho la expresión *en la zona*, le agrego *de confort* al final, porque así se siente estar en la zona de confort.

Regocijo + gratitud

Al igual que el disfrute, la gratitud juega un rol muy importante a la hora de aumentar el regocijo y la alegría. Cuando te das cuenta de lo que va bien en tu vida y muestras gratitud por ello, comienzas a reprogramar tu cerebro y tu vida para experimentar mayor regocijo y alegría.

De hecho, una de las vías más rápidas para entrar en tu zona de confort es a través de la gratitud. Es uno de mis recursos favoritos. Una vez allí, puedes amplificar y prolongar tu permanencia en tu zona de confort a través del disfrute pleno.

La gratitud es una actitud. Necesitas estar dispuesto a mirar el mundo y poner atención sobre los aspectos buenos y positivos. Al igual que cualquier otra cosa que hagas, la gratitud también es un músculo. Cuantos más motivos encuentres para sentirte agradecido, más motivos encontrarás para sentirte agradecido. Es un ciclo de retroalimentación positiva que se amplifica a medida que empiezas a sentir esperanza, apertura, conexión, seguridad y amor, que son emociones que suelen ir asociadas con la gratitud.

Si no tienes el hábito de sentir gratitud por lo que va bien en tu vida o, peor aún, tienes el hábito de identificar, obsesionarte y hablar sin cesar sobre las cosas que no funcionan, puede resultarte difícil encontrar un motivo por el cual sentirte agradecido. Si te sientes identificado con esto, sé cómo te sientes, porque he estado en ese lugar. También puedo decirte con total confianza que necesitas hacer un esfuerzo para incorporar la gratitud a tu vida. Considero que tener una actitud de agradecimiento fue uno de los pilares fundamentales de mi transformación. Una y otra vez, la gratitud ha demostrado ser el camino más accesible y efectivo para entrar en mi zona de confort, y esta es la razón por la cual *Power of Positivity* ha tenido impacto en tantas personas.

Una vida verdaderamente enriquecedora está llena de bendiciones. Cuando ves a alguien que es realmente feliz, no es que tenga más suerte que tú, sino que ha aprendido a enfocarse en los aspectos positivos de la vida a conciencia y con constancia. Cuanto más se enfoca en las cosas que le van bien, más cosas le irán bien. Solo una persona que es capaz de sentirse agradecida en todas partes puede vivir una vida repleta de bendiciones.

La verdad es que estás rodeado de bendiciones. Dondequiera que mires y a cada paso que das, los milagros están floreciendo, esperando que los veas para desplegarse en tu vida. La forma más sencilla de acceder a estas bendiciones, milagros y resultados positivos que ya te pertenecen es aprendiendo a apreciarlos hasta que se materialicen.

EJERCICIO DE LA ZONA DE CONFORT N.° 8
Regocijo + gratitud

Cada mañana y cada noche, escribe una cosa por la que te sientas agradecido. Luego, pregúntate: «¿Por qué estoy agradecido por esto?» y escribe dos cosas específicas que aprecies al respecto.

Por ejemplo, puedes escribir: «Me siento agradecido por el tiempo que ha hecho hoy». Y luego puedes agregar: «¿Por qué me siento agradecido por el clima?».

«Me siento agradecido porque no ha hecho ni mucho frío ni mucho calor, así que he podido salir a correr. Me siento agradecido porque estaba nublado y he podido fotografiar las flores de mi jardín.»

Regocijo + creatividad

Cuando sientes la seguridad para expresarte y disfrutar de lo que haces desde tu zona de confort, puedes acceder de manera fácil y rápida a tu nivel de creatividad más profundo. Tienes ideas que antes no estaban disponibles para ti, resuelves problemas con mayor facilidad y das vida a creaciones que te hacen sentir bien.

Concentrarte en una actividad creativa también puede ser una puerta de entrada al momento presente, a tu regocijo y alegría y a tu zona de confort.

Hace muchos años, una amiga se sentía muy desmotivada con su vida y cayó en depresión. Por aquel entonces, ella trabajaba desde casa y, a medida que se adentraba en su zona de resignación, sus clientes y su trabajo se desvanecían. Cuando volví a verla al cabo de unos meses, estaba mucho mejor y me habló de su oscuro momento de depresión.

—¿Cómo lograste salir de esa oscuridad? —le pregunté. Apenas podía ocultar mi sorpresa.

—Tocando el piano —respondió.

Resulta que hacía tiempo que se había comprado un piano y, un día particularmente complicado, tuvo la idea de aprender a tocar el piano de manera autodidacta.

—Usé algunos vídeos de YouTube para aprender las escalas y algunas canciones sencillas —me contó—. No me considero una persona muy musical. Nunca había tomado clases de música, así que tuve que aprenderlo todo desde cero.

La tarea le resultó mucho más difícil de lo que pensaba. Tuvo que prestar muchísima atención para aprender las melodías más básicas. Necesitaba mucha concentración y conexión con el momento presente.

—Al poco tiempo empecé a practicar varias horas al día. Me sentía muy bien cuando tocaba la sucesión de notas correcta en el momento indicado—dijo—. Tocar la melodía correcta me sentaba muy bien.

Sin siquiera entender qué estaba sucediendo, esta sencilla expresión de creatividad empezó a sacar a mi amiga de su depresión. Empezó a sentirse mejor, incluso a sentirse realizada al final de un día que de otro modo hubiera pasado sin pena ni gloria.

He escuchado historias similares de algunos amigos de la comunidad de *Power of Positivity*. Tengo otra amiga que usaba las clases de zumba como vía de escape de sus momentos oscuros. Otra mujer empezó a escribir un libro el mismo día que había decidido quitarse la vida. Su libro se convirtió en un *best-seller*. Otra empezó a pintar a pesar de no haberlo hecho nunca. Los ejemplos son infinitos. El alma necesita expresarse.

Por eso ser creativo es tan reconfortante.

EJERCICIO DE LA ZONA DE CONFORT N.° 9
Regocijo + creatividad

¿Qué actividad creativa siempre has querido hacer, pero nunca has probado? Puede ser pintar, escribir un libro, hacer joyas, escribir poesía, aprender a bailar, aprender a tocar un instrumento, fabricar muebles, etc. Sea cual sea tu elección, ¿qué puedes hacer hoy para acercarte un paso más a expresar tu creatividad de esa manera?

Si quieres pintar, puedes comprar los materiales para empezar. Si quieres bailar, puedes encontrar un espacio donde den clases cerca de tu casa o ver vídeos gratis en Internet. Si quieres hacer joyas, puedes investigar qué materiales se necesitan.

Haz una lista de los pasos que podrías seguir para realizar la actividad que deseas y da el primer paso en los próximos tres días.

Lo que has logrado

Estás aquí para disfrutar de la vida. Y ese debería ser tu propósito principal. El regocijo y la alegría deberían ser tu meta definitiva y son un claro indicador de éxito. Cuando vives en tu zona de confort, el regocijo se transforma en una parte fácil y constante de tu vida. Por ese motivo, está en la cima de la pirámide S.E.R.

Hay muchas formas de potenciar la sensación de alegría en tu vida. Los cuatro caminos y ejercicios que he compartido en este capítulo son los que más me han ayudado a desbloquear el regocijo en mi vida, incluso en los días más difíciles. Espero que la próxima vez que te sientas estancado, puedas utilizar la diversión, la concentración, la gratitud y la creatividad para encontrar el camino de regreso a tu zona de confort.

Lo que la pirámide S.E.R nos muestra es que, a medida que defines y afinas tus preferencias a partir de una sensación interna de seguridad, comienzas a sentirte mejor de forma natural. Y, a medida que comienzas a sentirte mejor, empiezas a sentir más inspiración, más emoción, más esperanza. Comienzas a impulsarte hacia la vida que anhelas. Incluso comienzas a acostumbrarte a la incertidumbre del mundo exterior.

La pirámide S.E.R nos ayuda a potenciar, fortalecer y expandir nuestra zona de confort. Si ya te encuentras allí, en este capítulo has descubierto información valiosa que te ayudará a aprovecharla de manera más consciente y constante. Pero esta conversación no estará completa sin examinar la relación entre tu zona de confort y el coraje. Y eso es lo que abordaremos en el próximo capítulo.

La gratitud es una actitud. Necesitas estar dispuesto a mirar el mundo y poner atención a los aspectos buenos y positivos. Al igual que cualquier otra cosa que hagas, la gratitud también es un músculo. Cuantos más motivos encuentres para sentirte agradecido, más motivos encontrarás para sentirte agradecido.

Capítulo 10

EL CORAJE Y EL CONFORT: UNA RELACIÓN SIN IGUAL

Cuando empiezas a definir y crear la vida que amas, descubres que necesitas ser honesto, fuerte y vulnerable. Necesitas analizarte con honestidad y poner el foco tanto en tus preferencias como en el estado de tu hogar interno. Así como es imposible que limpies el desorden físico si lo niegas o lo justificas, tampoco podrás limpiar el desorden intangible si no estás dispuesto a reconocerlo. Hasta ahora, el objetivo principal de nuestro viaje ha sido que seas honesto contigo mismo y aceptes lo que sea que encuentres sin juzgar, justificarte ni avergonzarte.

El acto de reconocer tu situación actual puede tener un impacto transformador. Muchas personas han cambiado por completo el rumbo de sus vidas después de exponerse a un momento de honestidad vulnerable acerca de sus circunstancias.

Cuando estás muy acostumbrado a buscar validación externa, ser introspectivo y sincerarte acerca de tus pensamientos, preferencias, elecciones y autoimagen puede ser aterrador. Aunque espero haberte mostrado una forma más cómoda de atravesar este proceso, todavía podrías sentirlo como adentrarse en territorio desconocido, y eso no siempre es fácil.

Sé que a veces es difícil quedarte a solas con tus pensamientos. Cuando enfrentas tu realidad, puedes avivar la llama de la vergüenza, y eso puede dar lugar a que sientas que no eres digno de nada, que no mereces recibir amor o que no eres suficiente. Esta no es la dirección que quiero que tomes cuando hagas tu autoevaluación y crees tu zona de confort. Mucha gente llega allí, se detiene, da media vuelta y se va. Frente a esta disyuntiva, quiero ofrecerte un camino mejor. No te juzgues. Deja que tus pensamientos negativos pasen de largo, como si fueran visitantes. Cuando permites que esos pensamientos negativos se queden de forma permanente, tu interior se desequilibra y te expulsa de la zona de confort.

Pero este libro no está aquí solamente para darte el permiso de sentirte más cómodo. Quiero que puedas prosperar más allá de tus sueños de la forma más fácil, segura y placentera posible. En los próximos capítulos, te acompañaré y guiaré a través de los pasos dos y tres del proceso de crear con confort, y veremos cómo se siente actuar desde tu zona de confort. Pero, antes de continuar, quiero compartir contigo uno de mis hallazgos más sorprendentes, y es que el coraje y el confort pueden convivir.

Así es, ¡has leído bien! La idea de que puedes ser valiente y seguir estando en tu zona de confort debe sentirse como una bocanada de aire fresco, o también puede desencadenar algunos problemas. De cualquier manera, espero que puedas ser receptivo con respecto a los pensamientos y descubrimientos que estoy a punto de compartir. Echemos un vistazo a esta peculiar y hermosa relación.

EL PODER DE LA VALENTÍA EN LA COMODIDAD

A menudo se habla de la comodidad y la valentía como si fueran conceptos opuestos. He oído decir que debes elegir entre ser valiente o estar cómodo. Sin embargo, para mí, la relación que existe entre estos dos conceptos es mucho más interesante. Después de todo, es posible actuar con valentía y comodidad a la vez.

Date crédito por lo valiente que has sido, por lo valiente que eres en este momento y por lo valiente que aún puedes ser para llegar a vivir la vida que deseas.

Creo firmemente que, para crear y vivir en una zona de confort segura, creativa y placentera, la comodidad y la valentía deben convivir.

En el paso uno del proceso de crear con confort, tuviste que armarte de valor solamente para *estar donde estás*. Para saber qué te gusta y qué no, es necesario ser valiente. Para crear un entorno seguro para ti y poder comunicar los límites de ese entorno a los demás, es necesario ser valiente. Es necesario ser valiente para ser honesto y vulnerable contigo mismo y así poder enfrentar los conflictos internos que te mantienen atrapado en ciclos de impotencia o dolor. También es necesario ser valiente para cuidar de tu interior y resistir los pensamientos, hábitos, circunstancias y personas que atentan contra tu seguridad y paz mental. Si terminaste los ejercicios que he compartido contigo, demostraste mucho valor y tomaste acciones valientes.

Date crédito por lo valiente que has sido, por lo valiente que eres en este momento y por lo valiente que aún puedes ser para llegar a vivir la vida que deseas.

¡Se necesita valentía para sentirse cómodo!

En el diagrama siguiente podrás ver que la relación que existe entre la valentía, el confort y tu zona de confort es muy interesante. La zona de confort se ubica en la intersección entre la valentía y el confort. Dentro de la zona de confort, estas dos fuerzas se unen para crear un entorno sientas cómodo y seguro, permitiéndote expresarte libremente y vivir tu vida en tus propios términos.

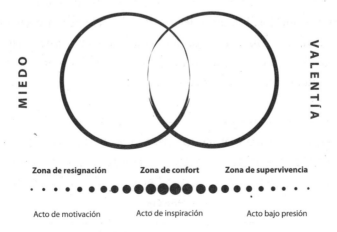

MIEDO

VALENTÍA

Zona de resignación   **Zona de confort**   **Zona de supervivencia**

Acto de motivación   Acto de inspiración   Acto bajo presión

Sin un atisbo de valentía, es muy fácil ceder al miedo y resignarse. Es en ese momento cuando empiezas a tolerar relaciones abusivas o te entregas a las adicciones, y también es entonces cuando comienzas a ceder ante el miedo, a veces hasta el punto de quedarte paralizado. En ese momento también te cuesta defenderte o te sientes confundido y no ves la salida. Por otro lado, un exceso de valentía, pero nada de confort, puede llevarte a la zona de supervivencia, donde te sientes estresado, abrumado y exhausto. La vida misma requiere valentía. Los niños se tambalean y caen antes de aprender a caminar. Todo lo nuevo requiere que demuestres un cierto nivel de valentía: compartir algo que has creado con otros, conducir un coche, disculparte por un error, practicar un deporte, probar una comida nueva, perseguir un sueño o tener una conversación difícil.

Sin valentía, es muy fácil obstinarse y no probar cosas nuevas. Es fácil decir «no» a las oportunidades y evitar todo lo que te dé un poco de miedo o sea desconocido para ti.

Estar en tu zona de confort no significa decir: «Nunca haré nada que me asuste o me haga sentir incómodo». Cuando estás en tu zona de confort, sientes la seguridad necesaria para llevar a cabo lo que deseas, incluso si te hace sentir incómodo. No sucumbas ante la duda y el miedo. Estás listo o sientes que es el próximo paso a dar. Estás seguro de que todo saldrá bien y sabes que las herramientas y el apoyo que necesitas estarán allí cuando te hagan falta.

Hablando en términos más prácticos, estás en tu zona de confort cuando *sabes* que puedes entablar una conversación difícil porque confías en tu habilidad para expresar tus pensamientos de manera clara, firme y amorosa. Estás en tu zona de confort cuando emprendes tu propio negocio y confías en que, pase lo que pase, saldrás fortalecido gracias a la experiencia de crear algo nuevo y compartirlo con el mundo. Estás en tu zona de confort cuando invitas a salir a la persona que te gusta a pesar de correr el riesgo de que te rechace porque confías en que, si esa es la persona adecuada, sentirá lo mismo que tú, y que todo estará bien incluso si no corresponde a tus sentimientos. A la mayoría de la gente le cuesta encontrar ese equilibrio. Cuando tienen que hacer algo que requiere valentía, se acobardan y retroceden.

Porque no se sienten seguros, no confían en que el desenlace pueda ser positivo, aunque inevitablemente lo sea, porque, cuando las cosas no salen como uno espera, de alguna forma todo se resuelve. Y por eso se encierran en la zona de resignación, donde el progreso y el sentimiento de alivio son prácticamente nulos.

También existen personas que creen que un mínimo sentimiento de confort equivale a *hacer trampa* o a *ser perezoso*. En algunos casos, sienten culpa por estar cómodos. Incluso piensan que la comodidad es una debilidad.

Una vez conocí a una mujer que creía que, sin sacrificio y sufrimiento, su vida carecía de sentido. Llamémosla Anna. A pesar de tener poco más de 40 años, Anna había sufrido grandes pérdidas familiares y había pasado por momentos difíciles. Quizá debido a esas pérdidas, llegó a la conclusión de que una vida que valiera la pena debía ser difícil. Según su lógica, cuanto más difícil era la vida y más sufría, más sentido tenía vivir.

Esta era solo una de las creencias destructivas que Anna había interiorizado a través de su duelo. También expresaba otras ideas que revelaban su estado interno:

«Cuanto más amo algo, más duele cuando me lo quitan.»

«Nadie hará nada por mí. Tengo que hacerlo todo yo misma.»

«Debo ser fuerte para sobrevivir a cualquier cosa.»

«Tengo que luchar contra el mundo, porque me ha arrebatado todo lo que amo.»

«No puedo bajar la guardia.»

Como resultado de sus creencias interiorizadas sobre la vida, las relaciones de Anna, sus amistades e incluso sus asociaciones comerciales estaban en constante tensión o al borde del colapso. Esto se debía en gran parte a su comportamiento. Constantemente ponía a prueba a sus amigos y parejas para asegurarse de que la eligieran a ella antes que a cualquier otra cosa que fuera importante para ellos. Intentaba controlar a los demás a partir de demandas y ultimátums y siempre encontraba motivos para pelearse con casi todo el mundo. No hacía excepciones. Sus vecinos, la asociación de propietarios, sus amigos, sus socios comerciales, su esposo: cuanto más cerca estaba de alguien, mayor era la necesidad de controlarlo o de crear algún tipo de conflicto en la relación.

La inseguridad y el miedo de Anna de perder a sus seres queridos se manifestaron como una necesidad de controlar a los demás. En el fondo, Anna se sentía insegura, lo opuesto a cómo se siente vivir en la zona de confort.

Las lecciones que aprendió de las pérdidas que había sufrido convirtieron la zona de confort en su enemiga y, por ende, le resultaba imposible regresar al único lugar seguro dentro de sí misma donde podría haber encontrado un verdadero alivio. Como no podía equilibrar su valentía con la comodidad, creó una vida llena de acción impulsada por el dolor.

En contraste a la historia de Anna, tenemos la de Sandi, una mujer que perdió a su hija, a su yerno y a su nieto de dos años en un accidente de tráfico. Sandi, que ya había enviudado hacía algunos años, también estaba en el coche. Su hija y su familia acababan de recogerla en el aeropuerto cuando su vehículo fue impactado lateralmente por otro. Eran la única familia que le quedaba y los arrancaron de su vida en un instante.

Aun así, esa tragedia no impidió que Sandi viviera una vida alegre y productiva.

La conocí aproximadamente una década después del accidente. Irradiaba vitalidad y alegría. Aunque no había vuelto a casarse, su agenda estaba repleta de aventura. Tenía amistades afectuosas que cuidaba con generosidad y amabilidad. Asistía a clases en la universidad local, era voluntaria en organizaciones benéficas, organizaba veladas de juegos de mesa y viajaba.

La casa de Sandi estaba llena de fotografías de su último marido, su hija, su yerno y su nieto. Cuando le pregunté si le dolía ver esas fotografías, ella me decía: «No, para nada. Mi hija y su familia fallecieron en ese accidente, pero yo sobreviví. Sería absurdo estar viva y no seguir viviendo».

Ella había aprendido lecciones completamente distintas de sus trágicas pérdidas. Decía cosas como:

«La vida es maravillosa y merecemos disfrutarla.»

«La mejor manera de honrar a aquellos que fallecieron es viviendo la mejor vida posible.»

«Perder a mis seres queridos me ha enseñado a apreciar cada momento, porque el presente es lo único que tenemos.»

«Pronto me uniré a mi familia. Mientras tanto, también me divertiré por ellos.»

¡Cuánto impacto tienen nuestras creencias en la calidad de nuestra vida! Creamos nuestra experiencia de vida con los pensamientos que elegimos y las creencias que formamos.

Sandi eligió tener pensamientos y formar creencias que le permitieron pasar tiempo en su zona de confort, donde se sentía segura, mientras que los pensamientos y creencias de Anna la mantenían fuera de la zona de confort, rodeada constantemente de amenazas y peligros.

Sin duda, estas dos mujeres tuvieron que mostrar una gran valentía para llevar adelante una vida normal después de perder trágicamente a sus familias. Sin embargo, la capacidad de cada una para sentirse cómoda y segura, o la falta de ella, hizo que sus experiencias vitales fueran totalmente distintas.

Mi esperanza al escribir este libro es que, con la práctica, puedas aprovechar tu valentía innata cuando la necesites, para que puedas permanecer dentro de tu zona de confort.

Lo que has logrado

¡Bien hecho! Has terminado el capítulo 10 y has completado el paso uno, *Define dónde estás*, del proceso de crear con confort. Espero que, al explorar la relación entre la valentía y la comodidad, puedas comprender cómo las herramientas e ideas que hemos explorado en los últimos diez capítulos pueden ayudarte y hacer que ser valiente te resulte fácil y natural. ¡Tomar acciones valientes para dar un paso hacia la vida que deseas debería ser fácil, natural y cómodo!

De hecho, eres más valiente de lo que crees.

Las personas que viven en la zona de confort suelen hacer cosas que otras personas considerarían valientes. Pueden entablar conversaciones difíciles, establecen límites claros, persiguen sus sueños, se muestran por completo y viven intensamente. Hacen cosas que el resto del mundo podría considerar difíciles, pero hacen que parezca fácil porque para ellas lo es.

Si durante la lectura de este libro has dedicado tiempo a examinar el estado de tu hogar interno, es probable que hayas empezado a llevar a cabo algunas de estas valientes acciones en tu propia vida y, como resultado, quizá te sientas más auténtico que nunca. Al mismo tiempo, quizá te sientas más expuesto, vulnerable o incómodo que en muchos años. Está bien. Lo más valiente que puedes hacer ahora es seguir leyendo y concentrarte en este libro. Después de todo, se necesita coraje para explorar nuevas ideas y erradicar las viejas.

Quizás lo más interesante de la experiencia humana es que, en el momento en que nos enamoramos de nuestra vida tal como es, ¡queremos más! La expansión nunca termina y el deseo tampoco. La buena noticia es que, al aceptarte a ti mismo y encontrar la paz en tu zona de confort, sientas las bases para una expansión *exponencial*.

En el próximo capítulo, tendrás la oportunidad de mejorar la imagen que tienes de ti mismo y de tu vida para poder expandirla. Estás a punto de dar un salto enorme y convertirte en una versión mejorada de ti mismo, y podrás vivir la vida que deseas con más poder y sin remordimientos. Lo mejor es que no tienes que salir de tu zona de confort para crear y expandirte hacia la vida de tus sueños. ¿Estás listo? Entonces empecemos con el paso dos: *Establece hacia dónde vas*.

Cuando estableces una relación auténtica contigo mismo, dejas de seguir los pasos que dieron los demás para llegar al éxito.

Capítulo 11

¿QUIÉN QUIERES SER?

Se dice que, si no sabes hacia dónde vas en la vida, nunca llegarás a ningún lado. Cuando te subes a un coche para dirigirte hacia algún lugar, necesitas saber dos cosas: dónde estás y dónde vas. Si no introduces tu ubicación actual en el GPS, las indicaciones que recibirás no tendrán mucho sentido y no te llevarán al destino deseado. Y, si no defines un destino específico, darás vueltas sin rumbo e intentarás adivinar cada giro hasta que te quedes sin gasolina.

Lo mismo sucede con la vida. Quizá te cueste encontrar el camino hacia tus metas y sueños porque no sabes dónde estás o hacia dónde quieres ir. Tal vez pidas indicaciones, pero lo que te dicen no te lleva a ningún lado.

Si esta situación te parece enloquecedora, ¡tienes razón! Échale un vistazo al diagrama del proceso de crear con confort en el capítulo 5.

Ubicarte en tu situación actual era el paso uno del proceso y el objetivo de los últimos cinco capítulos. Cada explicación y ejemplo que he compartido contigo tenía como finalidad ayudarte a conectar contigo mismo y encontrar tu punto de partida. Si no sabes dónde estás, es imposible que sepas cómo llegar a donde quieres ir.

En el paso dos del proceso de crear con confort nos concentraremos en entender hacia dónde vas. A este paso lo llamo *Establece hacia dónde vas*, porque en los próximos cinco capítulos establecerás una visión clara sobre tu destino.

Es importante destacar que este es *tu* destino, *tu* futuro, y el camino que uses para llegar allí solo te servirá a ti. Imagina que quieres ir al Monte Rushmore desde tu casa y, en lugar de ubicar tu casa y el Monte Rushmore en un mapa para elegir una ruta que conecte los dos puntos, llamas a una amiga que vive en otro estado y le preguntas cómo llegar al Monte Rushmore desde *su* casa.

Seguramente recibirás un conjunto de indicaciones paso a paso, pero no tendrán sentido. Si intentas seguirlas desde tu ubicación, te sentirás frustrado, exhausto y muy perdido.

Por más ridículo que suene este ejemplo, es exactamente lo que hacemos cuando le preguntamos a otras personas cómo lograron ser exitosas y luego tratamos de replicar su camino.

Cuando estableces una relación auténtica contigo mismo, dejas de seguir los pasos que dieron los demás para llegar al éxito. Cuando reconoces y atiendes tus necesidades, y te aceptas tal como eres, finalmente puedes forjar tu propio camino.

Debes saber que hay un camino que nace donde te encuentras y te lleva hacia aquello que deseas. Sin embargo, esas indicaciones están en ti y solo tú puedes saberlas. Para recibirlas, debes estar en tu zona de confort y luego decidir qué experiencias quieres vivir, dónde y cómo. Incluso *quién* quieres ser.

TU YO EXPANDIDO

A veces pienso que mi zona de confort es como los anillos del tronco de un árbol. Podemos verlos solo cuando talamos. Cuanto más grande y robusto es el árbol, más anillos tiene. Estos anillos representan el crecimiento y la fuerza del árbol. Cuando descuidamos nuestra zona de confort, el tronco es delgado y nuestro árbol es pequeño y débil.

Debes saber que hay un camino que nace donde te encuentras y te lleva hacia aquello que deseas. Sin embargo, esas indicaciones están en ti y solo tú puedes saberlas. Para recibirlas, debes estar en tu zona de confort.

Cuando tu zona de confort es pequeña, hasta la brisa más suave es tu contendiente. Las tormentas de tu vida parecen amenazadoras. Cuando cuidas tu zona de confort y la expandes de manera intencional, te vuelves más robusto. A medida que tu zona de confort crece, te conviertes en un árbol maduro con docenas o cientos de anillos. Tus raíces se entierran cada vez más y tus ramas se alzan cada vez más cerca del cielo.

Pronto, ninguna tormenta será capaz de derribarte.

El tamaño de tu zona de confort es como los anillos del tronco de un árbol.

Una de las formas más rápidas y efectivas que he utilizado para expandir mi zona de confort es ser muy consciente de quién quiero ser. Tomo lo que ya existe dentro de mí, el motivo por el cual fui creada, y lo expando hacia el exterior.

Quizá creas que es imposible que puedas cambiar, pero, si es así, estás muy equivocado. Quien eres cambia día a día, mes a mes, año a año. Incluso a nivel celular, algunas células mueren y, al mismo tiempo, nacen otras nuevas constantemente. Cada siete o diez años, todas las células de tu cuerpo se reemplazan. Esto significa que literalmente te conviertes en una persona completamente nueva.

Sin embargo, el problema radica en que cuando no eres consciente de quién quieres ser, terminas siendo la versión de ti mismo que está dominada por tus miedos, dudas y creencias limitantes. Esto se debe a que en el mundo al revés se les da más importancia a los pensamientos negativos que a los positivos.

Aferrarse a la propia identidad y elegir mostrar la versión de uno que está viviendo una buena vida es clave para expandirse dentro de la zona de confort.

Cuando la mayoría de las personas desean lograr algo, se hacen la siguiente pregunta: «¿Cómo puedo llegar allí?». Después de todo, cuando queremos lograr algo, es más fácil empezar por el *cómo*. Pero, como sociedad, tampoco sirve obsesionarse con ese *cómo*. Cuando compartes una idea con alguien, te inundan con preguntas acerca del *cómo*.

«¿Cómo va a funcionar?» «¿Cómo vas a hacerlo?»

«¿Cómo te asegurarás de tener éxito?»

El problema con ese tipo de preguntas es que te frenan en seco y te impiden seguir el camino hacia tus sueños. El peligro radica en que dejes de soñar antes de tiempo, cuando evalúes los recursos que tienes disponibles en ese momento en particular.

Obsesionarse con el *cómo* (en especial cuando se trata de cosas importantes o lo que más deseas) puede llevarte a un callejón sin salida, porque no siempre sabes qué recursos tienes. No sabes cuántas puertas pueden abrirse o cuántas personas están dispuestas a ayudarte en el camino. No sabes qué oportunidades hay a la vuelta de la esquina y a dónde podrían llevarte esas oportunidades.

Simplemente no sabes que los sueños pueden manifestarse en tu vida y que van a hacerlo, y ser capaz de aceptar eso es un paso muy importante para quedarse en la zona de confort. No hace falta que sepas el *cómo*. No hace falta que planees todo el recorrido antes de empezar.

De hecho, casi nunca lo hago. Sí, puedo planificar mi día o mi semana, pero cuando tengo un sueño tan grande que no puedo responder al *cómo*, sé que debo conformarme con el *qué* y el *por qué*. Rara vez la vida sale tal cual la planeamos, pero, si confías en ti mismo, lo desconocido puede desplegarse mágicamente.

Entonces, basta con saber el próximo paso.

En mi opinión, cuando tratamos de controlar el *cómo*, nos estamos limitando. El cómo no nos compete. No está bajo nuestro control. No es nuestra responsabilidad. El cómo simplemente se revela a medida que avanzamos. Se revela a cada paso que das.

Entonces, si preocuparnos por el cómo no es nuestra responsabilidad, ¿cuál es? Si no debes enfocarte en *cómo* alcanzar tus sueños, ¿cómo los alcanzarás?

Esa pregunta se responde con un cambio de paradigma: En vez de preguntar *cómo*, hay que empezar a preguntarse *quién*.

Aquí tienes algunas preguntas de acerca del *quién*:

«¿Quién es la versión de ti que tiene todo lo que quieres?» «¿Quién es la versión de ti que se siente cómoda haciendo las cosas que quieres hacer?»

«¿Quién es la versión de ti que tiene la relación que quieres? ¿O que dirige ese negocio exitoso? ¿O que viaja alrededor del mundo?»

Existe una versión de ti que representa a la persona que tiene todo lo que deseas, que se muestra como quieres mostrarte, que dirige el negocio de tus sueños, que está en la relación de tus sueños, que es el tipo de padre/madre y compañero/a que quieres ser. ¿Quién es esta persona?

Me gusta llamar a esta persona tu *yo expandido*.

Tu yo expandido es lo que apuntarás en el GPS cuando te pidan que ingreses *tu destino*. Aunque la palabra *destino* sugiere una cierta finalidad, nunca alcanzas a tu yo expandido, porque, cuando te conviertes en esa versión de ti mismo y comienzas a vivir una vida en expansión, aparece un nuevo yo expandido al que aspirar. Después de todo, no llegas a un solo destino y te quedas ahí el resto de tu vida. Siempre estamos en busca de nuevos lugares para visitar, nuevos restaurantes para probar, nuevas experiencias por vivir. En la medida que estés vivo y puedas moverte, podrás explorar el mundo que te rodea. Mientras tengas aliento, podrás trabajar para convertirte en un nuevo yo expandido, alguien que vive en sintonía con lo que deseas vivir.

Esta es la parte divertida de expandirse, ¡y es una de mis partes favoritas del proceso de crear con confort!

Tu yo expandido es la versión de ti mismo que está viviendo la vida de tus sueños y lo hace con facilidad y confianza. Porque, para esa versión de ti, lo que deseas es algo natural e inherente a la vida. Tu yo expandido vive en armonía en el entorno que a ti te puede resultar incómodo hoy por hoy. De hecho, hay muchos aspectos de esta nueva persona, como los pensamientos, creencias, hábitos, forma de ser, manera de hablar, etc., que podrían ser distintos a los que tienes hoy.

Y eso está bien, porque no somos seres estáticos. Los seres humanos estamos en permanente crecimiento, cambio y renovación. Pero ahora, además, seremos intencionales y específicos.

Cuando vives de manera expansiva, puedes rememorar tus versiones anteriores y darte cuenta de que ahora te sientes más cómodo, en paz, conectado, expresivo y *auténtico* que entonces. Este es el regalo que te das a ti mismo cuando vives en tu zona de confort y expandes tu vida dentro de ella: le das a tu yo futuro la oportunidad de mirar atrás y decir: «Hoy soy más feliz que antes. Me siento más auténtico».

Lo cierto es que, te des cuenta o no, siempre estás en movimiento hacia una futura versión de ti mismo. Si no eliges deliberadamente un destino, es muy fácil caer en el ciclo de convertirte constantemente en la versión reducida de ti mismo, y puede ser una versión que se considera una víctima o una versión que se siente indigna y poco valorada. Sin embargo, al elegir conscientemente a tu yo expandido como destino, le das la vuelta la situación e inicias el viaje para convertirte en una versión de ti mismo más poderosa, centrada, en paz y auténtica que nunca. Por eso los capítulos del 11 hasta el 14 son tan importantes para el paso dos, porque los ejercicios que encontrarás allí te ayudarán a familiarizarte y a sentirte cada vez más cómodo con tu yo expandido, para que puedas integrar ese yo y su realidad en tu vida.

Así que tomémonos un tiempo para conocer a tu yo expandido y desarrollar mejor hacia dónde te diriges.

EJERCICIO DE LA ZONA DE CONFORT N.° 10
Tu yo expandido

Imagina por un momento que estás sentado en tu lugar favorito de tu sala de estar. Estás cómodo y contento. Tu atención se dirige hacia una pequeña caja que se encuentra sobre la mesa y que jamás habías visto. Cuando la levantas, te resulta vagamente familiar, pero no sabes por qué. Al abrirla, una ráfaga de luz invade tu visión. Cuando logras enfocar la mirada nuevamente, la luz se disipa y todo se ve distinto. Sigues en la sala de estar y tienes la caja entre tus manos, pero todo a tu alrededor parece haber cambiado a un estilo que te ha cautivado. Entonces escuchas a alguien decir: «Ah, hola».

Te das la vuelta hacia tu derecha y te ves a *ti mismo* mirándote.

Eres *tú*, sin lugar a dudas, pero una versión un poco distinta de ti.

Percibes un aura de facilidad y confianza, como si no hubiera nada que esta versión no pudiera hacer o tener. Irradia alegría, se ve muy feliz y en paz absoluta.

La persona que está sentada junto a ti es tu *yo expandido*, y procede de algún momento en el futuro.

Este nuevo tú sonríe cálidamente y ambos pasáis la siguiente hora hablando sobre lo maravillosa que es la vida. Sobre cómo todo en su (tu) vida ha funcionado perfectamente. Sobre cómo todas las cosas por las que te preocupas ahora simplemente se desvanecerán.

—Pero ¿*cómo*? —preguntas.

—Ah, no te preocupes por eso —responde—. Lo descubriás muy pronto. Permíteme mostrarte algo.

Mientras te da un recorrido por su (tu) hogar, te cuenta todo acerca de su vida: cómo son sus días, sus relaciones, cómo se siente ser libre, los lugares que ha visitado, etc. Incluso podrías conocer a las personas con las que comparte su vida.

Ahora, toma tu cuaderno y escribe todo lo que has visto y escuchado gracias a tu yo expandido:

1. En la parte superior de una página en blanco escribe «Mi yo expandido». Luego escribe un relato de todo lo que tu yo expandido te ha dicho durante su visita. Escríbelo en pasado. Recuerda que esta versión de ti ha vivido las experiencias que ha compartido contigo. Para él, todo lo que te ha dicho ya pasó. Transcribe sus palabras como si ya hubiera sucedido.
2. Luego, cambia a tu propio punto de vista. Imagina que has regresado del futuro y le estás describiendo tu yo expandido a tu mejor amigo. ¿Cómo era esa nueva versión expandida de ti? ¿Cómo se siente? ¿Cómo interactúan los demás con esa versión de ti? ¿Cómo sería ser su amigo?

NOTA: Es importante que crees tu yo expandido ahora, porque utilizaremos este concepto para futuros ejercicios.

APODAR A TU YO EXPANDIDO

A veces, las personas crean una imagen de su yo expandido y la llaman *alter ego*. La tímida e introvertida artista Beyoncé hizo esto cuando creó una versión de sí misma llamada Sasha Fierce, una intérprete ardiente y poderosa que lo da todo en el escenario.

Después de la muerte de Marilyn Monroe, su fotógrafo personal, Milton Greene, reveló una historia que luego se hizo muy conocida. Marilyn y Milton paseaban por la ciudad de Nueva York, una ciudad que a Marilyn le encantaba porque allí nadie la conocía. Vestía su ropa normal y no llevaba maquillaje. Mientras caminaban, la gente pasaba por su lado sin mirarla dos veces. Nadie la reconoció. Luego, ella le preguntó: «¿Quieres ver cómo me convierto en ella?». Él no sabía a qué se refería, pero dijo que sí. En pocos segundos, algo cambió dentro de Marilyn. Un cambio tan sutil que Milton apenas se dio cuenta. Pero enseguida los autos empezaron a disminuir la velocidad y la gente se paraba a mirar. Fue como si se hubiera levantado un velo y su identidad hubiera sido revelada. De pronto, todos la reconocían.

Me encanta esta historia porque demuestra cómo nuestra forma de interactuar con el mundo que nos rodea cambia según cómo nos mostramos o, mejor dicho, según como *quién* nos mostramos. Nuestra interacción con el mundo empieza a un nivel invisible y energético. Por eso se dice que el mundo nos refleja.

Al identificar a tu yo expandido, estás reconociendo un posible futuro en el que te conviertes en la versión de ti mismo que ya está viviendo la vida que deseas. Cuanto más tiempo pases con tu yo expandido, más acercarás esta versión futura de ti mismo a tu zona de confort actual, y así podrás cerrar la brecha entre dónde te encuentras y hacia donde te diriges.

Yo lo hice cuando creé mi cuenta de redes sociales @positivekristen. Fue un paso atrevido, pero estaba en el momento de aceptar y crear mi yo expandido, la mejor versión de mí misma. Esta es realmente la persona que deseo ser. La positividad es una parte fundamental de mi identidad. Siento que poder ver el lado positivo de las cosas es mi propósito. No experimento emociones positivas en cada momento de mi vida, y mi pasado está lejos de ser puramente positivo. Sin embargo, este es mi yo expandido. Ella es profundamente feliz, amable, vital, apasionada, próspera e inspiradora, y está profundamente agradecida, conectada, emocionada, segura de sí misma, saludable y empoderada.

Darle un nombre y una identidad a tu yo expandido puede parecer un poco tonto al principio, pero te aseguro que es la herramienta más poderosa para que todo fluya. Se trata de aprovechar el poder de la visualización de la forma más intencional, de creer en tu verdadera identidad y permitirte ser esta versión auténtica de ti mismo. Este es un proceso poderoso de transformación continua, porque gradualmente vas convirtiendo tu vida en aquella que deseas experimentar al convertirte en la versión de ti mismo que vive esa vida. A medida que te transformas, aceptas la mejor versión de ti mismo y, en mi opinión, la versión que Dios, el Universo o toda la creación (como prefieras llamar a esta energía) tiene de ti. Es la versión de ti que estaba reprimida debido a tus creencias limitantes.

Cuando aceptas tu versión expandida, es importante que tomes consciencia de ella todas las veces que puedas, e incluso la compartas con tus seres queridos. Las creencias limitantes intentarán infiltrarse. Una vez mi *coach* llamó a una versión limitada de mí «Demi, la descarada». Era una versión astuta que intentaba sabotear mis momentos de crecimiento personal con excusas. Y mi *coach* me recordaba que Kristen, la positiva, no aceptaría esas excusas.

Tú tampoco lo hagas.

EJERCICIO DE LA ZONA DE CONFORT N.º 11
Pongámosle un nombre a tu yo expandido

Sasha Fierce y Marilyn Monroe son dos ejemplos de yo expandido que se manifestaron por completo. El nombre real de Marilyn era Norma Jean Mortenson. Norma Jean se transformó en Marilyn de la misma manera en que Beyoncé se convirtió en Sasha Fierce cuando subió al escenario. Así que, ¡diviérte-te! Puedes compartir el nombre que elijas o guardártelo para ti. Una vez que hayas nombrado a tu yo expandido, comienza a relacionarte con esta persona. Habla con esta persona en tu día a día y hazla presente cuando te encuentres en situaciones en las que pueda desarrollarse. Tómate el tiempo para conocerla. A medida que pases más tiempo con esta versión de ti mismo, lograrás integrar su vida en tu zona de confort y sumergirte en su realidad expandida más rápidamente.

CREENCIAS FUNDAMENTALES DE MI YO EXPANDIDO

Una amiga mía, llamémosla Sarah, deseaba con todas sus fuerzas que la ascendieran a un puesto de gerente en su empresa, pero cada vez que se daba la posibilidad la pasaban por alto. Ella se sentía muy desanimada y me di cuenta de su decepción cuando nos juntamos a tomar un café una tarde.

Cuando me contó su situación, le pedí que cerrara los ojos e imaginara cómo sería la versión de sí misma que ya ocupaba el puesto de gerente. ¿Cómo se veía esta versión de ella? ¿Cómo se vestía? ¿Cómo se presentaba ante los demás? Sarah se imaginó a sí misma entrando en la oficina como esa versión de sí misma. Sentí cómo cambió su energía cuando se puso en ese papel. También pude observar cambios físicos. Se sentó más erguida, sacó pecho y su respiración era pausada y constante. Una sutil sonrisa se dibujó en las comisuras de sus labios mientras, en su imaginación, daba un paseo alrededor de su nuevo escritorio y se sentaba tras de él. Se convirtió en otra versión de sí misma.

En ese momento, Sarah era su yo expandido.

Le dije que le pusiera un nombre a esa versión de sí misma e inmediatamente me dijo: «Sería Jennifer, la jefa genial».

Le pregunté qué tenía de especial Jennifer, la jefa genial, y después de pensarlo un momento, Sarah me dijo: «Jennifer, la jefa genial, tiene una confianza innata, nada la desestabiliza. Está decidida y no tiene miedo de actuar. Es gentil y amable, pero no se deja manipular. Se comunica con claridad y compasión». Durante los siguientes minutos, con los ojos aún cerrados, Sarah siguió compartiendo detalles sobre la vida de Jennifer, la jefa genial: cómo hablaba, cómo la escuchaban, cómo afrontaba sus errores y los de los demás, cómo se vestía, cuánto disfrutaba de ser gerente y cuál era su estilo de liderazgo.

Y en esas descripciones, yo también veía a mi amiga. Muchas de las cualidades de Jennifer, la jefa genial, ya estaban presentes en Sarah, pero en la nueva versión de sí misma esas cualidades se expresaban de manera más consciente. Muchas de estas cualidades habían sido silenciadas u ocultadas por Sarah porque sentía miedo, vergüenza o que no lo merecía. Por ejemplo, yo había presenciado cómo Sarah se guardaba información vital o grandes ideas por temor a parecer antipática. Jennifer, la jefa genial, no tenía ese miedo y, por ende, se expresaba libremente.

Cuando Sarah abrió los ojos, noté que hasta su mirada era distinta. Ahora expresaba una confianza que nunca antes había visto. Me dio curiosidad, así que le seguí haciendo preguntas.

—¿Cuáles son algunas de las creencias de Jennifer, la jefa genial, en su vida diaria? —le pregunté.

Sarah reflexionó durante unos minutos y comenzó a enumerarlas.

—En primer lugar, ella cree que puede lograr cualquier cosa que se proponga —dijo—. Una vez que decide hacer algo, lo hace —continuó—. Tiene absoluta confianza en su capacidad de liderazgo, pero no es manera arrogante. Sabe que, incluso si se equivoca, tropieza o no sabe la respuesta, puede encontrar una solución. Confía en que las cosas se irán abriendo paso.

A medida que Sarah exploraba las creencias de Jennifer, la jefa genial, también comenzó a tener momentos de revelación, porque, al parecer, algunas de las creencias de Jennifer eran diferentes o entraban en conflicto con las suyas.

Por ejemplo, Jennifer creía que había oportunidades por todos lados que no podían preverse ni evitarse.

Si algo estaba destinado para ella, lo encontraría. Confiaba en que, cuando las oportunidades surgieran, ella estaría preparada para aprovecharlas. Esto iba en contra de la constante ansiedad que Sarah sufría por no sentirse preparada y su temor a perder oportunidades por no estar en el lugar adecuado en el momento adecuado. ¡Con razón no conseguía el ascenso!

A estas alturas, ya conoces el rol que juegan nuestras creencias a la hora de construir la realidad. Identificar las creencias fundamentales de la versión de ti misma que está viviendo la vida que deseas es un ejercicio poderoso que te acerca cada vez más a convertirte en esa versión. Al hacerlo, comienzas a construir un puente entre donde estás ahora y donde quieres estar. Cuando das a conocer las creencias de tu yo expandido, lo haces más real y, por ende, atraes su vida hacia la tuya. Así es como tus sueños encuentran su camino hacia ti.

¡Y lo mejor de todo es que no tienes que salir de tu zona de confort!

EJERCICIO DE LA ZONA DE CONFORT N.º 12
Las creencias fundamentales de tu yo expandido

Tal como hizo mi amiga Sarah cuando visualizó a su yo expandido entrando en su nueva oficina y sentándose en su nuevo escritorio después de que la ascendieran, identifica un momento en la vida de tu yo expandido que sea importante para ti. Cierra los ojos e imagínate a ti en esa situación. Siente cómo sería tener las cosas que deseas, vivir la experiencia que quieres vivir.

Toma tu cuaderno y responde las siguientes preguntas:

1. ¿Cuáles son las creencias fundamentales de mi yo expandido?
2. ¿Algunas de estas creencias fundamentales expandidas son diferentes de mis creencias actuales o están en conflicto con ellas?

Lo que has logrado

¡Has comenzado oficialmente el paso dos del proceso de crear con confort! No es poca cosa. Realizar todo el trabajo interno que hemos hecho juntos puede ser difícil, y al principio siempre supone un desafío mirar hacia adentro y aceptarte a ti mismo y a tu situación sin juzgarte. ¡Pero lo lograste! Estoy muy orgullosa de ti y muy contenta de poder acompañarte en el resto del camino.

Los capítulos del paso dos, *Establece hacia dónde vas*, se centran en crear el lugar hacia donde vas. Aquí es donde puedes soñar sin límites. No te detengas. Tienes que creer que todo lo que deseas está dentro de ti y que la vida que quieres está al alcance de tu mano. Tus únicos límites para crear son tu propia imaginación y cuánto crees en esa posibilidad. Si deseas algo, imagina que lo tienes. Mejor aún, imagina la versión de ti mismo que ya vive en abundancia en cuanto a las cosas, relaciones y experiencias que deseas. Esa versión de ti es tu yo expandido.

Antes de continuar con el próximo capítulo, asegúrate de aprovechar los ejercicios de este al máximo. No dejes nada al azar. Tienes que *sentir* cómo es estar sentado con esta versión expandida de ti mismo. *Visualiza* vívidamente la casa de tus sueños que tu yo futuro ha creado y comprende las creencias fundamentales que sostiene en esa vida expandida. A medida que profundices en este concepto, se revelará con claridad qué necesitas hacer para dar el siguiente paso. Tómate el tiempo para hacer que esta visión sea lo más clara y real posible. Luego, acompáñame en el siguiente capítulo, donde profundizaremos aún más en esta visión y comenzaremos a trazar un mapa hacia la vida de tus sueños.

Capítulo 12

CREA EL MAPA DE VISUALIZACIÓN DE TU ZONA DE CONFORT

La visión que tienes de tu vida es la que finalmente se cumple. Puedes dejarla en manos del azar o puedes crearla intencionalmente.

Recuerdo el momento exacto en que me enseñaron por primera vez el concepto de mapa de visualización. Varias amigas mías se iban a reunir en la casa de una de ellas para crear sus mapas para el próximo año. Me pidieron que llevara todas mis revistas viejas. No sabía qué esperar, pero tenía curiosidad.

—¿Y ahora qué hago? —pregunté cuando llegué a la fiesta.

Las otras cinco mujeres presentes estaban sentadas en círculo sobre una alfombra acogedora en la sala de estar. Había montones de revistas sobre estilo de vida, viajes, arte y moda desparramadas, junto con marcadores de colores, pegamento y tijeras. Y había varias cartulinas blancas pegadas en la pared. Mis amigas hojeaban las revistas mientras tomaban una taza de té. Algunas ya habían roto algunas páginas y tenían una pila de recortes coloridos a su lado.

La visión que tienes de tu vida es la que finalmente se cumple. Puedes dejarla en manos del azar o puedes crearla intencionalmente.

—Hojea las revistas —explicó la anfitriona— y cuando encuentres algo que quieras crear en tu vida este año, lo arrancas y lo pegas en una de las cartulinas. Y eso se convertirá en tu mapa de visualización de este año.

No sabía exactamente qué era un mapa de visualización ni para qué podría usarlo, pero antes de que pudiera hacer otra pregunta, las demás invitadas empezaron a intervenir.

—Puedes mirar tu mapa de visualización todo el año —dijo una de las personas.

—Te ayudará a manifestar todo lo que quieres —agregó otra.

«¿Cómo?», quería preguntar. Pero me guardé la pregunta.

Mientras estudiaba detenidamente las páginas de las revistas en busca de palabras e imágenes que quería que se hicieran realidad en mi futuro, recuerdo haber pensado en lo absurdo que me parecía todo eso. ¿Cómo iba a ayudarme a alcanzar mis sueños recortar imágenes de modelos y lugares exóticos? ¿Por qué querría tener una cartulina con algunas fotos al azar en mi casa? ¿Dónde la iba a poner?

Además, me sentía muy expuesta. Siempre había sido una persona con grandes ambiciones, pero en general me las guardaba para mí. No las compartía con nadie a menos que fuera estrictamente necesario. En general, mis metas se reflejaban en las fotografías que tomaba de las cosas que amaba, listas detalladas, páginas de mi diario y mucha acción. La mayoría de estas cosas las realizaba en privado, sin que siquiera mis amigos más cercanos o miembros de mi familia supieran lo que quería crear.

Pegar imágenes en una cartulina en un evento con un grupo de personas me hacía sentir indiferente y vulnerable. Indiferente porque no entendía cómo eso iba a ayudarme a llegar donde quería llegar. Y vulnerable porque no estaba acostumbrada a compartir mis deseos con los demás.

La verdad es que me sentía muy cohibida como para crear un tablero con las cosas que deseaba. Tenía miedo de que las demás me criticaran o me juzgaran, incluso si lo hacían para sus adentros. Recorté varias imágenes, entablé varias conversaciones y me fui de la fiesta con la promesa de terminar mi mapa de visualización en casa.

Varios años después, cuando empecé a estudiar la ciencia de la manifestación, empecé a entender cómo y por qué funcionan los mapas de visualización (¡y sí que funcionan!).

Y la razón se basa en que nuestro cerebro solo puede enfocarse en unas pocas cosas a la vez.

Normalmente estamos rodeados de mucha información que debemos absorber y entender. Nuestros sentidos toman estos millones de fragmentos de información sin forma y sin sentido que nos rodean, y los traducen en imágenes, sonidos, sabores, sensaciones y pensamientos que nos ayudan a darle un sentido al mundo en el que vivimos. Pero cada uno de nosotros traduce esa información de forma distinta. Cada uno de nosotros tiene sus sentidos afinados de una forma única, y reflejan lo que nos resulta interesante y relevante.

Los sentidos son como filtros. De toda la información que hay disponible, nuestros sentidos solo perciben aquello que somos capaces de captar. Obviamente, esto crea limitaciones para nosotros, pero dentro de esas limitaciones se encuentran nuestras preferencias y fortalezas. Dado que no podemos percibir y conocerlo todo al mismo tiempo, debemos organizar la información según nuestras preferencias. Entonces, si defines tus preferencias a conciencia, puedes elegir lo que quieres intencionalmente. La limitación de tus sentidos te da el poder de crear tu vida intencionalmente.

Por ejemplo, si eres músico, escuchas la música o incluso los sonidos que te rodean de forma distinta a una persona que no tiene una inclinación musical. Si eres músico, percibes sutilezas en el tono, el ritmo y los temas melódicos que pasan desapercibidos para alguien cuya relación con la música es más casual. Si eres chef, puedes adivinar los ingredientes de un plato simplemente con olerlo. Si eres pintor, puedes observar un color en la naturaleza y saber cómo recrearlo en tu lienzo.

Tus sentidos te ayudan a establecer conexiones más profundas con las experiencias que te interesan. También te permiten filtrar el ruido que consideras poco interesante o irrelevante en tu vida. Como escritora, valoro mi capacidad de disfrutar de la música de manera pasiva, sin pensar en los detalles de por qué y cómo funciona, pero me resulta difícil leer un libro que está mal editado, sin importar lo entretenido que pueda ser.

Imagina por un momento cómo sería la vida si tus sentidos no actuaran como un filtro entre tú y la infinidad de información que te rodea. Sin las limitaciones que imponen a tu percepción visual, por ejemplo, verías todo a tu alrededor de manera simultánea, lo que provocaría que las formas, los colores y las texturas se mezclaran entre sí.

Sin la capacidad de aislar determinados sonidos, enfocarte en ciertas frecuencias y filtrar otras, tu habilidad para comprender el habla o la música podría desaparecer, porque todos los sonidos se fusionarían en una cacofonía de ruido. Si no pudieras prestarle atención a cómo se sienten cosas como la ropa o el aire contra tu cuerpo, tu piel sería extremadamente sensible.

Las limitaciones de tus sentidos son un don, ya que te permiten priorizar la información que te rodea para que puedas comprender el mundo según tus preferencias. La forma en que le das prioridad a esta información también es interesante y única para ti. Hay un concepto llamado *etiquetado de valor* que es fundamental para determinar qué información merece nuestra atención y cuál debemos ignorar. Y creo que también es la razón por la cual los mapas de visualización funcionan.

El etiquetado de valor es el proceso por el cual clasificamos la información que percibimos de acuerdo a su importancia. En general, tendemos a pasar por alto o dar menos importancia a lo que no contribuye a nuestra supervivencia física o nuestro éxito social. Por otro lado, damos más importancia a aquello que creemos que nos ayudará a sobrevivir frente a amenazas físicas o a prosperar en el mundo.

Es una actividad que realizamos de forma subconsciente, nos demos cuenta de de ello o no. Constantemente evaluamos situaciones y organizamos los innumerables datos que recopilamos de manera que nos ayuden a protegernos de las amenazas y avanzar en la vida.

El etiquetado de valor es lo que hace que los mapas de visualización sean tan efectivos a la hora de ayudarnos a manifestar nuestros deseos. Cuando expresamos lo que queremos por escrito o creamos un mapa de visualización, permitimos que nuestras preferencias salgan a la superficie de nuestra mente. Las sacamos de nuestro subconsciente y las visibilizamos. Cuando te enfocas reiteradamente en estas preferencias al mirar tu mapa de visualización todos los días, fortaleces las elecciones que has hecho, haces que estas preferencias formen parte de tu vida actual y las atraes hacia tu zona de confort, donde pueden integrarse en tu realidad actual.

En los ejercicios de escritura que vimos en el capítulo 11, identificaste y conociste a tu yo expandido. El mapa de visualización es la representación visual de la vida que tu yo expandido está viviendo en el futuro que has elegido. Te da la oportunidad de incorporar la vida de tu yo expandido a la tuya, porque, cuanto más real se vuelva esa vida para ti, más rápido se manifestará.

Aun así, el mapa de visualización no siempre funciona. Tal vez mientras lees esto estás pensando en el mapa que hiciste hace algunos años, donde incluiste objetivos y sueños que aún no se han hecho realidad. Esto puede suceder cuando creas un mapa de visualización que parece inalcanzable. La verdad es que yo también cometí ese error. Si las imágenes que incluiste en tu mapa de visualización están muy lejos de tu zona de confort, es muy difícil que puedas verlas como parte de tu vida.

Lo mismo sucede cuando no logras que te funcione la ley de atracción. Creo que el primer problema con el que se encuentran las personas al intentar usar herramientas como la ley de la atracción es que intentan manifestar desde fuera de su zona de confort, donde no se encuentran en su propio poder y verdad. Y el segundo problema es que intentan pedir cosas que les resultan ajenas y distantes, lo cual los termina alejando aún más de lo que les resulta familiar y les llega naturalmente, con facilidad. La mayoría de la gente persigue sus sueños en vez de expandirse hacia ellos.

A lo largo de los años, he logrado incorporar algunos trucos que cambiaron rotundamente mis mapas de visualización y que los han convertido en un paso sumamente importante en mi proceso de manifestación. De hecho, mis mapas de visualización son tan diferentes de los convencionales que hasta los llamo de otra forma: *mapas de visualización de la zona de confort*. Si ya tienes experiencia haciendo mapas de visualización, notarás algunas diferencias entre un mapa de visualización de la zona de confort y uno convencional. Quizá estas diferencias sean sutiles, pero tienen un gran impacto en la eficacia de esta herramienta.

Antes de crear tu mapa de visualización de la zona de confort, es importante que te prepares para comprender los elementos únicos que lo componen y que reflexiones acerca de qué deberías incluir en él. Luego, en el ejercicio n.° 13 que encontrarás al final de este capítulo, te daré instrucciones específicas sobre cómo proceder para crear tu mapa de visualización.

PREPÁRATE PARA HACER TU MAPA DE VISUALIZACIÓN DE LA ZONA DE CONFORT

La primera diferencia que notarás entre un mapa de visualización tradicional y un mapa de visualización de la zona de confort es que este último tiene un diseño circular. La forma circular de tu mapa de visualización de la zona de confort, a diferencia de la forma convencional, imita la manera en que naturalmente expandimos nuestras vidas cuando vivimos en el interior de nuestra zona de confort.

Los anillos del mapa de visualización de la zona de confort se crean dibujando tres círculos colocados uno dentro de otro. En los tres anillos anidados se crean tres áreas donde puedes colocar las imágenes y palabras que elijas.

Aquí puedes ver un diagrama que muestra los tres anillos y qué podrías incluir en cada uno de ellos.

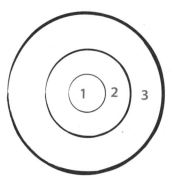

MAPA DE VISUALIZACIÓN DE LA ZONA DE CONFORT

1
Imágenes de cosas que están en tu zona de confort actual y por las cuales te sientes agradecido.

2
Imágenes de cosas que deseas y sientes que están cerca de tu zona de confort actual.

3
Imágenes de cosas que deseas y sientes que están muy lejos de tu zona de confort actual.

El espacio dentro del círculo más pequeño, el que hay en el centro, representa tus logros y éxitos actuales. Dentro de este anillo incluirás imágenes y palabras que representen los logros y éxitos que ya has alcanzado. Esta es la segunda diferencia entre un mapa de visualización tradicional y un mapa de visualización de la zona de confort. Tradicionalmente, los mapas de visualización están llenos de cosas que aún no has logrado, cosas que quieres crear. Al incluir elementos que ya se han manifestado y de los que te sientes orgulloso, le estás diciendo a tu subconsciente que lo que deseas está al alcance de tu mano: «¡Mira! ¡Aquí hay algo que antes no tenía y que pude lograr!».

Para que tu mapa de visualización de la zona de confort sea más efectivo, es de gran ayuda colocar en el centro elementos que evoquen las siguientes emociones:

- **Gratitud:** elige cosas, relaciones o manifestaciones que te hagan sentir agradecido y satisfecho.
- **Posibilidad:** a veces vivimos eventos o relaciones que nos hacen creer en la magia y en las posibilidades. Saber que hemos logrado esto nos ayuda a tener esperanza en el futuro. Si tienes algún evento, relación o logro así en tu vida, asegúrate de incluir una imagen de eso aquí.
- **Plenitud:** si hay algún logro del cual te sientes especialmente orgulloso, inclúyelo.
- **Amor:** ¿hay alguna persona o relación en tu vida que te provoque un sentimiento de amor? Asegúrate de incluir una imagen o palabra que represente esta relación especial como un recordatorio del amor que ya está presente en tu vida. Este sentimiento de amor puede encontrarse en una relación con algún miembro de tu familia, de comunidad e incluso de tu trabajo.
- **Libertad:** hay momentos en la vida en los que nos sentimos completamente auténticos y libres. Si alguna vez viviste un momento así, considera incluir una imagen que represente esa sensación de libertad en tu vida.

En resumen, el centro de tu mapa de visualización (el punto n.° 1 en la ilustración) representa tus logros actuales, cosas que ya has alcanzado y de las que te sientes orgulloso, relaciones que aprecias, eventos que te han dado alegría. Estos son los elementos de tu vida actual que te hacen sentir en paz, felicidad, amor, gratitud y libertad. Son las bendiciones que ya has manifestado.

Una vez que hayas llenado el centro de tu mapa de visualización de la zona de confort, puedes seguir con el resto. Aquí también adoptamos un enfoque diferente al de un mapa tradicional. Normalmente, te preguntarías: «¿Qué quiero?», y dejarías que esta pregunta te guiara para seleccionar imágenes y palabras que resonaran contigo. Luego comenzarías a crear un patrón con estas imágenes y dejarías que la composición de la imagen final surgiera de forma orgánica.

Aunque este enfoque es efectivo, creo que es muy amplio como para obtener los resultados deseados. Para mí, tener un poco más de orientación y ser más específico puede ser útil para enfocar tanto el contenido como el diseño del mapa. Además, le da una mayor claridad a lo que estoy manifestando.

Para llenar los dos espacios que rodean el anillo de tu zona de confort, visualiza la imagen de tu yo expandido. Luego, usa esa versión de ti como guía y completa la cuadrícula con la vida que tu yo expandido ya está viviendo. ¿Qué tipo de coche tiene? ¿Cómo es su carrera profesional? ¿Cómo son sus relaciones? ¿Qué premios ha ganado? ¿Está viviendo en la casa de sus sueños? ¿Cómo se siente al despertar cada mañana y al irse a la cama cada noche? ¿Cómo se viste? ¿Quiénes forman parte de su círculo social?

A medida que identifiques detalles de la vida de tu yo expandido, coloca imágenes que representen esos detalles en los dos anillos. Los elementos más familiares y alcanzables pertenecen al siguiente anillo (el punto n.° 2 en la ilustración); son aquellos que sientes que están próximos a lograrse. Aquellos sueños que parecen «muy grandes» y que aún no puedes empezar a planificar pertenecen al anillo exterior (n.° 3 en la ilustración).

Teniendo en cuenta que el lugar donde te encuentras ahora está en el centro del tablero, comienza a ver cuáles de tus sueños te parecen más o menos alcanzables y cuáles sientes más lejanos. Quizá te des cuenta de que algunos parecen estar ahí mismo, justo fuera del círculo interior, al alcance de tus manos.

Luego, echa un vistazo a esos elementos en los bordes más alejados del tercer anillo. Esos son los objetivos y deseos que sientes que están más lejos de tu alcance. Fíjate en si puedes identificar una versión de estos objetivos que sientas más cómoda, de forma que te permita colocarlos en el segundo anillo.

Por ejemplo, quizá quieras ganar un Óscar (tercer anillo) por tu trabajo como actor, pero eso lo sientes muy lejano. ¿Hay algún otro premio o logro que sientas más alcanzable y pueda colocarse más cerca de ti, y que a su vez sea un hito en el camino hacia ganar tu Óscar? Formar parte del Sindicato de Actores, conseguir un papel principal en una película, entablar amistades con directores y productores que puedan guiarte, participar en tu pódcast favorito o que te entreviste tu presentador nocturno preferido pueden ser algunos de esos hitos. Si te parecen más alcanzables, colócalos en el segundo anillo. Así sabrás que trabajar para lograrlos te acercará a tu papel ganador del Premio de la Academia.

En cuanto a la salud y la actividad física, puedes visualizar una idea de cuáles son tus objetivos finales, pero también puedes establecer metas intermedias en el camino hacia esos objetivos finales. Por ejemplo, cuando estaba en el proceso de pérdida de peso, tenía metas específicas, pero sabía que, si adoptaba determinados hábitos, como consumir alimentos integrales, correr y levantar pesas, podría alcanzar mi meta de índice de masa corporal (IMC). Entonces, en mi mapa de visualización incluía vegetales, una imagen de un atleta o una afirmación sobre el amor por correr, una afirmación sobre tener un cuerpo atractivo o una foto de alguien que me inspirara a levantar pesas, y así sucesivamente. Hay muchas formas de hacerlo. Yo te recomiendo que encuentres la forma que más te guste. No existe una forma correcta o incorrecta, sino aquella con la que más te identifiques.

El mapa de visualización de la zona de confort es una herramienta de manifestación extremadamente poderosa y efectiva porque imita la forma en que naturalmente expandimos nuestra vida cuando vivimos dentro de nuestra zona de confort. El crecimiento siempre se produce gradualmente al traer experiencias y elementos que están justo fuera de nuestra zona de confort. La velocidad a la que crecemos es única para cada persona y se basa en nuestro estilo de vida, preferencias y hábitos individuales. Crecer de forma gradual nos permite obtener resultados duraderos, y así prosperar y mantener el estilo de vida que hemos creado dentro de nuestra zona de confort.

Tu zona de confort es como una banda elástica que se expande gradualmente y se va estirando cada vez más hasta abarcar todo lo que deseas. El mapa de visualización de la zona de confort nos permite realizar esta expansión con intención. Al definir la vida a la que deseamos expandirnos, creamos un escenario en el que todo nuestro tablero se convierte en el círculo central de un nuevo tablero. Hoy, mientras creas tu mapa de visualización de la zona de confort, imagina lo emocionante que será el día en que hayas alcanzado todo, hasta esas cosas que están en el borde exterior del tablero.

EJERCICIO DE LA ZONA DE CONFORT N.° 13
Crea el mapa de visualización de la zona de confort

A partir de los siguientes pasos, crea tu mapa de visualización de la zona de confort. Esta es una bonita actividad para hacer en familia o con amigos.

- En un tablero grande, dibuja tres círculos anidados entre sí (ver ilustración).
- En el centro del círculo, coloca imágenes y palabras que representen metas que ya has alcanzado y por las que te sientes agradecido y orgulloso. Asegúrate de seleccionar elementos que te hagan sentir gratitud, posibilidad, orgullo, amor y libertad.
- Tómate unos minutos y contempla la vida de tu yo expandido. Vuelve a leer tus respuestas a los ejercicios del capítulo 11. Siente la presencia de tu yo expandido dentro de ti.
- Junta una pila de revistas u otros elementos de donde puedas sacar imágenes y recorta fotos, palabras y frases que representen la vida de tu yo expandido. ¿Cuáles son algunos logros de tu yo expandido? ¿Cuáles son algunas características de su estilo de vida? ¿Y sus preferencias? La vida que está viviendo tu yo expandido es la vida que quieres crear. Y sus logros son tus objetivos.

- En el anillo más alejado del centro (n.° 3 en la ilustración), coloca imágenes y palabras que representen metas que te gustaría alcanzar y que parecen estar muy lejos o difíciles de lograr.
- Luego, coloca los demás elementos en el espacio entre los dos anillos anteriores (n.° 2 en la ilustración). Pon los elementos que parecen más alcanzables más cerca del centro y aquellos que parecen más difíciles de alcanzar más cerca del anillo exterior.

NOTA: Es importante que crees el mapa de visualización de tu zona de confort ahora porque lo usaremos en los próximos ejercicios.

Lo que has logrado

¡Has llegado al final del capítulo 12! ¡Bien hecho! En la vida se trata de prepararse. Lo que buscas llegará a ti cuando estés preparado para recibirlo. No es necesario forzar las cosas. Hacer el último ejercicio a conciencia pondrá el mecanismo en movimiento, así que espero que esté en tus planes crear tu mapa de visualización de la zona de confort lo antes posible. Reimaginar tus metas es una forma divertida de trazar un mapa hacia la vida que anhelas. Finalmente, cada paso te resultará más fácil, natural y realista si usas el concepto del etiquetado de valor para expandirte y alcanzarlo de manera más intencional, ¡y así lo lograrás incluso más rápido!

Ahora que hemos configurado la parte visual, profundicemos en tu diálogo interno. Esto ha sido fundamental para cambiar mi vida y estoy segura de que también será una pieza clave en tu camino. En el próximo capítulo, tendrás la oportunidad de reprogramar años de mensajes negativos para poder acceder fácilmente a sentimientos positivos sobre ti mismo y sobre el mundo que te rodea cuando lo necesites.

¿Listo? ¡Vamos!

P. D.: Me encantaría ver cómo ha quedado tu mapa de visualización. Comparte algunas fotos conmigo y etiquétame con @positivekristen y @powerofpositivity. ¡Me encantaría compartirlas!

Capítulo 13

EL PODER DE TUS PALABRAS

Tus palabras guardan un gran poder. La forma en que hablas a los demás y te refieres a ellos determina la calidad de tus relaciones. La forma en que te hablas y te refieres a ti mismo determina la calidad de tu vida.

¿Alguna vez has reparado en que la gente que tiene el hábito de quejarse siempre encuentra motivos para ello? Las personas que siempre tienen algo negativo para decir sobre los demás suelen estar rodeadas de personas crueles y desconsideradas. Los que están constantemente fijándose en las cosas que no van bien en su vida siempre se encuentran en situaciones donde las cosas no funcionan.

Entonces no debería sorprendernos que las personas que hablan sobre sus ideas abran paso a sus proyectos, y que las personas que aprecian y expresan gratitud por las cosas bellas tengan más cosas en sus vidas para agradecer. Las personas que hablan sobre su buena suerte, de alguna manera, siempre tienen sucesos afortunados en sus vidas. Y aquellas que se expresan con amor y cariño hacia sus parejas suelen tener relaciones más amorosas.

Es fácil ver estas situaciones y decir: «Bueno, sí. ¡Cuando tienes una relación bonita es probable que te expreses con amor hacia tu pareja!». Una afirmación como esta supone que las circunstancias externas vienen primero y las palabras, después.

Pero esta premisa no es correcta. Las palabras siempre vienen primero, porque moldean nuestra realidad.

De hecho, nuestras palabras pueden convertirse en profecías autocumplidas, porque nos indican dónde estamos poniendo nuestro foco y atención y, por ende, nuestra energía. Literalmente hablamos sobre nuestra vida (y sobre nosotros mismos) y lo hacemos realidad.

Nuestras palabras reflejan, moldean y refuerzan nuestras creencias. Cuando creemos en lo que decimos, nos convertimos en eso, incluso si no es lo que deseamos. Muchas personas usan sus palabras para enfocarse en lo que no quieren y, al hacerlo, manifiestan en su vida más cosas que no quieren.

Reflexiona sobre lo siguiente: tu vida es la versión material de la conversación que tienes en tu mente.

CÓMO MIS PALABRAS ME CAMBIARON LA VIDA

Hace más de diez años, cuando era obesa, hice que mi peso aumentara debido al poder de mis palabras, y no solo por mis hábitos y mi estilo de vida. De hecho, me esforcé por alimentarme de manera saludable y hacer ejercicio, dos actividades que parecían no dar demasiados resultados. Pero en realidad no *veía* que esos esfuerzos fueran suficientes. Lo único que veía era mi aumento de peso y, por ende, allí es donde concentraba todos mis actos y palabras.

Me insultaba a mí misma, me avergonzaba por comer alimentos que creía que no debería haber comido y me menospreciaba en privado y en público. Frente al espejo, en mi mente repetía: «Mira qué fea te ves. Eres un asco. No puedes perder peso. Estás muy gorda. Sigue así, sigue engordando». En mi cuaderno escribí: «Me siento estancada. Odio mi cuerpo. Me odio por no poder detenerlo. Soy muy fea, nadie me va a amar así. Todos deben sentir lástima por mí. No sé qué más hacer. Sigo intentando de todo y nada funciona. Debo de tener algún problema. Soy inútil».

A los demás les decía: «No me gustan las fotos. Por favor, no me tomes una foto. Odio cómo me veo. Estoy a dieta, si como eso voy a subir cinco kilos. Nunca voy a bajar de peso. Lo he intentado todo».

Yo era mi peor enemiga. Me preocupaba tanto por cómo me veían los demás que seguía manifestando y haciendo realidad todo lo que me decía a mí misma.

Ser capaz de eliminar el lenguaje negativo es imprescindible. Este acto tan simple transformará tu vida de manera positiva tan rápido que apenas te darás cuenta.

Era un ciclo destructivo de pensamientos y palabras en contra de mí misma. De hecho, incluso cuando sí lograba perder peso, sentía que no era suficiente para la cantidad de esfuerzo que hacía, y entonces seguía criticándome. Era una batalla sin tregua, un ciclo del que sentía que nunca saldría victoriosa. Me frustraba, me rendía y después volvía a comenzar.

Me esforzaba mucho físicamente, ponía toda mi energía en ello. Hasta mi familia se daba cuenta y me decía cosas como: «Estás comiendo más saludable y haciendo actividad física regularmente. Me sorprende que no estés bajando de peso». A veces ellos notaban los cambios físicos, pero yo no. La verdad es que no estaba obesa solamente por mis hábitos, sino por la forma en que me veía y me hablaba a mí misma.

Cuando finalmente empecé a perder peso, experimenté una transformación completa de mente, cuerpo y vida. El cambio se originó en mis pensamientos y luego mis palabras se convirtieron en una varita mágica con la cual podía lanzarme hechizos de amor que me guiaban hacia mis metas. Me volví más amable y amorosa en mi conversación interna. Empecé a enfocarme conscientemente en el impulso positivo al reconocer cada kilo, a veces incluso medio kilo, que liberaba. En vez de pensar: «Ah, ¿solo he perdido un kilo después de tanto esfuerzo?», empecé a entusiasmarme con el progreso y el lugar al que me dirigía, y me felicitaba por cada paso que daba. Me convertí en mi propia porrista, en mi propia animadora, porque ninguna otra persona podía animarme como yo lo necesitaba.

Empecé a concentrarme en lo bien que me sentía y en toda la energía que tenía. Me sentía saludable. Empecé a disfrutar más de cómo me quedaba la ropa que del número que indicaba la balanza. Celebraba mi esfuerzo. Celebraba mi constancia. Celebraba mi progreso. Celebraba mi cuerpo. Celebraba el flujo. Atraía las soluciones y oportunidades que necesitaba para seguir progresando y fluyendo. Mis decisiones y mis hábitos seguían siendo mi apoyo para alcanzar mi objetivo de ser una persona saludable.

Sigo trabajando en ello, pero ya he recorrido un largo camino. Tuve que reprogramar mi vida y dejar de ser tan autocrítica. Decidir dejar de ser tan negativa conmigo misma fue una de las mejores decisiones que he tomado jamás. Mi nuevo lema era: «Si no tienes algo bueno para decir, mejor no digas nada», en especial si era algo dirigido hacia mí misma.

Eliminar el lenguaje que prolonga las relaciones y circunstancias que no quieres es un paso fundamental para alcanzar tus metas. Por eso es tan importante que tomes consciencia de la forma en que usas el poder de tus palabras. Los ejercicios de este capítulo te ayudarán a practicar esta toma de consciencia y también a usar deliberadamente tus palabras para crear lo que realmente deseas en tu vida.

EJERCICIO DE LA ZONA DE CONFORT N.° 14
El poder de tus palabras

Durante los próximos días, presta atención al lenguaje que usas a lo largo del día. Tienes que observarlo detenidamente si quieres que este círculo vicioso de negatividad se termine. Escribe todo lo que descubras en tu diario.

- ¿Cómo hablo de los demás?
- ¿Cómo hablo sobre mí misma?
- El lenguaje que utilizo, ¿me empodera o hace lo contrario?
- ¿Me gustan los chismes? ¿Utilizo el lenguaje para denostarme?
- ¿Qué tipo de historias cuento?
- ¿Estas historias me hacen sentir mejor o peor acerca de mí mismo y los demás?

Tomar conciencia de cómo utilizas el lenguaje es un paso importante para ser más consciente no solo de tus palabras, sino también de lo que estás creando en tu vida.

Cuando veas que estás usando un lenguaje negativo o limitante, trata de dejar de usarlo. Si tomas consciencia, podrás dejar de contar historias crueles. Dejar de contar chismes. Dejar de hacer bromas a costa tuya o de los demás. Dejar de resaltar tus defectos y también los de los demás.

Para llevar este ejercicio un paso más allá, observa cómo te sientes después de eliminar este tipo de lenguaje. ¿Te sientes mejor o peor? ¿Qué pensamientos o emociones surgen cuando tu espacio interno está libre de palabras negativas sobre ti mismo?

AFIRMA TU MEJOR VIDA

Ser capaz de eliminar el lenguaje negativo es imprescindible. Este acto tan simple transformará tu vida de manera positiva tan rápido que apenas te darás cuenta. Sin embargo, para potenciar al máximo tus palabras y dar un salto enorme hacia tus sueños, también puedes utilizar un lenguaje positivo, inspirador y empoderador que te ayude a crear intencionalmente las cosas que deseas.

Las afirmaciones y mantras son excelentes para ayudarte a lograrlo. Estas afirmaciones positivas silencian el constante parloteo de tu mente y las emociones negativas y dirigen tu atención hacia tus deseos. Dirigir intencionalmente tus pensamientos y tu lenguaje nutre tu alma y te conecta con tu corazón. Cuando se utilizan de manera reiterada, las afirmaciones y los mantras renuevan tu estado interior para que puedas sentirte más centrado y en paz. Al repetir estas afirmaciones y palabras una y otra vez, literalmente te conviertes en lo que estás diciendo. Las afirmaciones se aferran a lo más profundo de tu ser. A tu mente también le gusta la repetición, así que esta es una forma efectiva de inculcar valores y creencias en tu subconsciente.

Aunque las afirmaciones y los mantras suelen usarse como términos intercambiables, hay una sutil diferencia entre ellos.

Los mantras tienen su origen en las tradiciones budistas y hacen referencia a los sonidos, palabras, oraciones y frases que tienen como objetivo aquietar la mente para que puedas profundizar en tu meditación. Un mantra puede ser una sola palabra, como *Om, paz, amor, calma* o *liberación*. También puede ser una frase o una serie de frases, como la oración hawaiana del perdón *Ho'oponopono* (significa «hacer lo correcto»), en la cual repites todas o algunas de estas cuatro frases: «Lo siento». «Por favor, perdóname». «Gracias». «Te amo».

Las afirmaciones positivas surgieron como una técnica desarrollada por neurocientíficos en la década de 1970 con la intención de utilizar el lenguaje de manera intencional para reconfigurar patrones de pensamiento destructivos o desagradables. Casi una década y media después, Louise Hay popularizó las afirmaciones con su libro *Tú puedes sanar tu vida*. Estas son algunas de mis afirmaciones favoritas y que uso a diario:

- Todo en mi vida siempre se resuelve a mi favor.
- Lo que necesito siempre está de camino hacia mí.
- Soy amada, valorada y suficiente tal como soy.
- El próximo paso ocurrirá cuando yo esté lista.
- Cuanto más me relajo y disfruto de mi vida, más plenitud siento.
- El amor fluye hacia mí y a través de mí.
- Estoy profundamente feliz y agradecido por mi vida.
- Mis sueños manifiestan perfectamente y llegan en el momento preciso.
- Confío en la guía divina.
- Estoy dispuesto a recibir.
- Soy brillante. La creatividad fluye a través de mí sin esfuerzo.
- Mi cuerpo es mi templo.
- Merezco la grandeza.
- Camino con alegría.
- Mi historia es su gloria.
- Soy un receptáculo de amor y servicio.

Soy es un verbo que se suele usar en las afirmaciones. Se trata de una fuerte declaración de identidad en el momento presente. Si eres principiante, recomiendo que pruebes algunas de estas afirmaciones o crees las tuyas. Aquí tienes algunos consejos clave que he aprendido a lo largo de los años y que me han ayudado a crear afirmaciones efectivas y motivadoras.

Cuatro claves para crear afirmaciones que funcionan:

1. **Trata de que sea algo general:** las frases más efectivas no se centran en situaciones, deseos o metas específicas, sino que son más generales. Esto se debe a que ser demasiado específico puede generar resistencia y dudas en la afirmación.

   Si tienes dudas o miedo al decir tu afirmación, es posible que sea demasiado específica o que esté formulada de una manera que no te resulte adecuada.

   Por eso formularlas de forma más general es la mejor opción. Por ejemplo, «Lo que deseo siempre llega a mí» es más general y más fácil de aceptar que «Estaré viviendo en la casa de mis sueños dentro de un año». La segunda afirmación es más específica, tanto en la solicitud como en el plazo de tiempo, lo que puede hacer que tu mente comience a divagar, se enfoque en el cómo y se sienta más estresada y confundida durante el proceso.

2. **Formula en positivo:** las afirmaciones más poderosas se expresan en positivo. En vez de decir «Dejo ir mi negatividad», di lo siguiente: «Cada día me empodero más» o «Me siento cada día mejor». Tu mente no distingue entre algo en lo que te enfocas para lograrlo y algo en lo que te enfocas para evitarlo.

   Dirígete siempre hacia aquello en lo que te enfocas. Esto significa que si dices «Quiero salir con alguien que no me engañe», podrías atraer a alguien que sí te engañe. En cambio, si dices «Estoy atrayendo una relación hermosa con alguien que me adora», obtendrás mejores resultados.

3. **Utiliza el tiempo presente:** las afirmaciones tienen el poder de colapsar el tiempo y traer a tu presente lo que deseas crear en

el futuro. Por esta razón, es importante expresar estas afirmaciones en tiempo presente. En lugar de decir «Voy a estar libre de deudas», puedes decir: «Disfruto de la libertad financiera». Si la especificidad de esta segunda afirmación te genera dudas o crea una resistencia en ti, puedes ampliar el enfoque y ajustarla a «Disfruto de la libertad en mi vida» o «Me siento libre y empoderado».

4. **Utiliza afirmaciones que te hagan sentir bien:** las afirmaciones que he compartido contigo me hacen sentir bien. Se encuentran dentro de mi zona de confort. Las tuyas deben hacerte sentir cómodo al decirlas. Sin embargo, si quieres adoptar una afirmación que no te hace sentir cómodo, hay un truco maravilloso que puedes usar para incorporarla gradualmente a tu zona de confort. Antes de decir la afirmación, puedes añadir una frase como «Estoy trabajando en» o «Estoy aprendiendo a». Por ejemplo, podrías decir: «Estoy aprendiendo a confiar en que todo siempre se resuelve a mi favor».

Cuando eres intencional en cuanto a las palabras que pronuncias, también eres intencional en cuanto a la vida que estás creando. Los mantras y las afirmaciones son herramientas extremadamente poderosas, porque te ayudan a elegir de manera intencional un pensamiento (y, por lo tanto, una vida) que te empodere.

EJERCICIO DE LA ZONA DE CONFORT N.º 15
Crea tus propias afirmaciones

1. Usa las pautas mencionadas anteriormente y crea al menos una afirmación. Asegúrate de que la afirmación sea general y positiva, la sientas bien y esté expresada en tiempo presente.

2. Piensa en tu yo expandido. ¿Cuáles son las afirmaciones de ese yo? Crea al menos una que te repetirás a diario.

3. Repite la afirmación que has creado al menos cinco veces al día. Una buena forma de recordártelo es poniendo varias

alarmas a lo largo del día. Puedes escribir tus afirmaciones como descripción de la alarma y programarlas en momentos en los que no estés en ninguna reunión. Cuando suene la alarma, tómate un momento para repetir esta afirmación, conéctate por completo con ella y luego continúa con tu día. A veces será necesario que la repitas varias veces para que puedas conectarte con la afirmación. ¡Y eso está bien!

Lo que has logrado

¡Estoy muy feliz por ti! Has terminado un capítulo muy poderoso. ¡Excelente! Incluso si ya estás familiarizado con el diálogo interior positivo, espero que hayas encontrado nuevas formas de practicarlo desde la perspectiva de tu yo expandido.

A veces permitimos que el miedo, la preocupación y las dudas bloqueen una gran parte de nosotros. No nos sentimos dignos. Incluso si acabas de crear una afirmación que en este momento no te parece completamente cierta, pero deseas que lo sea, estás en el camino correcto. Sí, así es. Si la repites, esa afirmación te resultará tan natural como cualquier otra. Cada célula de tu cuerpo sentirá la verdad de esa afirmación, lo prometo. Y no se trata de mentirte a ti mismo. En realidad, se trata de recordar quién eres.

A continuación, exploraremos el poder de las emociones y cómo puedes aprovechar tus sentimientos para nutrir tu zona de confort.

Capítulo 14

SURFEA TUS EMOCIONES

Las emociones pueden ser caóticas, pero son lo que nos convierte en seres humanos. Cuando logras dominar el arte de identificar, comprender y surfear tus emociones, estas se convierten en tu mayor fortaleza en la realidad material.

Con el paso de los años, he descubierto que, cuando estoy en sintonía con mis emociones, puedo mantenerme dentro de mi zona de confort y, al mismo tiempo, expandirla. En ocasiones me descuidé y, de repente, me encontré inmersa en la zona de supervivencia o en la zona de resignación. Cuando reflexiono sobre esos momentos de mi vida, me doy cuenta de que mi negación o la falta de consciencia sobre mi estado emocional fueron las razones que me llevaron a abandonar mi zona de confort por completo sin siquiera darme cuenta.

Un aspecto importante de vivir en la zona de confort es reconocer cuándo la has abandonado. Dado que eres un ser en constante expansión y que la vida se vuelve más emocionante y divertida cuando te aventuras más allá de los límites de tu zona de confort, cuando persigues tus sueños es muy fácil excederse y terminar fuera de lo que te resulta natural y cómodo. Si no tienes conciencia de tus emociones, una vez que estás fuera de tu zona de confort puede resultarte difícil regresar.

De momento, en los pasos uno y dos del proceso de crear con confort te has familiarizado con tu zona de confort y has definido tu punto de partida. Has identificado cómo te gustaría expandir tu zona de confort y qué otras experiencias de vida querrías incluir en ella.

Has plasmado tus deseos y los has colocado en tu mapa de visualización de la zona de confort. Y, al hacerlo, has notado que algunos de tus deseos se encuentran justo en el límite de tu zona de confort, casi al alcance de tu mano. Si expandieras un poco tu zona de confort, podrías alcanzar esas metas. También has descubierto que algunos de tus objetivos están tan lejos de tu zona de confort que aún no tienes un plan de acción para lograrlos.

Cuando lleguemos al paso tres del proceso de crear con confort, llamado *Enfócate para llegar allí*, compartiré técnicas, herramientas, cambios de mentalidad y procesos que te ayudarán a expandir tu zona de confort hasta que abarque todo lo que has incluido en tu mapa de visualización de la zona de confort. Pero primero tenemos que hablar de tus emociones, porque ser capaz de entenderlas y navegarlas es fundamental para desarrollar tu visión de hacia dónde te diriges y aferrarte a ella, y también es una de las mejores formas de garantizar que llegarás allí.

EL DOLOR NO ES PROGRESO

Hace muchos años, entablé una conversación con un caballero que conocí en un seminario de *mindfulness*. Intercambiamos historias sobre nuestros caminos espirituales. Él me confesó que había pasado gran parte de su vida adulta sintiéndose enojado, deprimido e infeliz, pero creía que estaba bien. No se daba cuenta de que estaba deprimido. En una ocasión, su hermana le preguntó qué necesitaba para ser feliz y él se quedó atónito. «¡Soy feliz!», exclamó. Unos años después de ese encuentro, tuvo que atravesar un divorcio doloroso. Padecía diversos problemas de salud y, en ese momento, sentía que estaba al borde de un colapso mental. Algo tenía que cambiar en su vida, así que compró un pasaje de avión solo de ida a la India, donde pasó los siguientes cuatro meses viajando solo y visitando diversos centros de meditación en busca de orientación. Finalmente, encontró el alivio y la paz interior que tanto anhelaba.

Lo interesante de su historia, y esto es lo que pienso cuando recuerdo nuestro encuentro, es que, solo *después* de encontrar paz y felicidad en su interior, se dio cuenta de lo infeliz que había sido antes.

Él decía que siempre se había considerado una persona relativamente feliz. Se había acostumbrado tanto a esa incomodidad interna y a su perpetua infelicidad que ni siquiera se daba cuenta de que estaba viviendo en modo supervivencia. Pero, una vez que regresó a su zona de confort, se dio cuenta de lo incómodo que realmente había estado, ya que vivía en un constante estado de estrés y nerviosismo.

Cuando te acostumbres a vivir dentro de tu zona de confort, reducirás el tiempo que pasas en las zonas de supervivencia y resignación de forma natural, y te darás cuenta de que no tienes que medir tu progreso con el dolor que sientes.

Imagina estar sentado en una silla y que un clavo sobresalga del asiento. ¿No te levantarías de inmediato? Cuando vives en tu zona de confort, entrar en la zona de supervivencia o en la zona de resignación es como sentarse en un clavo. Saber cómo se siente vivir en la zona de confort es como saber cómo debería sentirse una silla cuando te sientas en ella. Se supone que debería ser cómoda y no debería sobresalir ningún objeto puntiagudo.

Lamentablemente, vivimos en una sociedad que no solo ha normalizado sentarse sobre clavos metafóricos, sino que también juzga a las personas que prefieren evitarlo. Vivimos en un mundo donde se nos dice: «Si eres una persona decidida, si eres fuerte y digno, si quieres ponerte a prueba, ¡te sentarás en ese clavo y te gustará! No te quejarás, porque sentarte en ese clavo es tu ritual de iniciación. Cuanto más tiempo soportes este clavo y más clavos logres soportar, más fuerte serás y más merecerás el éxito». Y, a aquellos que eligen un asiento cómodo y libre de clavos, nuestra sociedad retrógrada les dirá: «¡No mereces ese asiento! ¡No te lo has ganado! ¡Eres egoísta por no sentarte en un clavo primero! ¿Cómo te atreves?».

Suena absurdo, pero es lo que decimos cuando celebramos la incomodidad y el exceso de trabajo en detrimento de nuestro bienestar. Lamentablemente, en un mundo en el que la mayoría de las personas se han acostumbrado a pasar todo el día sentadas en clavos, debes estar dispuesto a liberarte de esta programación retrógrada si quieres sentarte en una silla cómoda sin sentirte culpable.

Reconocer cuándo has salido de tu zona de confort te permite encontrar el camino de regreso. Poder desarrollar esta habilidad es crucial, ya que si no lo haces es muy fácil salir de tu zona de confort en el paso tres del proceso de crear con confort. Cuanto antes puedas darte cuenta de que has abandonado tu zona de confort y regreses a ella, más rápido podrás sentirte seguro para seguir avanzando hacia la vida expandida que estás creando.

ENFRENTAR LAS TORMENTAS EMOCIONALES

A veces pienso que las emociones son como el clima. Para muchos, sus emociones están en constante cambio, al igual que el clima. Cada ráfaga de viento los perturba, los desestabiliza y los arroja a un torbellino, lo cual dificulta mucho su vida, hasta el punto de hacerla insoportable. Siempre están a merced de los constantes cambios de sus emociones.

Al enfrentarse continuamente a estas tormentas de emociones que se fundan en el miedo, experimentan sentimientos de impotencia, enojo, frustración, desesperación y soledad. Si vivimos a expensas de los altibajos emocionales, el mundo que nos rodea se vuelve más hostil e inseguro. He observado que este mundo hostil e inseguro en el que estamos siempre a merced de nuestras tormentas emocionales es aquel que habitamos cuando nos encontramos fuera de nuestra zona de confort.

Volvamos un momento a la analogía de la zona de confort como un hogar físico. ¿Cómo manejas las inclemencias del clima cuando estás seguro dentro de tu hogar? Si vives en un hogar que te hace sentir seguro, estarás protegido. Pero si tu hogar tiene filtraciones en el techo, las paredes en mal estado, hay moho o problemas eléctricos y de fontanería, es comprensible que te preocupes si de repente empieza a llover intensamente. Lo mismo sucede cuando descuidas tu hogar interno. Cuando te sientes inseguro dentro de ti mismo, el menor indicio de incertidumbre externa puede ser una amenaza. Sin embargo, si has cuidado tu hogar interno, tu zona de confort, y es saludable y segura, puedes resistir prácticamente cualquier tormenta emocional.

Cuando cultivas una zona de confort que te hace sentir seguro y te da la libertad de expresarte y disfrutar, recuperas el control de tu vida frente a tus emociones, porque ya no estás a su merced. Sin importar qué emociones estén presentes en ti, te sientes seguro, recuerdas tu valor, experimentas un sentido de confianza y pertenencia y confías en tu capacidad para superar cualquier situación.

IDENTIFICA TUS EMOCIONES

Las emociones son información. Te indican si estás dentro de tu zona de confort o si la has abandonado. También te ayudan a regresar a tu zona de confort cuando lo necesites.

Echa un vistazo al diagrama de emociones comunes que verás a continuación. Si estamos cerca de nuestra zona de confort, nos sentiremos mejor emocionalmente. Si estamos lejos, el miedo se apoderará de nuestras emociones. Aprender a observar e identificar tus emociones sin juzgarte es el primer paso para poder gestionarlas conscientemente y utilizarlas como guía para regresar a nuestra zona de confort.

Emociones comunes
(según cada zona)

Zona de confort	Zona de supervivencia	Zona de resignación
Alegría/sabiduría	Inquietud	Aburrimiento
Libertad/amor	Pesimismo	Desánimo
Empoderamiento	Frustración/molestia	Enojo
Gratitud	Impaciencia	Odio
Pasión	Miedo/agobio	Celos
Entusiasmo	Decepción	Inseguridad/culpa
Expectativas positivas/creencias	Dudas	Falta de mérito
Optimismo	Preocupación	Miedo/dolor/depresión
Esperanza	Culpa	Vergüenza
Satisfacción	Envidia	Impotencia

Puedes utilizar tus emociones para volver a tu zona de confort si tomas decisiones que te hagan sentir un poco mejor. Por ejemplo, si experimentas emociones de la zona de resignación, puedes dirigirte hacia la zona de supervivencia y luego hacia la zona de confort al cambiar tu forma de sentir. Puedes pasar de sentirte inseguro (zona de resignación) a frustrado (zona de supervivencia) y finalmente a sentirte esperanzado (zona de confort).

A veces basta con identificar cómo te sientes para liberar las emociones negativas y sentirte mejor. Si eso no sucede, hay otro trabajo más profundo que puedes hacer, ya sea mentalmente o escribiendo en tu diario. Por ejemplo, digamos que siento envidia. No sé por qué me siento así, porque lo cierto es que debería sentirme feliz porque todo está saliendo bien. En lugar de juzgarme por sentirme de esa forma, simplemente observo y reconozco esa emoción. Mientras observo esta emoción, me doy cuenta de que este sentimiento me quiere llevar a tomar represalias contra la persona que causó la envidia en primer lugar. Entonces puedo transformar esos sentimientos feos en inspiración. Muchas veces, identificar y observar una emoción arroja luz sobre la razón de su presencia. Como observador consciente, puedo dirigirla de vuelta a mi zona de confort.

Por otro lado, si te cuesta identificar con exactitud qué emoción sientes, puedes observar las sensaciones físicas. A menudo, las emociones van acompañadas de reacciones químicas que causan una sensación física en tu cuerpo. Por ejemplo, cuando experimentas ira es posible que sientas cómo se te calienta el rostro, o cuando estás triste puedes sentir un nudo en la garganta, o si estás ansioso es posible que sientas presión en el pecho.

Una vez que logras identificar qué emoción estás experimentando, puedes profundizar la conciencia de dicha emoción al dirigir tu atención hacia tu cuerpo y lo que sientes físicamente. ¿En qué parte específica del cuerpo se manifiesta esta sensación? ¿Cómo la describirías? Imagina que le explicas a tu mejor amigo cómo se manifiesta esta emoción en tu cuerpo.

Aquí también puedes observar que, una vez que tomas conciencia de la sensación física, la emoción se disipa y te sientes un poco mejor. Al observar cómo se manifiesta la frustración en tu cuerpo, por ejemplo, puedes sentir cómo se alivia esa frustración. En su lugar, puedes empezar a sentir esperanza. Si esto sucede, ¡felicidades! Has regresado a tu zona de confort.

Creo que la única solución efectiva y duradera frente al miedo es regresar a la zona de confort y enfrentar la situación desde un lugar de seguridad, claridad y poder.

Si en tu zona de confort predominan las emociones positivas, como la tranquilidad, la esperanza, el amor, la pertenencia, la gratitud y el merecimiento, es comprensible que comiences a experimentar emociones negativas cuando te alejas de tu zona de confort. De hecho, cuanto más te alejes, más desagradables se vuelven tus emociones. A medida que pasas más tiempo exiliado de ti mismo, tu mundo se vuelve más inseguro y lleno de miedo. No es de extrañar que un mundo que prioriza vivir fuera de la zona de confort esté inundado de temor, donde la mayoría de las decisiones se toman en respuesta a ese miedo en lugar de estar impulsadas por la inspiración.

Creo que la única solución efectiva y duradera frente al miedo es regresar a la zona de confort y enfrentar la situación desde un lugar de seguridad, claridad y poder. Cuando sentimos seguridad en nosotros mismos, en nuestras habilidades, en nuestros límites, en nuestras relaciones y en nuestros hogares, resulta mucho más fácil hacer frente a los peligros que nos rodean.

Mi vida cambió para mejor cuando comencé a identificar y liberar las emociones que están fuera de mi zona de confort, y a dar prioridad y disfrutar de las emociones que encuentro dentro de ella.

Si te resulta difícil identificar tus emociones, el libro *Atlas del corazón* de Brené Brown es una lectura maravillosa y de fácil comprensión que detalla algunas de las emociones más comunes de manera exhaustiva.

A veces confundimos las creencias con las emociones cuando decimos cosas como «Siento que nunca lograré avanzar en la vida». Esta afirmación no es una emoción, porque si eliminamos las palabras «siento que» del principio, lo único que queda es un pensamiento. Si tiendes a formular este tipo de afirmaciones, puedes hacer el ejercicio «Proceso para cambiar creencias limitantes» que se encuentra en la página de recursos de este libro, en <www.thecomfortzonebook.com/resources>, y así lograrás identificar y reemplazar la creencia limitante que ya no te beneficia.

ABANDONAR TU ZONA DE CONFORT A TRAVÉS DE LAS EMOCIONES

Salir de tu zona de confort es inevitable, pero cómo lo hagas puede marcar la diferencia entre sentirte abandonado y aterrado, o sentirte confiado y en paz.

Imagina salir de tu hogar físico una tarde soleada. Ya sea que salgas unas horas o unos días, tienes la certeza de que pronto volverás a casa. Recuerdas tu dirección, así que sabes que podrás regresar sin problemas. Sabes que cuando vuelvas podrás sentarte en tu lugar favorito o recostarte para descansar y recuperarte. Incluso si te pierdes en el trayecto hacia tu destino o durante el regreso, no pones en duda tu habilidad para llegar a casa.

Ahora imagina que sales de tu hogar sabiendo que tal vez nunca regreses, como si fueras un soldado que parte hacia el frente de batalla o un explorador que se embarca rumbo a tierras lejanas. Imagina salir por la puerta de tu casa solo con la ropa que llevas puesta y la certeza de que esta podría ser la última vez que pises tu hogar. En lugar de volver a casa, te adentrarás en tierras desconocidas donde tendrás que defenderte constantemente, luchar por tu vida y demostrar tu valor.

Esta es la forma en que la mayoría de las personas abandona su zona de confort. Se marchan bajo la premisa de «Necesito sentirme incómodo para tener éxito, ¡y no regresaré a menos que lo logre!». Se aventuran lejos de sus hogares interiores sin un plan o destino real. Al exiliarse, se privan de la sensación de seguridad que les da saber que siempre tienen un hogar al que regresar. Dado que asocian la idea de estar en su zona de confort con el fracaso, se niegan a regresar a casa bajo ninguna circunstancia.

Piensa por un momento en lo diferentes que son estas dos experiencias entre sí. ¿Qué difícil sería vivir sin la promesa de un hogar al que regresar? ¿Y qué perdido te sentirías si te alejaras tanto de tu hogar que ni siquiera supieras cómo volver, incluso si quisieras hacerlo?

¿Te sorprende, entonces, que la mayoría de las personas vivan con miedo y ansiedad, o adopten una actitud defensiva, como si estuvieran listas para la batalla? Muchas personas ahogan sus miedos con actividades, relaciones o sustancias que brindan un alivio momentáneo al dolor de estar separados de sí mismos. Al asociar la comodidad con la debilidad y evitar su zona de confort a toda costa, se convierten en soldados exiliados que han normalizado vivir con miedo. Incluso algunos han olvidado cómo se siente estar tranquilos, seguros, cómodos y descansados.

Cinco señales emocionales de que has abandonado tu zona de confort

He descubierto que hay cinco indicadores emocionales que nos dicen que hemos abandonado nuestra zona de confort. Si experimentas alguno, es momento de dirigir tu atención hacia tu estado interno y analizarlo. Incluso iría un paso más allá y diría que, dependiendo de si te encuentras dentro de tu zona de confort o fuera de ella, tendrás diferentes respuestas emocionales ante situaciones similares.

1. **Confusión:** cuando generas un desorden interno que te expulsa de tu zona de confort, es posible que te sientas confundido. Se parece a la sensación de caos y confusión que se instala cuando tu hogar físico está desordenado. A veces resulta más fácil salir o evitar una casa desordenada que limpiarla. Tu desorden interno y externo están estrechamente relacionados. Por eso, si ordenas tu espacio externo, te sentirás menos confundido internamente. El caos en el hogar genera caos en la mente. Del mismo modo, el caos en la mente da lugar al caos en tu hogar físico.

   - Acciones que normalmente generan o prolongan la confusión: pedir demasiados consejos a diferentes personas, repetir una y otra vez las mismas viejas historias, no ser honesto contigo mismo ni con los demás acerca de tus verdaderos sentimientos, pensamientos o intenciones, no escuchar ni confiar en tu propia voz interior.

   - Acciones que puedes hacer para liberar la confusión y volver a tu zona de confort: ejar de contar una y otra vez las mismas viejas historias. Dejar de pedir a los demás que te orienten. Eliminar los «debes» y las expectativas.

Meditar diariamente (incluso cinco o diez minutos son suficientes). Escribir en un diario. Ser sincero contigo mismo acerca de tus sentimientos, tus pensamientos e intenciones. Escuchar tu voz interior. Limpiar tu espacio. Organizar tus pensamientos en listas.

2. **Celos:** cuando sientes celos de los demás, significa que estás mirando más hacia afuera que hacia adentro. No puedes aspirar tu casa si estás sentado junto a la ventana, observando con prismáticos el patio ajeno. Los celos y la envidia son manifestaciones del miedo y, a menudo, generan una sensación de «no ser suficiente» que, en definitiva, te hace sentir que no eres lo suficientemente bueno, exitoso, atractivo, inteligente, etc. Cuando te sientes así, te despiertas sintiendo que no has dormido todo lo que necesitabas y te acuestas sintiendo que no has hecho lo que debías hacer durante el día. Los celos y la sensación de «no ser suficiente» pueden infiltrarse en todos los aspectos de tu vida y comenzar a corroer tus relaciones desde dentro, ya que cuando te sientes insuficiente intentas compensar esta carencia de formas que a menudo te perjudican a ti y a las personas que te importan.

   - Acciones que suelen generar o alimentar los celos: centrarse en lo externo, idealizar la vida de los demás, minimizar o ignorar tus propios logros o fortalezas, compararte con el resto y enfocarte en lo que no tienes en lugar de valorar lo que sí tienes.
   - Acciones que puedes tomar para liberarte de los celos y volver a tu zona de confort: concéntrate en ti. Escribe en un diario de gratitud. Celebra tus logros. Encuentra la forma de alegrarte por los logros de los demás. Deja de compararte con el resto. Convierte esta emoción en inspiración.

3. **Dolor físico o lesiones:** aunque el dolor físico y las lesiones no son emociones en sí, en general suelen traer aparejados sentimientos intensos que señalan áreas de tu vida en las que no te estás preocupando por ti. Cuando dejas de lado

tu bienestar interno durante mucho tiempo, tu cuerpo busca llamar tu atención a través de lesiones, dolores o enfermedades. Normalmente, esto comienza con síntomas leves y se intensifica con el tiempo hasta que te obliga a reevaluar cómo vives.

- Acciones que suelen generar o prolongar las lesiones o el dolor físico: ignorar los primeros signos de sobrecarga física, forzar tu cuerpo a pesar del dolor, adoptar una mentalidad de víctima, culpar a los demás.

- Acciones que puedes tomar para liberarte de las lesiones o el dolor físico y volver a tu zona de confort: priorizar tu autocuidado. Disminuir el ritmo al que vives y preocuparte por tu cuerpo y tu mente. Asumir la responsabilidad de tu dolor. Preguntarte: «¿Qué intenta decirme esta lesión?».

4. **Agobio:** cuando ignoras el estrés y sigues adelante a pesar de las señales internas de alarma, puedes entrar en un estado de agitación emocional intenso que puede derivar en una parálisis o llevarte a tomar malas decisiones. Cuando te sientes agobiado o sobrepasado, tu nivel de estrés es tan alto que puede resultarte difícil pensar y hasta funcionar correctamente. Lo único que quieres hacer es desconectarte, huir o romper en llanto.

- Acciones que suelen generar o prolongar el agobio: seguir con tu vida normal a pesar del estrés, agotarte, no alimentarte o hidratarte adecuadamente, no descansar, no pedir ayuda.

- Acciones que puedes tomar para liberarte del agobio y volver a tu zona de confort: tomarte un descanso. Llorar. Dormir una siesta. Salir a caminar. Pedir ayuda. Comunicar que necesitas apoyo. Tomar agua. Comer algo nutritivo. Respirar profundo. Organizar tus pensamientos en listas y luego delegar, eliminar o posponer aquellas tareas que no sean fundamentales.

5. **Ansiedad:** cuando sientes temor por situaciones que ni siquiera han sucedido, estás experimentando ansiedad. Si no

prestas atención a tu ansiedad, puedes enfermar y sufrir insomnio, además de que puede poner una gran presión sobre tus relaciones.

- Acciones que suelen generar o prolongar la ansiedad: preocuparte por aquellas cosas que están fuera de tu control, evitar enfrentar determinadas situaciones o personas, pensar de forma negativa, ignorar las primeras señales.
- Acciones que puedes tomar para liberarte de la ansiedad y volver a tu zona de confort: vive en el momento presente. Medita. Haz actividad física. Descansa.

USA TUS EMOCIONES PARA QUEDARTE EN TU ZONA DE CONFORT

LA ACTITUD DE LA ZONA DE CONFORT

Intuición

Tranquilidad   Fe

Felicidad

Conexión   Sueños

Confianza   Autoestima

Salud

Seguridad   Pasión

LA ZONA DE CONFORT

Éxito   Amor

Entusiasmo

Expresión   Diversión   Abundancia

Realización   Creatividad

Alegría

Cuando aplicas el proceso de crear con confort para darle forma a tu vida con intención, es bastante común experimentar avances increíbles, incluso milagrosos. La efectividad de este proceso poderoso y transformador depende de tu capacidad para permanecer en tu zona de confort a medida que atraviesas los tres pasos. Con ese objetivo en mente, me gustaría compartir contigo algunas prácticas que me han ayudado a quedarme en mi zona de confort a pesar de poner a prueba sus límites.

Ajustar el foco

Una forma en la que puedes aumentar de forma consciente el tiempo que pasas en tu zona de confort es concentrarte más en las emociones propias de esa zona y prestar menos atención a las emociones que se encuentran fuera de ella. Las emociones de la zona de confort te hacen sentir bien.

La seguridad, la confianza, la autoestima y la sensación de pertenencia y plenitud son las emociones fundamentales. Cuanto más te alejas de tu zona de confort, más hostilidad encontrarás, lo que se traduce en emociones que se asocian al miedo o te hacen reaccionar. El miedo, la ira, la frustración, la desesperanza, la soledad y la sensación de sentirte perdido o abandonado son algunas de las emociones que puedes experimentar fuera de la zona de confort.

Cuando hablo de la importancia de prestar más atención a las emociones que nos hacen sentir bien y menos a las emociones que no, no me refiero a que ignores o desestimes tus emociones. Lo que sientes es válido y está bien. Cuando experimentas una emoción, sea cual sea, es importante que puedas prestarle atención de la misma manera en que le prestarías atención al clima antes de salir de casa. Por ejemplo, si tuvieras que salir a hacer algo bajo la lluvia, no sería lo mejor pretender que no está lloviendo. Si estás conversando con un amigo y sientes resentimiento, enojo o frustración hacia él, ignorar esos sentimientos solo creará una tensión innecesaria.

Sin embargo, tampoco es bueno invertir tanta energía en emociones desagradables. Si te toca salir a hacer algo bajo la lluvia, seguirá siendo igual de desagradable, aunque te quejes y te enojes cada vez que una gota caiga sobre tu cabeza. Nuestras emociones negativas, al igual que la lluvia, en algún momento terminan. Cuanto más te resistas, te quejes o las uses como evidencia de tu falta de merecimiento, más tiempo perderás fuera de tu zona de confort. Cuando aceptas tus emociones negativas, les permites fluir sin resistencia a través de ti. Así es como reduces el tiempo que pasas con ellas.

Después, cuando te sientas bien, aprovecha al máximo el tiempo que pasas con esas emociones positivas y disfruta de ellas. Esto quiere decir que cuando te sientas en paz, alegre o seguro, tienes que exprimir al máximo esa emoción. Saborea el momento. Escribe sobre lo bien que se siente experimentarla. Canta. Pon una canción y celébralo bailando. Siente esa emoción a flor de piel y pasa todo el tiempo que puedas con ella.

La técnica «RARA»

En mi primer libro, *3 Minute Positivity Journal* («El diario de positividad de 3 minutos») comparto una técnica que desarrollé, llamada **RARA**, que consiste en una herramienta que uso desde hace años para liberar los pensamientos negativos y, por ende, las emociones negativas. RARA es un acrónimo que significa Reconocer, Aceptar, Redefinir, Avanzar. En este proceso, el primer paso será **Reconocer** el pensamiento o emoción negativa al tomar conciencia de ella. Luego, la **Aceptarás** al darte permiso para pensar y sentir lo que está sucediendo en ese momento. Sabes que los pensamientos y las emociones no son hechos absolutos, por lo que podrás **Redefinir** el pensamiento y sustituirlo por uno que te haga sentir un poco mejor. (Redefinir significa «dar una nueva definición o una definición diferente»). Finalmente, al reconocer, aceptar y redefinir tus pensamientos negativos, experimentarás un cambio positivo en tus emociones, y así tanto tú como la situación podréis **Avanzar**.

Detente. Respira. Cambia de enfoque

Cuanto más pienses en algo, más querrás seguir pensándolo. Nuestros pensamientos y emociones van ganando impulso, y, cuanto más alimentemos ese impulso, más persistirán. Por eso, cuando te obsesionas con un problema, parece que cada vez se hace más grande y luego se hace cada vez más difícil de resolver. O, cuando te obsesionas con una persona que te hirió con sus palabras o actos, sentirás aún más ira y te resultará más difícil perdonar.

Por eso la inteligencia emocional, que es la capacidad de utilizar, comprender y gestionar las emociones para superar desafíos y fortalecer relaciones, es un tema muy relevante en la actualidad. Podemos romper los patrones emocionales si dejamos de aferrarnos a los pensamientos negativos que los alimentan. En cambio, puedes dejar que esas emociones abandonen tu sistema. Si dejas que una emoción fluya a través de ti o logras desactivar los pensamientos negativos que la causaron, la respuesta química que se activó en tu cuerpo seguirá su curso y podrás pensar con claridad.

Para lograrlo, uso un método que llamo **Detente. Respira. Cambia de enfoque.**

Cuando me siento alterada, en lugar de aferrarme a la emoción o al pensamiento que me causa malestar, simplemente me detengo. A veces, hasta detengo un pensamiento a la mitad. Es como si jugara al juego de la estatua, pero en mi mente, y los bailarines fueran mis pensamientos. Cuando freno, mi objetivo es quedarme completamente quieta, aunque sea solo por un momento. A veces, imagino que alguien irrumpe en mi mente. En ese instante, mis pensamientos se congelan y esa persona desconocida y yo observamos cómo mis pensamientos flotan en el espacio.

Después, dejo que mis pensamientos congelados caigan al suelo mientras respiro profundamente. Contener la respiración durante unos segundos y luego exhalar ayuda mucho. A veces, respiro profundamente dos o tres veces más. Cuando termino, la emoción fluye y puedo pensar con claridad.

Por fin estoy lista para el tercer paso: tomo consciencia y cambio de enfoque cuando elijo observar la situación desde mi zona de confort. Puede que me pregunte: «¿Qué pensaría si me sintiera segura en este momento?». O que tenga un pensamiento como «Sé que todo va a salir bien», «No hace falta que encuentre la solución ahora» o «Tal vez esta situación también me beneficie de alguna manera».

Ser capaz de cambiar el enfoque de mis pensamientos es importante porque es fácil reactivar el mismo ciclo emocional si retomo los pensamientos que lo originaron. Al elegir de forma consciente un pensamiento distinto, puedo cambiar mi respuesta emocional ante una situación y volver a mi zona de confort. Practicar este ejercicio con intención y constancia me ha permitido alcanzar automáticamente este nivel de inteligencia emocional.

EJERCICIO DE LA ZONA DE CONFORT N.° 16
Desafío de inteligencia emocional

Durante el resto del día, presta atención a cómo te sientes. Expresa tus emociones en voz alta o escríbelas en tu cuaderno. Cuando experimentes alguno de los cinco indicadores de que estás fuera de tu zona de confort (confusión, celos, dolor/lesión, agobio, ansiedad), utiliza el método «Detente. Respira. Cambia de enfoque» para romper el ciclo de tu experiencia.

En tu cuaderno, reflexiona sobre si este método te ha ayudado a superar la emoción que estabas atravesando y qué has aprendido sobre esa experiencia. Si te ha parecido una herramienta útil, te reto a que la sigas usando durante los próximos siete días y escribas sobre tu experiencia.

Lo que has logrado

¡Enhorabuena! ¡Has completado el paso dos del proceso de crear con confort! En este capítulo, has aprendido acerca de la importancia de ser consciente de tus emociones para maximizar el impacto que este proceso tiene en tu vida.

Cuando vives en tu zona de confort, tu verdadera identidad nunca se ve amenazada por cualquier emoción que pueda surgir en un momento determinado, ya que comprendes que, al igual que el clima, las emociones son pasajeras y no tienen por qué afectar tu mundo interior.

Vivir de esta manera te permite disfrutar plenamente de las emociones que te hacen sentir bien. Y, cuando una emoción no te hace sentir bien, estás dispuesto a dejar que fluya a través de ti y sabes cómo hacerlo. Esto es extremadamente empoderador, porque, una vez que una emoción fluye, puedes responder a la situación desde un lugar de claridad y calma, en vez de hacerlo desde un estado alterado. Cuanto más consciente seas a la hora de vivir en tu zona de confort y de expandirla, más fácil te resultará enfrentar los altibajos emocionales que puedes experimentar.

Ojalá puedas ver que la calidad de tu vida depende de tu habilidad para reconocer cuándo has abandonado tu zona de confort y así poder regresar a ella.

Ahora que has definido tu punto de partida, has desarrollado una visión de la vida expandida que deseas vivir y has comenzado a cultivar la conciencia emocional para navegar los inevitables cambios dentro y fuera de tu zona de confort, estás listo para el tercer y último paso en el proceso de crear con confort: *Enfócate para llegar allí.*

En la siguiente sección del libro, encontrarás todo lo que necesitas saber para avanzar con constancia hacia tus sueños. De la misma manera que tu GPS te guía hacia tu destino final paso a paso, las herramientas en la próxima sección te guiarán hacia tu mejor vida decisión tras decisión.

Capítulo 15

ACLIMÁTATE PARA EXPANDIR TU ZONA DE CONFORT

Vivir la vida al máximo y superarse implica probar cosas nuevas, tomar riesgos, disfrutar y aceptar los errores en el camino. Siempre y cuando disfrutes del viaje y aprendas del proceso, no te habrás equivocado.

Recuerdo la primera vez que tomé clases de baile. Siempre me ha encantado bailar y siempre quise aprender a bailar en pareja. La simple idea de que me lleven en brazos mientras nos deslizamos en perfecta armonía por la pista de baile todavía me provoca un suave escalofrío. Así que hace unos años, para el día de San Valentín, mi esposo nos regaló lecciones privadas de baile. Fue un gesto muy generoso por su parte, ya que el baile nunca había le había interesado y siempre se ha sentido torpe e incómodo al intentar bailar, aunque sea un poquito.

Cuando asistimos a la primera lección de baile, mi fantasía de vivir mi propia versión del programa de televisión *Bailando con las estrellas*, esa ilusión de deslizarme sin esfuerzo y con encanto por la habitación, se desvaneció rápidamente. Aprender a bailar juntos fue todo un desafío.

A mi marido, los movimientos le resultaban incómodos y, aunque era amante de la música, le costaba horrores mantener el ritmo. La forma en que me sostenía cuando nos movíamos era muy rígida y poco natural. De hecho, para él, algunos de los pasos no tenían sentido. Peor: sin importar cuántas veces la profesora me dijera que lo dejara liderar a él, yo seguía anticipando sus movimientos. A veces hasta hacía algo completamente distinto a lo que se suponía que debía hacer y causaba que chocáramos el uno con el otro.

Cuando regresamos a casa después de la primera clase, mi esposo había olvidado casi todos los pasos que habíamos aprendido en clase. «¿Con qué pie empezaba? —me preguntó—. ¿Era un paso hacia adelante o hacia atrás? ¡Espera! ¿No había un paso lateral en algún momento? ¿Cómo era el ritmo?».

La profesora nos había dicho que, a menos que recordáramos el cien por cien de los pasos, no practicáramos en casa. «La práctica *no* hace la perfección —nos había advertido—. Lo hace permanente». No quería que afianzáramos algo incorrecto en nuestra mente.

En lugar de practicar, lo que hicimos fue intentar recordar cómo recrear los pasos preguntándonos cuáles eran los pasos «correctos».

«Qué frustrante», pensé. ¿Cómo íbamos a aprender a bailar juntos? La simple idea me inundaba de tristeza. Aun así, no quería rendirme. Una parte de mí deseaba resolver este enigma, así que seguimos asistiendo a nuestras citas semanales y, entre lección y lección, nos hacíamos preguntas sobre los pasos que habíamos aprendido.

Fue en nuestra cuarta lección cuando todo cambió. Mientras nuestra profesora buscaba la canción adecuada, tomamos nuestras posiciones en el centro de la pista de baile, como solíamos hacer al comienzo de cada clase. Luego, la música comenzó y nosotros también. Sin esperar la cuenta regresiva habitual de la profesora, mi esposo dio un paso adelante al ritmo de la música. No había previsto comenzar a bailar en ese preciso instante, pero mi cuerpo respondió a su liderazgo y di un paso atrás al mismo tiempo que él avanzaba. Bailamos los pocos pasos que habíamos aprendido y nos resultó fácil. Él lideró y yo lo seguí.

De pronto, nos transformamos en esa pareja que podía bailar al unísono. ¿Cómo había sucedido? ¿Cómo logramos que nuestros movimientos pasaran de ser torpes e incómodos a fluir con naturalidad?

ESTIRARSE PARA SUPERARSE, NO PARA RENUNCIAR

El proceso por el cual aprendemos algo nuevo y desconocido es el mismo proceso que nos permite expandirnos y expandir nuestra zona de confort. A este proceso lo llamo *aclimatación*, que significa «adaptarse y acostumbrarse a un nuevo entorno». Cuando nos aclimatamos, pasamos por tres fases fundamentales:

Fase uno: desconocido e incómodo.

Fase dos: conocido e incómodo.

Fase tres: conocido y cómodo.

LAS TRES FASES DEL PROCESO DE ACLIMATACIÓN

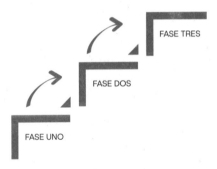

En el ejemplo de las clases de baile, al principio los pasos y movimientos que nos enseñaba la profesora nos resultaban desconocidos e incómodos, es decir, estábamos en la fase uno. Bailar juntos definitivamente estaba fuera de nuestra zona de confort, pero era algo que nos emocionaba y que deseábamos hacer.

A medida que practicábamos los pasos durante las clases semanales, los movimientos nos empezaron a llamar la atención. Aunque todavía nos sentíamos incómodos, nos daba un poco de curiosidad. *Queríamos* aprenderlos. Entramos en la fase dos, donde lo que deseamos ya no está tan lejos de nuestra zona de confort, sino que está prácticamente en su límite. Durante la segunda fase, mi esposo y yo nos seguíamos haciendo preguntas: «¿Cómo era ese movimiento?», y luego tratábamos de recordar la secuencia de pasos de memoria. Fue todo un reto, pero una vez veíamos que lo estábamos haciendo bien, practicábamos los pasos con más confianza.

Y fue así como, durante la cuarta clase, sin planearlo ni anticiparlo, de repente entramos en la fase tres. Conocíamos los movimientos y nos resultaban *cómodos*. Nuestra zona de confort se había expandido para abarcarlos por completo. La forma en que mi esposo me sostenía dejó de ser rígida e incómoda, y nuestros pasos ya no eran torpes. Ni siquiera teníamos que pensarlo, recordábamos fácilmente qué pie debía moverse a cada momento. Casi inesperadamente, bailar juntos se nos hizo fácil al permitir que nuestros pies nos guiaran por la pista de baile. Además, yo ya no sentía la necesidad de liderar. Dejé que mi esposo tomara la iniciativa y me relajé. Confié en que tenía los pasos incorporados en mi cuerpo y no necesitaba pensar conscientemente en ellos para ejecutarlos.

Lo fascinante de esta historia es que, aunque en ese momento no lo sabía, existe un término específico para lo que experimentamos: aprender los pasos y desenvolvernos en el baile dentro de nuestra zona de confort. Ese término se denomina *andamiaje* y está basado en una teoría desarrollada por el psicólogo soviético Lev Vygotsky. Según Vygotksy, hay una diferencia entre lo que un principiante puede aprender con y sin ayuda. Tener a alguien con experiencia que lo guíe en el proceso puede ayudarlo de forma significativa a mejorar su desempeño a la hora de realizar una tarea. Por eso es tan importante tener un maestro, un *coach* o un mentor, en especial si quieres expandir rápidamente tu zona de confort.

Me entusiasmó mucho descubrir el concepto de andamiaje porque, en definitiva, es lo que potencia el proceso de aclimatación en la zona de confort. A su vez, el andamiaje no es indispensable para que se produzca la aclimatación, ya que el aprendizaje puede producirse tanto de manera consciente como inconsciente. La aclimatación sucede con o sin apoyo, porque nuestro cerebro está constantemente tratando de comprender el mundo que nos rodea. Por eso, si te mudas a otro país, es posible que logres dominar el idioma en poco tiempo, incluso sin haber tomado ninguna clase de ese idioma.

Esto quiere decir que, cuando quieres aprender algo nuevo, el primer paso es que lleves esa actividad más cerca de tu entorno. Si quieres aprender a bailar, puedes empezar yendo a clubes de baile y ver cómo bailan los demás o incluso viendo vídeos de baile en Internet. Vivimos en un mundo que nos permite observar cualquier habilidad que deseemos incorporar. Podemos comenzar el proceso de aclimatación mirando vídeos, escuchando entrevistas con expertos o leyendo acerca de los últimos descubrimientos en cualquier campo. El objetivo es siempre dar el próximo paso, sin importar cuál sea ese paso para ti. Lo descubrirás al hacer preguntas y escuchar lo que surja. Lo descubrirás al experimentar emociones positivas y una gran pasión hacia aquello que deseas. El camino está en tu interior. Siempre te aclimatas de forma natural a todo lo que te rodea, así que elige con cuidado.

Es realmente poderoso darte cuenta de que puedes transformar tu vida al crear entornos, tanto internos como externos, que te ayuden a aclimatarte a la experiencia de cómo deseas vivir. Si buscas más abundancia, por ejemplo, puedes rodearte de experiencias e ideas que reflejen abundancia. Esto no implica que salgas y gastes un montón de dinero. En su lugar, puedes utilizar el andamiaje y escuchar entrevistas a personas que vivan en abundancia; puedes pasar tiempo con personas que tengan una abundancia de ideas, pasear por la naturaleza y admirar la abundancia que te rodea, preparar recetas que te encanten y deleitarte con la abundancia de sabores que ofrecen los alimentos.

De la misma manera en que puedes aclimatarte a experiencias físicas como bailar o correr, también puedes aclimatarte a estados mentales como la felicidad, el pensamiento positivo y la paz interior. Si sufres de estrés crónico, te sientes lleno de miedo y no confías en ti, puedes iniciar el proceso de aclimatación hacia una mayor paz mental y autoconfianza rodeándote de personas seguras de sí mismas, pacíficas y que te brinden apoyo, consumiendo contenido inspirador o participando en actividades que suelen realizar personas que se sienten seguras y en paz.

Aclimatarte a lo que deseas es más fácil que nunca. Sea cual sea tu deseo, puedes rodearte instantáneamente de personas e ideas que te expongan a eso. Puedes buscar el apoyo de un mentor con más experiencia en el campo al que deseas incorporarte y aprovechar el poder del andamiaje. Puedes ver entrevistas con personas que tienen lo que deseas, leer libros sobre ellas e interactuar con expertos a través de las redes sociales.

Cuanto más lejos te encuentres de lo que deseas y más difícil te resulte imaginarlo, más necesitarás aclimatarte para integrarlo a tu zona de confort. Tomar consciencia de tu zona de confort actual y tener paciencia con el proceso de aclimatación te permitirá aclimatarte de manera gradual y sostenible, para que logres alcanzar cambios duraderos sin esfuerzo.

CUANDO NO NOS ACLIMATAMOS

Aunque la aclimatación se da de forma automática, cada persona puede requerir diferentes períodos de tiempo para que sea efectiva. Dos personas que viajen a un lugar donde el clima es extremo, como un desierto, podrían aclimatarse a ritmos diferentes. Mientras una persona podría aclimatarse y sentirse cómoda en tan solo unos días de exposición al calor extremo, a otra podría llevarle semanas. Conocer, aceptar, tener paciencia y trabajar a tu propio ritmo en el proceso de aclimatación te permite mantenerte dentro de tu zona de confort mientras aprendes nuevas habilidades y te familiarizas con nuevos entornos y experiencias.

Aunque al principio pueda sentirme muy incómoda cuando estoy aprendiendo algo nuevo, me gusta recordarme que ese sentimiento en realidad representa la emoción por adentrarme en territorios desconocidos. No hace falta ser perfecta o saberlo todo. Solo por estar expuesta a este nuevo concepto, ya me estoy aclimatando e incorporándolo a mi zona de confort. No tengo que esforzarme por aprender, porque el aprendizaje ocurre de forma natural. En algún momento, este concepto cobrará sentido, aunque ahora pueda resultar confuso.

Cuando pienso el aprendizaje de esta forma, me relajo y me permito aclimatarme a nuevas experiencias, información y habilidades con más flexibilidad y paciencia. Cuando introducimos el estrés a la experiencia de aprendizaje y creación es porque no conocemos el concepto de aclimatación y creemos que tenemos que hacerlo todo por nuestra cuenta. La vida puede convertirse en una carrera de obstáculos si ignoras el proceso natural de la aclimatación y te obligas a actuar antes de estar listo para hacerlo.

Por ejemplo, si no me he aclimatado a hablar en público y luego subo a un escenario frente a una audiencia numerosa, me enfrentaré a una situación muy estresante. En cambio, si me aclimato a la oratoria al leer libros sobre el tema, practicar frente a amigos, luego ante grupos más pequeños y finalmente frente a audiencias más grandes, de forma que pueda perfeccionar mis habilidades y mi mensaje, cuando llegue el momento de subir al escenario frente a miles de espectadores, estaré preparada.

Darte el espacio que necesitas para aclimatarte a los desafíos que conllevan las nuevas experiencias es uno de los mayores actos de cuidado que puedes hacer tanto por ti mismo como por los demás.

ACLIMATARSE A LA ABUNDANCIA

Como ya has aprendido, cuando te aclimatas, te permites fluir dentro de tu zona de confort y atraer lo que deseas sin tener que salir de ella. Aclimatarnos a nuestro entorno está en nuestra naturaleza, y ahora es más fácil que nunca. Sea cual sea tu deseo, puedes rodearte al instante de personas e ideas que te sumerjan en él, y, con la preparación y las acciones adecuadas, puedes lograr cualquier meta, desde conceptos simples como aprender un nuevo idioma o correr una carrera de cinco kilómetros, hasta deseos más extremos como hacer paracaidismo o escalar el Monte Everest.

Algunas de las preguntas y deseos más comunes que escucho de mis seguidores en *Power of Positivity* están relacionados con el dinero. Muchas personas desean tener vidas más cómodas y abundantes, pero a veces les resulta difícil aclimatarse a esa experiencia, en especial si crecieron sintiéndose desfavorecidas e incómodas con respecto al dinero.

Yo me encontraba en esa misma situación. Tras haber experimentado la pobreza y la incomodidad en mi juventud, sentía un ferviente deseo de alcanzar la riqueza. Creía que tener dinero solucionaría todos mis problemas, pero, como no me había aclimatado a la riqueza, cada vez que lograba cierto nivel de éxito, el dinero que ganaba gracias a mi esfuerzo se escurría entre mis dedos y pronto me encontraba en una situación aún peor que antes.

Finalmente, logré alcanzar la libertad financiera, pero esto sucedió después de lograr aclimatarme a lo que significa vivir con abundancia. Si sueñas con ser rico, lo cual es completamente natural, ya que el dinero es una forma de intercambio de energía en esta realidad, primero debes aclimatarte a lo que significa ser próspero. ¿Cómo ven el dinero las personas adineradas? ¿Cuál es su relación con él? ¿Cómo lo administran? ¿Cómo se sienten al gastarlo? ¿Cómo se sienten al darlo? ¿Qué hábitos tienen?

Darte el espacio que necesitas para aclimatarte a los desafíos que conllevan las nuevas experiencias es uno de los mayores actos de cuidado que puedes hacer tanto por ti mismo como por los demás.

Hay muchas formas en las que puedes aclimatarte a la abundancia sin gastar un dinero que quizás no tengas. Aquí te presento seis herramientas que me ayudaron a aclimatarme a la riqueza y crear la vida que deseaba:

1. **Usa afirmaciones positivas**: una de las primeras cosas que hice cuando cambié mi relación con el dinero fue usar afirmaciones positivas mientras escuchaba mi música favorita. La música añade un elemento energizante a las afirmaciones y puede despertar emociones, como la alegría.

2. **Aprende sobre finanzas**: me desconcierta que la educación financiera no sea parte del currículo escolar. Si no tuviste la suerte de contar con padres que tuvieran conocimientos financieros, debes educarte por tu cuenta. Afortunadamente, hay muchos recursos disponibles, muchos de ellos de forma gratuita. Hoy en día puedes encontrar educadores financieros en YouTube, tomar cursos de finanzas en tu ciudad, leer libros sobre finanzas y consultar las secciones financieras de los periódicos. Cuanto mejor entiendas el dinero y cómo lo

manejan las personas adineradas, más cómodo te sentirás con la riqueza.

3. **Aprende sobre inversiones**: entiendo que puede ser abrumador si no tienes experiencia previa, pero es posible aprender sin salir de tu zona de confort ni estresarte, tal como lo hice yo. Te propongo un ejercicio que me resultó útil: imaginé que tenía mil dólares para invertir en el mercado de valores. En ese momento, era una suma considerable para mí. Dediqué unas semanas a investigar diferentes acciones, hice listas de mis favoritas y las observé durante varios días. Después, simulé comprar algunas acciones, las registré en una hoja de cálculo y seguí el progreso de mi inversión a lo largo del tiempo. Sin gastar ni un centavo, aprendí mucho sobre el mercado de valores. Más adelante, cuando quise aprender sobre inversiones, pero no solo en el mercado de valores, imaginé que tenía 30.000 dólares para invertir en una empresa o en bienes raíces. Luego, pasé algunas semanas investigando empresas y oportunidades inmobiliarias.

4. **Rodéate de personas adineradas**: hoy en día, es posible que tu círculo de influencia incluya a celebridades, autores, líderes mundiales, poetas y visionarios. Y lo mejor es que las últimas dos décadas han dado lugar a una revolución de contenido en la que algunas de las personas más interesantes e informadas comparten su experiencia con frecuencia y de manera transparente. Esto significa que puedes rodearte de personas e ideas que te ayuden a aclimatarte a la riqueza que deseas desde la comodidad y seguridad de tu hogar.

5. **Sumérgete en ambientes de abundancia**: si no estás acostumbrado a pasar tiempo en ambientes opulentos, pueden resultar intimidantes e incómodos. Hace muchos años, quedé con una amiga en un restaurante muy elegante. Durante toda la velada, me sentí incómoda y fuera de lugar. A partir de entonces, decidí pasar más tiempo en lugares así para familiarizarme con ellos. Iba a los vestíbulos de los hoteles más lujosos solo para

tomar una taza de té. Entraba en tiendas donde el artículo más barato costaba lo mismo que mi alquiler y me imaginaba que podía comprarme lo que quisiera. Incluso asistí a la exhibición de una propiedad multimillonaria. También hice cosas menos extremas, como seguir a mis artistas favoritos y a tiendas de muebles de diseño en las redes sociales, tomar café donde suelen ir otros profesionales, hojear revistas, leer libros de arquitectura y ver documentales de viajes.

- **Desarrolla una relación saludable con el dinero**: cuando era niña, se consideraba que el dinero era algo escaso, difícil de encontrar, difícil de retener y poco confiable. Obtenerlo era un proceso inestable y volátil. Tuve que cambiar mi relación con el dinero y convertirlo en mi aliado. Comencé a ver el dinero como un amigo útil y generoso. Cuando pagaba mis facturas, lo hacía con una sonrisa, pensando en cómo ese dinero beneficiaría a otros y luego regresaría a mí. Retiraba dinero de mi cuenta bancaria y lo sostenía entre las manos, agradeciéndole por brindarme sustento y seguridad. Me sentía agradecida cuando llegaba y me sentía agradecida cuando lo compartía, porque sabía que saldría al mundo para brindar apoyo a quienes lo necesitaran, siempre confiando en que regresaría. Cuando aprecias algo, ese algo desea permanecer a tu lado.

Por no aclimatarse a la riqueza, muchas personas que ganan la lotería terminan en peores condiciones que antes (económica, personal y psicológicamente). La nueva riqueza y las responsabilidades que adquieren suelen estar muy lejos de su zona de confort.

La aclimatación se pone en marcha automáticamente cada vez que aprendes algo nuevo. Te aclimatas tanto si deseas aprender un nuevo idioma, patinar sobre ruedas, hacer paracaidismo, hacer senderismo o tocar un nuevo instrumento como si quieres cambiar de carrera. Uno de mis ejemplos favoritos de adaptación en acción es el entrenamiento que se realiza para escalar el Monte Everest. Puedes leer sobre este ejemplo y otros más en la página de recursos de la zona de confort: <www.thecomfortzonebook.com/resources>.

EJERCICIO DE LA ZONA DE CONFORT N.° 17
Aclimátate a lo nuevo

Echa un vistazo al mapa de visualización de la zona de confort que creaste en el capítulo 12. Elige un elemento que hayas colocado fuera de tu zona de confort. En tu cuaderno, identifica en qué fase de la aclimatación estás con respecto a ese elemento. Las fases son las siguientes:

Fase uno: desconocido e incómodo.

Fase dos: conocido e incómodo.

Fase tres: conocido y cómodo.

Una vez que hayas identificado en qué fase te encuentras, haz una lista de acciones que puedas tomar para crear un entorno que te ayude a familiarizarte con lo que deseas.

Si estás interesado en un coche específico, puedes visitar el concesionario y probarlo, unirte a grupos en línea de propietarios de ese modelo, explorar el sitio web del fabricante y personalizar tu versión ideal o buscar anuncios de coches para encontrar el modelo que te interesa. Si deseas vivir en otro país, puedes comenzar a aprender el idioma, ver documentales sobre sus ciudades y su gente, leer libros ambientados en ese país, aprender a preparar platos típicos de esa cultura o unirte a grupos de encuentro en los que se hable de ese lugar en particular.

Lo que has logrado

¿Puedes creerlo? ¡Has terminado el capítulo 15! Una vez que te acostumbres a vivir dentro de tu zona de confort, puedes utilizar la herramienta de aclimatación y andamiaje para expandirte de manera cómoda pero efectiva. Esto te permite saturar conscientemente tu entorno interno y externo con elementos que estén alineados con tus deseos y así atraer a tu zona de confort las personas, experiencias, ideas y cosas que te acerquen a tus sueños. Es una de las herramientas más poderosas para sentirte cómodo con aquello que realmente deseas.

En el próximo capítulo, aprenderás sobre los hábitos mentales que te permiten actuar de manera adecuada desde tu zona de confort. Tus pensamientos son increíblemente poderosos y, si los cambias, puedes modificar tu estado de ánimo. Genial. ¡Continuemos!

Capítulo 16

PERMITE QUE TU IDENTIDAD GUÍE TUS ACTOS

Casi todo lo que haces en tu vida diaria surge de tus hábitos. Cómo cargas el lavavajillas, cómo te gusta tomar el café, dónde te sientas a leer, qué aplicaciones abres primero al tomar tu teléfono, cuánta actividad física haces y qué tipo de ejercicio realizas son solo algunas de las miles de decisiones que tomas a diario. Automatizas tu vida con tus hábitos y luego los sigues en piloto automático.

Cuando algo se convierte en un hábito, ya no decides hacerlo conscientemente, sino que tu cuerpo lo hace sin pensarlo. Cuando me siento a leer un libro en el sofá, automáticamente coloco los pies en el borde de la mesa baja. Cuando cruzo la calle con mis hijos, me agarran la mano de manera instintiva. Cuando comemos en familia y nos levantamos de la mesa al terminar, normalmente ponemos los platos en el fregadero.

Cuando pensamos en hábitos, solemos enfocarnos en las acciones físicas, como cepillarnos los dientes dos veces al día, nuestra forma de cortar las verduras, los bocadillos que comemos o dar un paseo por el vecindario. Gran parte de las acciones físicas que realizamos diariamente se engloban dentro de la categoría de los *hábitos*. Aunque son nuestros hábitos físicos los que predominantemente dan forma a nuestros días, la calidad de nuestras jornadas depende en gran medida de nuestros hábitos mentales. Automatizamos los pensamientos y emociones por la misma razón que automatizamos las acciones físicas:

para ahorrarnos el tiempo necesario para procesar información. Tus hábitos mentales te permiten resolver un problema una vez y luego recurrir automáticamente a la solución cada vez que te enfrentas a un problema similar. ¡Es sumamente eficiente! Sin embargo, puede volverse problemático cuando nos aferramos a pensamientos habituales que nos limitan o no nos benefician.

Imagina lo complicada que sería tu vida si de repente decidieras que dos más dos es igual a cinco. Aunque parezca extraño, convertimos respuestas erróneas en creencias todo el tiempo. Digamos que me caigo y me rompo el tobillo mientras juego con mis amigos. Debido a la lesión, me veo obligada a quedarme en casa durante un tiempo, donde estaré aburrida y adolorida. En mi búsqueda de respuestas sobre por qué sucedió esto, concluyo que *me caí porque estaba divirtiéndome*. Es posible que incorpore la creencia de que *cada vez que me divierto, algo malo sucede y salgo lastimada*.

Es una conclusión claramente ridícula, como muchas de nuestras creencias limitantes. A partir de ahora, hasta que logre cambiar de parecer, cada vez que me divierta comenzaré a sentirme incómoda. Intentaré anticipar algún incidente inevitable que me cause dolor. Con el fin de evitar ese dolor, es posible que empiece a sabotear mi diversión. Puedo retraerme o cerrarme. Incluso puedo volverme agresiva en un intento de ponerle fin a las actividades divertidas. El hábito mental de pensar que *siempre salgo lastimada cuando me divierto*, que opera como una creencia subyacente en mi mente consciente, dará lugar a hábitos físicos de autosabotaje, agresión o retraimiento.

En este capítulo, me gustaría profundizar en la relación que guardan nuestros hábitos y nuestra identidad, y así agregar otra capa a la conversación sobre hábitos y creencias.

Tus hábitos mentales y tus hábitos físicos te ayudan a moldear tu identidad. Cuando tu identidad impulsa tus acciones, la acción en sí misma se convierte en el objetivo. Por ejemplo, si me identifico como escritora, escribir todos los días me genera una sensación de logro, porque refuerza mi identidad. Si te identificas como yogui, practicarás yoga todos los días, porque la acción de hacer yoga es lo que te define como persona. También hay otro tipo de hábitos que pueden reforzar tu identidad. Si tienes el hábito de despertarte temprano, te conviertes en un madrugador, y, cuando te identificas como tal, te aseguras de levantarte temprano. Si tienes la costumbre de llegar tarde a las reuniones, te ganas la reputación de ser poco confiable. Si tiendes a no guardar tu ropa, te conviertes en alguien desordenado.

Tus hábitos no siempre se limitan a acciones físicas, también pueden manifestarse internamente. Si eres objetivo acerca de tus propios errores y estás dispuesto a reconocerlos, eres introspectivo. Si evitas darle vueltas a tus pensamientos negativos, cultivas una actitud positiva. Si no necesitas que los demás cambien para amarlos, muestras una actitud de aceptación.

Es posible que a veces desees ser un determinado tipo de persona, pero que los hábitos que practiques vayan en contra de esa imagen deseada. Puedes aspirar a ser atlético, pero nunca haces ejercicio. Quizá quieras ser escritor, pero no tienes el hábito de escribir. Quizá quieras ser organizado, pero sueles dejar tus cosas por todos lados.

Para que realmente te conviertas en la versión de ti mismo que tiene todo lo que deseas, es importante identificar los hábitos de *esa persona* y comenzar a adoptarlos como propios.

En cualquier momento puedes practicar los hábitos de tu yo expandido o puedes dejar que tus hábitos se formen automáticamente. Tienes la opción de utilizar tus hábitos para evolucionar hacia la versión de ti mismo que vive tus sueños, o puedes permitir que tus hábitos te conviertan en una versión de ti mismo que no lo hace.

Vale la pena detenerse un momento y analizar tus hábitos para determinar cómo están influyendo en tus posibles identidades.

EJERCICIO DE LA ZONA DE CONFORT N.° 18
Hábitos diarios

Toma tu cuaderno. En la parte superior de una página en blanco, escribe lo siguiente: «Cosas que hago todos los días».

1. Escribe una lista de tus hábitos diarios, sin importar lo pequeños o grandes que parezcan. Te despiertas. Quizás te quedes unos minutos en la cama antes de levantarte. Vas al baño, te cepillas los dientes, te lavas la cara. O te metes directamente en la ducha. ¿Estiras el cuerpo? ¿Enciendes

el televisor? ¿Preparas café? ¿Sales a caminar? ¿Coges tu teléfono y revisas tus mensajes? Escribe con el mayor detalle posible todo lo que haces de forma regular y automática.

2. Una vez que tengas la lista, regresa al ejercicio del yo expandido en el capítulo 11. Lee la descripción de tu yo expandido. Dedica un tiempo a conectar con esa versión de ti hasta que logres incorporarla. Luego, regresa a tu lista de hábitos diarios. Mientras la lees, evalúa tus hábitos diarios con honestidad.
   – ¿Son los hábitos que tu yo expandido realiza a diario?
   – Coloca una marca de verificación junto a los hábitos que tu yo expandido realiza.
   – Coloca una X junto a los hábitos que tu yo expandido no realiza.
   – Coloca un signo de interrogación junto a los hábitos sobre los que tienes dudas.

3. Ahora, vuelve a los hábitos con las X y los signos de interrogación. Pregúntate: ¿Qué hace tu yo expandido en lugar de eso? Escribe cualquier otro hábito que se te ocurra.

4. Revisa los nuevos hábitos que has enumerado. Durante la próxima semana, reemplaza tus hábitos actuales con los que acabas de crear.
   – Por ejemplo, es posible que hayas escrito: «Lo primero que hago es coger mi teléfono». Durante este ejercicio, quizá hayas marcado con una X ese hábito. En el proceso de lluvia de ideas, puedes haber escrito que lo primero que hace tu yo expandido cuando se despierta es escribir en un diario de positividad y después de eso se levanta de la cama. Entonces, durante la próxima semana, en lugar de despertarte y coger el teléfono, toma tu diario.

LA DISCIPLINA VS. LA CONSISTENCIA

Tengo una razón muy específica para pedirte que evalúes tus hábitos actuales y los nuevos desde la perspectiva de tu yo expandido. Y es que, cuando se trata de hábitos, la *identidad* impulsa la *consistencia*.

Si eres una persona amable, serás consistentemente amable con aquellos que te rodean, y no sentirás que la amabilidad sea una carga. Si te importa estar en forma, mantener la consistencia con tu rutina de ejercicio diario será algo que hagas sin importar si te apetece hacerlo o no, porque forma parte de quien eres.

Cuando un hábito surge de tu identidad, lo realizarás de forma natural y constante, sin muchas complicaciones ni quejas. Esta consistencia genera impulso y confianza, y te ayuda a reforzar la identidad que respalda dicho hábito.

Mientras revisas la lista de hábitos que escribiste en el último ejercicio, reflexiona sobre cuál es la identidad que refuerzan. ¿Quién eres cuando vives de esta forma?

Hazlo porque quieres, no porque debes

Tengo una amiga que ha luchado durante años por convertirse en profesora de yoga. Desde que la conozco, ha asistido a retiros de yoga, ha completado programas de formación para profesores, ha creado un sitio web y se ha inscrito en varios estudios de yoga. Sin embargo, no logra enseñar yoga con regularidad. La he escuchado decir cosas como «Lo que pasa es que no puedo mantener un grupo estable». Parece que nada funciona. Pero, cuando hablo con ella, para mí es muy obvio lo que está sucediendo. A pesar de que le encanta la idea de ser una yogui, en realidad no disfruta de enseñar yoga. Siempre que habla sobre practicar yoga menciona cuánto lo disfruta, pero dice que enseñarlo se convierte en una obligación. Una vez me dijo que solo disfruta del yoga cuando asiste a las clases como alumna.

Entonces, es comprensible que a mi amiga le resulte difícil ser profesora de yoga. Enseñar yoga no forma parte de su identidad y no es algo que disfrute hacer.

Los cambios reales llevan su tiempo. Requieren que actúes con consistencia y entusiasmo. Y que sigas haciendo todo lo necesario, no por *obligación*, sino porque *lo deseas.*

Cuando nuestra identidad no es el motor de nuestras acciones, recurrimos a la disciplina para alcanzar nuestras metas. Si bien la disciplina puede funcionar durante un tiempo, su efectividad disminuye cuando llevamos a cabo una acción y no obtenemos los resultados deseados. Esto se debe a que el tiempo que se necesita para ver los resultados de nuestros nuevos hábitos suele ser mayor que el impulso que nos da la disciplina. Es difícil mantener la constancia cuando no sentimos pasión por lo que hacemos y no vemos los frutos de nuestro esfuerzo con la suficiente rapidez.

Cuando la disciplina es lo que guía nuestras acciones, estas se convierten en el camino para alcanzar una meta externa y, por lo tanto, tendemos a evaluar nuestro progreso (o la falta de él) casi de inmediato una vez que adoptamos un nuevo hábito. Vas dos veces al gimnasio y luego te subes a la balanza, ansioso por ver los resultados de todo tu trabajo. Escribes a lo largo de una semana y te frustra no haber terminado el libro. Te vuelves inflexible en cuanto a lo que *deberías* hacer y te castigas si no lo haces. Luego te sientes frustrado, derrotado y culpable por no haber avanzado tanto como te gustaría. Y al poco tiempo te sumerges en la zona de supervivencia, donde luchas desesperadamente por dar aunque sea un pequeño paso hacia tus metas.

Los cambios reales llevan su tiempo. Requieren que actúes con consistencia y entusiasmo. Y que sigas haciendo todo lo necesario, no por *obligación*, sino porque *lo deseas.* Si no dejas que tu identidad sea el motor de la constancia de tus acciones, es muy probable que te quedes sin disciplina, te agotes o te rindas. Esta es la razón por la que muchos sueños se desvanecen año tras año.

Sí, también hay otras razones por las cuales podrías abandonar un nuevo hábito si todavía no está arraigado en tu identidad. A veces, hasta puedes dejar de practicar un nuevo hábito *porque* da resultados.

Imagínate que quieres empezar a despertarte temprano, pero tu identidad es la de una persona nocturna. Quizá al principio logres madrugar varias veces seguidas, pero, en cuanto empiezas a acostumbrarte a tu nuevo horario de irte a la cama temprano y despertarte temprano, de repente vuelves a quedarte despierto hasta las tres o cuatro de la madrugada y a levantarte al mediodía. Esto sucede porque tu deseo de despertarte temprano entra en conflicto con tu identidad de persona que prefiere trabajar durante la noche.

La disciplina tiende a generar resistencia debido a que está arraigada en la necesidad de tener el control, la cual surge de la sensación de inseguridad. Cuando nos encontramos fuera de nuestra zona de confort, la disciplina es en gran parte lo que nos ayuda a atravesar terrenos desconocidos e incómodos, repletos de dudas y miedos.

Por otro lado, la consistencia es el resultado de estar dentro de nuestra zona de confort. Porque lo que la impulsa es el deseo y nuestra identidad. Cuanto mayor sea la intención con la que forjes tu identidad y definas tus deseos, más fácil te resultará actuar con constancia para alcanzar tus sueños. Por eso, siempre digo: «Si quieres mantener tus nuevos hábitos, siémbralos en tu zona de confort».

EJERCICIO DE LA ZONA DE CONFORT N.º 19
Los hábitos y la identidad

Regresa al ejercicio anterior y revisa los nuevos hábitos que estás tratando de implementar en tu vida. Evalúa si cada uno de ellos proviene de la disciplina o de tu identidad. Si un hábito es impulsado por la disciplina, pregúntate: «¿Qué tipo de persona debo ser para que este hábito se arraigue en mi identidad?».

Como tarea adicional, vuelve a observar a tu yo expandido. ¿El nuevo hábito que deseas incorporar está alineado con la identidad de tu yo expandido? En caso contrario, ¿hay algún otro hábito más acorde a su naturaleza que pueda llevarte al mismo objetivo?

LOS HÁBITOS Y TU ENTORNO

En el paso uno, *Define dónde estás*, del proceso de crear con confort, te concentraste en definir tu zona de confort. Y para ayudarte a lograrlo usé la analogía del hogar físico. No fue coincidencia. Quería que comenzaras a pensar en tu hogar físico con la misma intención que te pido que pienses en tu zona de confort. Esto se debe a que el entorno en el que vives y trabajas juega un rol fundamental en tu capacidad para mantener los hábitos que impulsan el avance hacia tus metas.

En las palabras de James Clear, autor del *best-seller* del *New York Times Hábitos Atómicos*: «Si quieres que tus posibilidades de éxito aumenten, es importante que te desenvuelvas en un entorno que potencie tus resultados en lugar de entorpecerlos».

Lo que acelera los resultados en cualquier área de la vida es la confianza, el sentido de pertenencia, la alegría, la gratitud y la certeza de que tenemos todo lo necesario para lograr lo que deseamos. Estas son emociones que se encuentran dentro de la zona de confort. Sin embargo, cuando James Clear habla del entorno, no se refiere a un estado *interno*. Él se refiere, de manera bastante literal, al espacio físico externo en el que trabajas y vives. A lo que se refiere es a que, si quieres bajar de peso, en tu cocina debería haber manzanas en vez de bollería, o a que coloques tus mancuernas en frente del televisor para recordarte hacer ejercicio mientras ves tu programa favorito.

Tiene toda la razón, y sus ideas sobre cómo crear un entorno que fomente hábitos efectivos son útiles y fáciles de implementar.

Antes de pasar al siguiente capítulo, si aún no lo has hecho, tómate unos minutos para evaluar tu entorno físico y alinearlo con tu nueva identidad expandida.

Ten en cuenta que, a medida que realices este trabajo, es normal que tu entorno social también comience a cambiar. Es posible que ya no sientas tantas ganas de pasar tiempo con las mismas personas que antes, en especial si tu relación se basaba en las dificultades que atravesabas en tu zona de supervivencia o zona de resignación. Por otro lado, es posible que las personas que en algún momento fueron cercanas a ti no coincidan con tu nueva identidad o tu nueva forma de vida. Aunque estos cambios pueden ser muy dolorosos, son naturales.

En el capítulo 18, profundizaremos en tus relaciones y en cómo puedes manejarlas a medida que cambian y evolucionan. Por ahora, si las personas cercanas a ti se preocupan o rechazan tu nueva forma de vida, ten la misma amabilidad y compasión por ellos que por ti mismo. No hace falta que se sumen a este camino para que te preocupes por ellos. De hecho, puedes demostrarles afecto al permitirles elegir su propio camino. Descubrirás que, con el tiempo, tus relaciones *evolucionarán*, y aquellas que permanezcan en tu vida serán más profundas y satisfactorias.

EJERCICIO DE LA ZONA DE CONFORT N.° 20
Los hábitos y tu entorno

Imagina que eres tu yo expandido. Vienes del futuro a visitar tu hogar actual. Desde esta perspectiva ampliada, observa tu entorno actual y anota qué aspectos están en sintonía con tu yo expandido y cuáles no. Si tu yo expandido viviera contigo durante una semana, ¿qué cambios haría de inmediato en tu entorno y en tus hábitos?

¿Se despertaría a la misma hora que tú? ¿Comería el mismo desayuno? ¿Seguiría la misma rutina matutina? Si no es así, ¿qué haría?

Como ejercicio adicional, durante una semana imagina a tu yo expandido viviendo contigo. A medida que transcurra el día, observa todo desde su perspectiva y actúa como él actuaría. Si cree que tu hogar está demasiado desordenado, ordénalo. Si pasas demasiado tiempo viendo televisión, reduce ese tiempo. Si has descuidado alguna área de tu vida que él no hubiera descuidado, ocúpate de ella de la manera en que él lo haría.

Mientras lo haces, presta atención a las cosas que haces de forma natural y que sí están en sintonía con tu yo expandido. Al fin y al cabo, esta versión de ti mismo eres tú. Habrá áreas en tu vida donde harías lo mismo y te comportarías de la misma manera. Descubre esas áreas, hábitos y elecciones de tu entorno y celebrémoslas juntos.

Lo que has logrado

¡Acabas de finalizar el capítulo 16 y ya estás casi en la recta final! Espero que hayas disfrutado de este capítulo esclarecedor sobre los hábitos y que hayas dedicado tiempo a realizar los ejercicios.

Si todavía no has tenido la oportunidad, te sugiero que lo hagas. He incluido específicamente estos ejercicios con un propósito, ya que mi objetivo es ayudarte a generar cambios que no solo tú puedas experimentar, sino que también sean visibles para quienes te rodean.

Estoy convencida de la importancia que tiene realizar pequeños cambios diarios a partir de hábitos consistentes. Insisto: casi todo lo que hacemos surge de nuestros hábitos. Me resulta sorprendente que gran parte de lo que somos nazca de las cosas que hacemos a diario. Los hábitos automatizan la vida y le dan forma a nuestra identidad. ¡Tenemos la suerte de poder elegir quiénes queremos ser!

En este capítulo, he destacado la diferencia entre la consistencia y la disciplina. Muchas personas creen que la disciplina es clave para alcanzar cualquier objetivo, y, si bien eso no es del todo falso, no es el panorama completo. Cuando la identidad es el motor de nuestros actos, no necesitamos tanta disciplina, ya que naturalmente actuamos de manera consistente. Espero que la lección sobre la consistencia frente a la disciplina te resulte reconfortante. Qué atractiva es la consistencia, ¿verdad?

En el próximo capítulo, profundizaremos en los hábitos y exploraremos cómo puedes mejorar tus hábitos mentales (tu mentalidad) para acercarte cada vez más a tus metas. Compartiré una idea importante sobre la forma en que pensamos, una idea que me cambió la vida. Así que no esperemos más, ¡pasa la página y comencemos!

Si quieres mantener tus nuevos hábitos, siémbralos
en tu zona de confort.

Capítulo 17

REFLEXIONA SOBRE TU MENTALIDAD

Tu realidad siempre es un reflejo de tus pensamientos. Es decir, que para llegar del lugar donde estás al lugar donde quieres llegar, es fundamental que tu mentalidad acompañe ese crecimiento.

Esto no quiere decir que nunca entrarás en acción. Los pensamientos inspiradores te motivan a actuar con motivación, lo cual genera resultados más favorables.

De hecho, aquellos que crean desde su zona de confort siempre pasan a la acción, pero gracias a su mentalidad de «menos es más» comprenden que, si adoptan los hábitos mentales adecuados, pueden hacer menos y atraer más. Para lograr la meta definitiva de hacer menos y lograr más, debes cultivar una mentalidad que te mantenga en tu zona de confort mientras vas en busca de más. Esto a menudo implica dejar de hacer cosas, lo cual puede parecer contradictorio cuando tienes un objetivo.

CAMBIA EL RUMBO SI ALGO TE HACE FELIZ

Hace algunos años, una amiga mía, llamémosla Marcia, se encontraba en una situación difícil. Durante los últimos veinte años, se había dedicado a perseguir una carrera prominente y muy estresante, pero, cuanto más escalaba en la jerarquía corporativa y más grande y opulenta se volvía su vida, más infeliz se sentía.

A lo largo de dos décadas, había descuidado sus propias necesidades y ahora estaba sufriendo las consecuencias en forma de insomnio, depresión y diversos problemas físicos. Ahora Marcia se sentía atrapada en una carrera que no le gustaba, en un cuerpo enfermo y en una mente repleta de pensamientos negativos. Necesitaba un cambio.

La solución que encontró fue postularse a otros empleos para los que estaba calificada. Sabía que, con su experiencia y trayectoria, podría conseguir otro puesto, incluso mejor remunerado. Una vez que tomó esta decisión, se puso en contacto con cazatalentos de alto nivel y comenzó a investigar otras empresas donde pudiera marcar la diferencia.

Cuando quedé con Marcia para almorzar, me contó todas las cosas que estaba haciendo. Estaba decidida a cambiar su vida. Pero yo noté que ella iba a repetir la misma dinámica: sentir más estrés, descuidar sus necesidades, tomar acciones forzadas y disciplinadas que solo le generarían más presión física y problemas de salud.

—Entonces, ¿los trabajos a los que te postulas te hacen sentir feliz? —le pregunté.

—¿Feliz? —me respondió riéndose—. Es un trabajo, ¡no una escapada de fin de semana!

Le pedí permiso para ser sincera con respecto a lo que pensaba y me dijo que sí, que no me guardara nada. Le dije que creía que era necesario que pusiera en pausa la búsqueda de empleo y se tomara un tiempo para conocerse mejor. ¿Qué *quería* hacer? ¿Qué la haría *feliz*? Y, además de eso, ¿cuándo fue la última vez que se tomó un descanso y se permitió simplemente *ser*?

Mientras conversábamos, noté que ella reflexionaba sobre las preguntas. Aunque a momentos se relajaba, de todas formas respondió.

—No puedo quedarme sin hacer nada.

—¿Por qué no lo intentas una semana? —le pregunté—. Tómate unas vacaciones de tus intentos una semana. Durante esa semana, haz solo lo que te haga sentir bien, lo que realmente *quieres* hacer y *disfrutas*. Y aprovecha el resto del tiempo para relajarte, caminar en la naturaleza… básicamente no hacer nada.

La idea le pareció un poco extraña, pero aceptó hacerlo como un experimento y también porque, como dijo, necesitaba un cambio.

Unas semanas después, recibí una llamada de Marcia. Estaba maravillada. Me contó que, en cuestión de días, después de comenzar su semana de relajación, sus problemas digestivos y dolores corporales habían empezado a disminuir. Después de esa semana, logró dormir toda la noche y salir a pasear en diferentes momentos del día, sin planificarlo, simplemente porque le apetecía. La semana que se había tomado sin intentar nada la hizo sentir tan bien que decidió hacer lo mismo una semana más. Unos días antes de que se cumplieran dos semanas, se le ocurrió visitar un lago donde solía ir de vacaciones con su familia cuando era niña. Ese mismo día condujo hasta el lago y pasó la tarde en un pequeño pueblo cercano. Cuando estaba allí vio un letrero de venta en un edificio y de repente recordó que siempre había querido tener una casa lejos de la ciudad donde vivía, y entonces decidió hacer un recorrido por el edificio. Era una propiedad fantástica ubicada en el centro del pueblo. Mientras lo recorría, se imaginó cómo sería transformarlo en un local que tuviera apartamentos en la parte de arriba.

«¿Por qué no?», pensó. Tenía suficientes ahorros para invertir en un inmueble. Le encantaba este pueblo. Podía quedarse una de las unidades y usarla cuando quisiera ir de visita y alquilar el resto. Podría obtener un rendimiento similar al que obtendría en un año de trabajo en un empleo estresante. Pero esto sería suyo.

Cuando Marcia habló con el agente inmobiliario, se enteró de que la propiedad acababa de ponerse en venta. Me llamó el día que aceptaron su oferta. ¡Estaba loca de alegría! Estaba ansiosa por comenzar a trabajar en la remodelación del edificio. Hoy en día, Marcia ha obtenido más ganancias con sus inversiones en bienes raíces que en sus veinte años de carrera como ejecutiva. Ejercita su creatividad y usa su talento para el liderazgo para hacer algo que le apasiona. Está bien cambiar el rumbo si algo te hace feliz.

Cuando actúas desde la inspiración y no desde el miedo, la obligación o la motivación, te llenas de energía, claridad y confianza. Esto produce resultados beneficiosos, aunque no siempre se ven de inmediato. ¿Alguna vez te has quedado despierto toda la noche trabajando en un proyecto que te emocionaba tanto que perdiste la noción del tiempo? ¿Has tenido alguna idea tan emocionante que no podías dejar de pensar en eso hasta que la completaste? Cuando actúas desde la inspiración, el tiempo vuela, las soluciones aparecen de la nada y los proyectos se completan casi como por arte de magia.

Por otro lado, actuar por el simple hecho de hacer algo puede dejarte agotado y desgastado.

Tu forma de actuar dependerá de cómo pienses sobre tu situación. Durante nuestra conversación, los pensamientos de mi amiga Marcia evolucionaron de «Tengo que conseguir otro empleo para ser productiva» a «Está bien tomarse un tiempo para descansar y reconectarme». Al adoptar este nuevo enfoque, logró relajarse y darse el espacio que necesitaba para ser ella misma. Esto le permitió entrar en su zona de confort, donde sintió la seguridad y la conexión necesarias para luego recibir la inspiración de visitar el lago. Este repentino pensamiento que nació de su inspiración la inspiró a ir al lago y recorrer el edificio, que, en definitiva, la llevó a empezar una carrera totalmente distinta; una que le ofrecía muchísima más expansión, plenitud y felicidad que cualquier otro trabajo.

Si cambias tu forma de pensar, cambias tu forma de actuar. Sé que si no encuentro la inspiración o la orientación que necesito para actuar, debo cambiar mi forma de pensar. Ese es el impacto que tienen nuestros pensamientos, pero no todos son iguales. Tus pensamientos pueden limitarte o empoderarte. La decisión está en ti.

PENSAMIENTO CENTRADO EN LA SOLUCIÓN VS. PENSAMIENTO CENTRADO EN EL PROBLEMA

En mi vida personal, divido mis pensamientos en dos categorías. Los llamo *pensamientos centrados en la solución* y *pensamientos centrados en el problema*. Cuando me siento atascada en una situación muy compleja, hago una pausa, analizo mis pensamientos y me pregunto: «¿Este pensamiento está centrado en el problema o en la solución?».

Reconocer a qué categoría pertenecen mis pensamientos es un hábito mental importante que espero que también puedas desarrollar. Para lograrlo, veamos estas dos formas de pensar más detalladamente.

La mayoría de nosotros tiende a priorizar los problemas, porque es lo que nos enseñan a hacer desde temprana edad. En los canales de noticias se muestra todo lo que está saliendo mal. Cuando compartimos nuestras historias, nos centramos en lo que nos hizo sentir mal. Cuando hacemos planes, nos anticipamos a los problemas que podrían surgir. Nuestro sistema nervioso está siempre preparado para enfrentar potenciales peligros.

El problema con esta forma de pensar es que te enseña a crear tu vida de forma reactiva, en respuesta a lo que no deseas, en lugar de hacerlo de forma proactiva, en respuesta a lo que realmente quieres experimentar. A esta forma de pensar la llamo *pensamiento centrado en el problema*, ya que, cuando te encuentras inmerso en ella, te enfocas en los problemas.

Cuando esto sucede, tiendo a quejarme, señalar mis limitaciones, buscar explicaciones de por qué algo no funcionará, tomar decisiones basadas en el miedo y discutir con las personas que me ofrecen soluciones. Esta versión de mí está desesperada por hacer que las cosas funcionen, pero le resulta difícil confiar en el proceso, porque su visión rápidamente se nubla por todo lo que no está funcionando y lo que podría salir mal.

Cuando tienes este tipo de pensamientos centrados en el problema, tiendes a actuar desde el miedo y la incomodidad, lo que conduce a resultados contradictorios. Sí, puedes obtener una parte de lo que quieres, pero eso siempre viene de la mano con cosas que no quieres. Cuando estás fuera de tu zona de confort, tus pensamientos tienden a centrarse en los problemas. Como seguramente sabes, esto se debe a que, a medida que te alejas de tu zona de confort, tu sensación de seguridad disminuye y el entorno se vuelve más amenazante. Eso despierta el miedo y la vulnerabilidad, lo cual te hace extremadamente sensible a los problemas y amenazas que puedan surgir a tu alrededor. Y, cuando tus pensamientos se centran en los problemas y las amenazas, no logras encontrar soluciones reales y duraderas para los problemas.

Y es que las soluciones reales y duraderas surgen cuando te sientes seguro, relajado y confiado, sentimientos que solo puedes experimentar cuando te encuentras dentro de tu zona de confort. Si te sientes seguro, tus pensamientos tienden a centrarse en las soluciones, porque no estás alterado ni temeroso. Y, cuando eso sucede, te concentras en las posibilidades y las alternativas, tomas nota de lo que está funcionando bien y confías en que estás siguiendo el camino correcto.

Las soluciones reales y duraderas surgen cuando te sientes seguro, relajado y confiado, sentimientos que solo puedes experimentar cuando te encuentras dentro de tu zona de confort.

El *pensamiento centrado en la solución* nos permite observar la situación desde una perspectiva más objetiva y aceptar las dificultades a las que nos enfrentamos sin sentirnos amenazados. Nos impulsa a actuar desde la intuición, ya que estos actos están estrechamente vinculados a la confianza y la seguridad. Ya no actúas bajo tu instinto de supervivencia ni por desesperación, sino que lo haces guiado por la esperanza, la emoción y el optimismo. Este tipo de actos dan como resultado eventos, circunstancias, interacciones y relaciones que pueden ayudarte a alcanzar tus deseos y objetivos.

Cuando mi pensamiento está centrado en la solución, suelo sentirme más tranquila, centrada y en paz. No me preocupo por las cosas que no funcionan, sino que confío en que pronto llegará la solución adecuada. Me concentro en las cosas que sí están funcionando, aunque parezcan pequeñas o triviales. Esta versión de mí está abierta a recibir inspiración y tiene la habilidad de encontrar soluciones en los lugares más inesperados. A veces se me ocurre una idea simplemente al ver a una pareja que está de pícnic en el parque o puedo encontrar la solución que necesitaba al fijarme en el diseño del paquete de los espaguetis mientras preparo la cena.

Cabe destacar que ninguna de estas formas de pensar niega la existencia de los problemas que debemos resolver. Los problemas y las dificultades son importantes, porque sin ellos nunca tendríamos soluciones, y sin esas soluciones nuestra vida no podría expandirse. Los problemas existen para que encontremos soluciones, no para hacernos sufrir.

Cuando estás fuera de tu zona de confort, tu pensamiento se centra en el problema y, como resultado, una simple dificultad puede parecer cuestión de vida o muerte. Por el contrario, cuando estás dentro de tu zona de confort y tu pensamiento se centra en la solución, hasta el mayor de tus problemas te resulta emocionante, porque te da la oportunidad de resolverlo.

Cuando tu pensamiento se centra en la solución y surge un problema, mantendrás la calma y hallarás una solución sin experimentar demasiado estrés. Esto es algo que puedes lograr si realizas algunos ajustes en tu rutina diaria.

A continuación, compartiré contigo algunos de los hábitos mentales que más me gustan y que suelo utilizar para cambiar mi forma de pensar, pasando de centrarme en los problemas a centrarme en las soluciones. Si los practicas con regularidad, te ayudarán a aprovechar al máximo el proceso de crear con confort. ¡Tu sistema nervioso también te lo agradecerá!

Cinco hábitos mentales que te ayudarán a pensar centrándote en la solución

1. **Usa afirmaciones positivas:** si no estás acostumbrado a crear y recitar afirmaciones positivas intencionalmente, lo más probable es que tu subconsciente se esté alimentando de autosugerencias negativas. Si usas frases como «No sé hacer esto», «Esto es muy difícil», «Estoy cansado», «Esto no sirve de nada» o «Estoy pasando por un mal momento», eso quiere decir que te centras en los problemas. Al crear tus propias afirmaciones y repetirlas a diario, puedes cambiar esta situación drásticamente, ya que tu mente volverá a un estado de paz interior y confianza. Aquí tienes algunas afirmaciones que puedes decirte a ti mismo cuando te enfrentes a un problema. Verás lo fácil y sencillo que es esto una vez que te hayas acostumbrado. Mis preferidas son: «Todo siempre se resuelve a mi favor, sé que esto tiene solución y que será lo mejor para mí» y «Cuanto más me relaje, más fácil me resultará encontrar soluciones». Repite esas afirmaciones o las que tú crees hasta que te sientas en paz.

También puedes grabarlas y escucharlas mientras te duchas o sales a caminar. Creo que, cuando haces algo placentero, las soluciones te encuentran.

2. **Celebra tus logros diarios:** deja a un lado el problema y concéntrate en tus logros. Instintivamente, tendemos a obsesionarnos con cada problema que aparece. Sin embargo, cuanto más nos obsesionamos con un problema, más difícil es encontrar una solución. Cuando te enfrentes a un problema que no puedes resolver, trata de dejarlo a un lado durante un rato. Y haz un esfuerzo por enfocarte en aquellas áreas de tu vida en las que las cosas están funcionando bien. Dirige tu atención hacia tus logros, incluso si no están relacionados con el problema que has dejado a un lado. Cuanto más te concentres en celebrar tus logros, más te adentrarás en tu zona de confort. Y, una vez que estés allí, la solución aparecerá frente a tus ojos.

- *Siente* **la solución:** imagínate a ti mismo en algún futuro cercano en el que hayas resuelto un problema a la perfección. De hecho, las cosas no podrían haber salido mejor. ¡Estás eufórico! ¡Ha sido todo un éxito! Tómate un momento y escribe cómo te sientes. Emociónate, porque, cuanto más lo hagas, mejor será el resultado. Te lo prometo. Una de las razones por las cuales la gente no ve resultados es porque visualiza sin sentimiento. Concéntrate en mente y alma. Cuando escribas, hazlo en tiempo pasado, como si ya hubieras resuelto el problema al que te estás enfrentando. Crear el sentimiento de haberlo resuelto te ayudará a volver a tu zona de confort, donde encontrarás seguridad y confianza. Desde allí, tu cerebro podrá pensar con creatividad y hacer las conexiones adecuadas para encontrar la solución que estás buscando.

- **Nutre tu cuerpo:** tu cuerpo y tu mente tienen una relación sumamente importante. Es difícil sostener hábitos mentales positivos si tu cuerpo no está bien nutrido. Por eso es importante alimentar tu cuerpo con los alimentos adecuados y hacer actividad física con regularidad. Esto no solo energizará tu cuerpo, sino que también nutrirá tu mente. Cuanto mejor nutras tu cuerpo, más soluciones atraerás y más fluirá tu creatividad. Sinceramente, a veces parece no tener límites. Se me ocurren más soluciones e ideas que las horas que tiene el día, sin exagerar.

- **Registra tu estado mental:** utiliza un diario o cuaderno para llevar un registro de tu estado de ánimo diario, niveles de estrés, horas de sueño, consumo de agua y otros indicadores de tu estado mental. Asigna una calificación del 1 al 10 a cada área de tu día. He descubierto que, aunque esta tarea puede resultar un poco tediosa, me permite reflexionar y realizar comparaciones sorprendentes sobre mis hábitos y mentalidad. Ser consciente de tu estado mental te ayuda a cambiar el enfoque, tener una visión más clara de tu situación, mostrar compasión hacia ti mismo en los días difíciles y encontrar las soluciones que están a tu alcance. A veces, la razón de tu mala racha no se debe únicamente a tu mentalidad, sino también a la falta de hábitos físicos que limitan tu capacidad de razonar o encontrar soluciones creativas. En mi libro, *3 Minute Positivity Journal* (El diario de positividad de 3 minutos), incluyo algunos espacios para que registres los hábitos que afectan a tu mentalidad y a tu capacidad de ser optimista y encontrar soluciones.

EJERCICIO DE LA ZONA DE CONFORT N.° 21
Revisa tus pensamientos

Observa tu mapa de visualización de la zona de confort e identifica un elemento que ahora esté fuera de tu zona de confort. En tu diario, responde las siguientes preguntas:

- Analiza tus pensamientos sobre ese tema con sinceridad. ¿Crees que puedes tenerlo? ¿O tienes alguna duda al respecto? Cuando hablas con tus amigos acerca de este deseo,

¿lo haces con confianza o con vergüenza? ¿Tus palabras son positivas o negativas?

- ¿Qué afirmaciones positivas puedes usar para acercarte más a este objetivo?
- ¿Qué logros has experimentado hasta ahora que te están acercando a este objetivo?
- Imagina que ya has alcanzado tu objetivo. ¿Cómo te sientes? ¿Cómo te sentiste al obtener lo que quieres? ¿Cómo fue ese momento de éxito?

LA MEDITACIÓN COMO UNA FORMA DE ENTRENAR LA MENTE

La meditación fue uno de los hábitos mentales que más repercutió en mí durante mi proceso de cambio hacia una forma de pensar más centrada en las soluciones. Es una práctica de gran importancia y efectividad, así que profundizaré en ella. Ojalá te inspire para incluir la meditación en tu rutina diaria, ya que puedo asegurarte que esta sencilla práctica ancestral transformará tu vida de manera sorprendente y placentera.

¿Alguna vez has intentado meditar? Es probable que lo hayas hecho de una u otra forma. Incluso algo tan simple como contemplar las estrellas puede considerarse una forma de meditación. Pero, más específicamente, ¿has probado a establecer una rutina constante de meditación? Es una de las herramientas más transformadoras para nuestra salud mental, física y espiritual. Es un enfoque holístico que promueve el bienestar y la expansión.

De acuerdo a investigaciones realizadas por el Centro Nacional de Salud Complementaria e Integral, se ha demostrado que dedicar tan solo diez minutos diarios a la meditación no solo mejora de manera significativa nuestro estado mental y nuestra calidad de vida, sino que también genera cambios positivos a nivel fisiológico y celular en nuestro cuerpo. Por ejemplo, meditar con regularidad puede aumentar el espesor cortical y la materia gris en el cerebro y al mismo tiempo reducir el tamaño de la amígdala, el centro del estrés en el cerebro. Este descubrimiento se alinea con otros estudios que demuestran que las personas que meditan tienden a resolver problemas y establecer conexiones con mayor facilidad y, además, son menos susceptibles a sufrir estrés y ansiedad. No es de extrañar que cada vez más médicos sugieran a sus pacientes incorporar la meditación como parte de sus estrategias de prevención, tratamiento y bienestar en general.

Si ya eres una persona que medita, te felicito por brindarte ese regalo. Si eres una de las millones de personas que desean meditar pero no saben por dónde empezar, quiero compartir contigo algunos consejos que me han ayudado a incorporar la meditación a mi vida diaria.

Básicamente, la meditación es una herramienta que nos ayuda a entrenar nuestra capacidad de concentración. En qué elijas enfocarte durante la meditación no es lo más importante. No hay algo mejor o peor. Lo que realmente importa es que elijas *algo* en lo que puedas concentrarte y así tener control sobre tu mente.

Por ejemplo, digamos que elijo concentrarme en mi respiración. Me siento, cierro los ojos y comienzo a observar cómo inhalo y exhalo.

Mientras estoy en silencio, concentrada en mi respiración, es inevitable que surjan pensamientos. Empiezo a pensar en qué voy a cocinar para la cena y en si tengo los ingredientes necesarios. Luego, como estoy en medio de la meditación, de repente me doy cuenta de que he olvidado concentrarme en mi respiración y he empezado a pensar en comida.

En ese momento, tomo una decisión muy importante: elijo soltar el pensamiento de la cena. Cuando me doy cuenta, me digo a mí misma: «Me ocuparé de eso cuando termine mi meditación» y vuelvo a dirigir mi atención a mi respiración. Si repito este proceso varias veces durante la meditación, fortalezco la capacidad de mi cerebro para tomar conciencia de sus pensamientos y cambiarlos de manera deliberada y con facilidad.

Cuando meditas con regularidad, desarrollas la capacidad de identificar los pensamientos que no están en sintonía con la vida que deseas crear y transformarlos en pensamientos que sí lo están. Poco a poco, adquieres la habilidad de reemplazar los pensamientos centrados en los problemas por aquellos centrados en las soluciones de forma casi instantánea. Además, te permite separar tu identidad de tus pensamientos. Ya que tus pensamientos influyen en tus emociones y acciones, si los cambias también podrás cambiar tus respuestas emocionales ante las circunstancias de tu vida. En este proceso, la inspiración juega un papel fundamental al orientar y guiar tus acciones. En resumen, la meditación te da el poder de controlar tu vida porque te da el poder de controlar tus pensamientos.

EJERCICIO DE LA ZONA DE CONFORT N.° 22
Meditar

Durante la próxima semana, dedica al menos diez minutos diarios a meditar. Este fue el objetivo que me fijé cuando empecé, y, a medida que fui disfrutando más y más de la práctica, incluso comencé a extender las sesiones. Por ahora, es importante comenzar de forma gradual. Tu meta principal es ser constante.

Durante la meditación, la premisa es sencilla: debes enfocar tu atención en algo de tu elección. Puede ser el zumbido del aire acondicionado, música suave para meditar, la sensación de tu respiración entrando y saliendo por tus fosas nasales, la voz de la persona que te guía durante la meditación o el suave sonido de un arroyo. La idea es que el objeto de enfoque sea constante y que no tenga características específicas. Así evitas que te genere pensamientos o emociones. Por ejemplo, no es recomendable escuchar un audiolibro mientras meditas.

Luego, configura un temporizador, cierra los ojos y concentra tu mente en el sonido o la sensación elegida. Cuando tu mente divague, como seguramente sucederá, simplemente deja ir el pensamiento y regresa al punto de enfoque.

Para asegurarte de que lo logras, asocia la meditación con alguna actividad que ya realices a diario. Por ejemplo, antes de encender tu ordenador por la mañana, puedes meditar al sentarte en tu escritorio. O puedes reservar unos minutos de meditación antes de comenzar a leer el libro que tienes en tus manos cuando te acuestas por la noche. Si estás empezando a desarrollar este hábito, prueba con meditaciones guiadas.

Lo que has logrado

Cuando modificas tus hábitos mentales, puedes mantener el control de tus pensamientos con facilidad, lo cual tiene un impacto significativo en la calidad de tu vida. En este sentido, la calidad es fundamental. Queremos una vida con menos estrés, más soluciones y más facilidad. La mayoría de las personas no se dan cuenta de que se concentran en el problema y de que, en consecuencia, crean una vida errática, impredecible y, a menudo, desagradable. Se sienten estancados o poco productivos.

Sin embargo, puedes cambiar tu forma de pensar y dejar de concentrarte en los problemas para empezar a concentrarte en las soluciones gracias a tus hábitos. Espero que te comprometas a incorporar algunos de los hábitos mentales que hemos mencionado en este capítulo en tu rutina diaria. Si has hecho esa promesa contigo mismo, compártela con el mundo a través de tus historias en Instagram o tus redes sociales. ¡No olvides etiquetarme!

Ahora que entiendes la importancia de cuidar tus hábitos mentales, quiero hablar sobre la importancia de las relaciones. No solo de aquellas que son agradables, sino de las que son difíciles, dolorosas y casi imposibles de perdonar. Quiero ofrecerte una nueva perspectiva que te permitirá quedarte en tu zona de confort independientemente de las personas que te rodeen.

Capítulo 18

EL PODER DE TODAS LAS RELACIONES

Una vez escuché a un amigo terapeuta decir que elegimos como pareja a aquellas personas que pueden ayudarnos a identificar y sanar nuestras heridas más profundas.

—¿Y qué pasa con una pareja que es abusiva? —preguntó otra persona al escuchar esto—. ¿Y si te engaña?

—Aun así, estaría ayudándote a identificar tus heridas —respondió mi amigo terapeuta.

—Pero ¿cómo me *ayudaría* a sanar?

—Porque, una vez que sabes cuáles son esas heridas, puedes empezar a hacer algo al respecto. Puedes empezar a entenderlas, perdonarlas y, por último, dejarlas ir.

Aunque el ejemplo sobre el abuso es un caso extremo, las relaciones nos ofrecen la mejor oportunidad para crecer.

Nuestras relaciones con amigos, familiares, compañeros de trabajo, cónyuges, hijos o vecinos, entre otros, componen los detalles de nuestra vida. Toda persona que se cruza en tu camino puede mostrarte algo acerca de ti mismo. Gracias a estas relaciones externas puedes conocerte a ti mismo, tus preferencias, tus fortalezas y tus debilidades. Esto se debe a que la forma en que te relacionas con los demás tiene la capacidad de mostrarte tal como eres y cómo te presentas en un momento determinado. Cuando estás dispuesto a mirar hacia adentro y observarte mientras interactúas con los demás, accedes a un mundo de información vital y transformadora que te ayudará a convertirte en una versión renovada y expandida de ti mismo.

También puedes relacionarte con celebridades, figuras históricas y pensadores a partir de libros, artículos, pódcast, canciones, programas de televisión, películas y otros medios. Estas relaciones, aunque son unilaterales, pueden enseñarte mucho de ti mismo.

Incluso puedes relacionarte con familiares o amigos que ya no están vivos, o con conceptos que están más allá de la comprensión lógica, como Dios, los ángeles y el Universo, si abres tu corazón y te conectas con estas energías intangibles.

Todas las relaciones, ya sean internas, externas, unilaterales o con seres intangibles, ofrecen oportunidades de crecimiento. Si estás dispuesto a mirar hacia adentro con honestidad y dejar de lado la crítica, podrás identificar los comportamientos, los pensamientos y hábitos que has permitido que arraiguen en ti, y, si no te están funcionando, podrás hacer una limpieza de tu hogar interno y crear un entorno que fomente la paz interior y te permita expresarte con alegría.

En este capítulo, quiero ahondar en las relaciones externas que tenemos con las personas que comparten mucho tiempo con nosotros, porque, si no eres consciente de cómo te muestras en tus relaciones externas, puede ser muy fácil usarlas como excusa para salir de tu zona de confort.

Si te involucras activamente en el proceso de crear con confort, tus relaciones cambiarán porque *tú* cambiarás. A medida que te familiarices y te aceptes a ti mismo, te convertirás cada vez más en tu verdadero ser. Empiezas a desprenderte de las creencias falsas, los patrones de pensamiento y los hábitos que has acumulado. Estás cambiando, pero es un cambio positivo, porque te estás transformando en tu yo expandido. En consecuencia, algunas de tus relaciones se alejarán, otras se fortalecerán y nuevas relaciones surgirán. Todo es parte del proceso natural. Cuando eres consciente de lo que sucede, puedes transitar estos cambios en tus relaciones sin oponer resistencia, sentirte culpable o aferrarte a ellas.

Lo cierto es que, cuando te alejas de una relación, puede reaparecer en algún momento de tu vida. Cuando pasaba la mayor parte de mi tiempo en la zona de supervivencia, todos mis amigos estaban en la misma situación. Éramos jóvenes emprendedores con un objetivo y estábamos dispuestos a trabajar arduamente para hacer realidad nuestros sueños. Cuando cambié de perspectiva y decidí vivir en mi zona de confort, me alejé de muchas de esas relaciones. A algunas personas les molestó mi decisión de dejar de trabajar tanto como ellos. Incluso hubo quien intentó convencerme de que debía tomar más clases y hacer más cosas. Otros sintieron que mi decisión de vivir en mi zona de confort era un ataque a nuestra amistad, mientras que algunos simplemente perdieron interés en lo que hacía porque pensaron que ya no tenía ambición. Con el paso de los años, muchos de esos amigos volvieron a formar parte de mi círculo, a menudo después de experimentar su propio agotamiento y buscar una vida más placentera. Algunos se convirtieron en mis *aliados de la zona de confort*.

Tus aliados de la zona de confort son aquellos que están dispuestos a acompañarte en este camino. Entienden que la vida no está hecha para sufrirla, sino que, por el contrario, está hecha para disfrutarla. Deberías sentirte seguro al asumir riesgos, confiar en tus habilidades, entusiasmarte por tus ideas y tener confianza en la inteligencia espiritual que guía tu vida. Cuando exploras el mundo que te rodea, deberías sentirte como un bebé que sabe que sus padres están a solo unos metros de distancia mientras explora el patio de juegos, y no como una persona que intenta esquiar cuesta abajo en una montaña por primera vez.

Imagina un tren que avanza en una dirección, pero, al hacerlo, se aleja de su destino deseado. Cuando vivías en tu zona de supervivencia y te guiabas por las reglas del mundo al revés, tu tren se dirigía en la dirección equivocada. Ahora, al vivir en tu zona de confort, tienes la oportunidad de detener ese tren y corregir su rumbo para dirigirlo hacia las experiencias que realmente deseas vivir. Al hacerlo, es normal que algunas personas decidan bajarse del tren y que otras se suban. Tienes que dejar que suceda y confiar en el proceso. Quédate en tu zona de confort y deja que el tren se dirija hacia tus sueños. Si estás decidido a crear desde tu zona de confort y quieres conectarte con otras personas que piensen igual, he creado un grupo especialmente para ti. Visita el sitio <www.thecomfortzonebook.com/resources> y únete.

LA LUZ Y LA OSCURIDAD DE LAS CONEXIONES

Conectamos con las personas que nos rodean tanto a nivel del dolor (nuestra oscuridad) como del poder (nuestra luz). Todos habitamos la luz y la oscuridad. Y no lo digo como una crítica. Tu oscuridad no es la parte *mala* o *equivocada* de ti. Es simplemente la parte que alberga el dolor, el miedo y el rechazo hacia ti mismo y hacia los demás. Es la parte de ti que puede lastimar a los demás cuando tú mismo te sientes herido, y que experimenta dolor, soledad y confusión cuando te alejas de tu zona de confort y niegas tu verdadero ser.

Tu luz siempre está presente, aunque no la sientas en todo momento. Es la parte de ti que reconoce tu poder, tu belleza y tu valor. Por eso, desde que creamos la comunidad de *Power of Positivity*, hemos mantenido nuestro lema: «Cada día es una nueva oportunidad para brillar. ¡Brilla con todo tu esplendor!». Sí, sabemos que no todos los días son perfectos, pero siempre hay una oportunidad para mantener encendida tu luz y brillar. Tu luz no debería apagarse debido a las circunstancias externas.

Cuando te encuentras en la luz, no es que de repente te hayas vuelto «bueno», sino que simplemente has recordado tu verdadera naturaleza, tu valor y tu poder. A medida que pasas más tiempo dentro de tu zona de confort, naturalmente comienzas a vivir más en la luz. Esto se debe a que el valor, la confianza y el amor propio son el resultado de vivir en tu zona de confort.

Piénsalo como si fuera un interruptor de la luz que se enciende o se apaga. Cuando te encuentras en la luz, la habitación en la que estás se ilumina. Puedes ver con claridad que todo lo que necesitas para crear lo que deseas está justo frente a ti. Puedes percibir que todo lo que te rodea está claramente hecho para ti, que todo te pertenece y que eres digno de tenerlo todo. Pero luego, cuando la luz se apaga, te encuentras en la más completa oscuridad, no puedes ver ni siquiera lo que está a unos centímetros de ti. ¿La habitación ha desaparecido? ¿Han desaparecido todas esas herramientas que eran tuyas hace un momento? ¿De repente consideras que no mereces nada porque no puedes verlo? ¿Sientes que estás solo y que nadie te ama?

Sí, sabemos que no todos los días son perfectos,
pero siempre hay una oportunidad para mantener
encendida tu luz y brillar.

Una parte muy importante de vivir y prosperar en tu zona de confort es comprender la diferencia entre conectar con los demás desde tu oscuridad o desde tu luz. Cuando conectas con alguien desde el dolor, tu relación con esa persona puede volverse volátil y errática o convertirse en un detonante. Al principio, puede resultar reconfortante haber encontrado a alguien cuyo dolor refleje o complemente el tuyo. Juntos, formáis una alianza contra un mundo peligroso y confuso que os ha causado daño. Sin embargo, este tipo de alianzas suelen desembocar en más dolor.

RELACIONES SOMBRÍAS Y LUMINOSAS

Luminosas   Sombrías

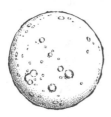 

A las relaciones interpersonales en las que nos conectamos desde la oscuridad las llamo *relaciones sombrías* y a aquellas en las que nos conectamos desde la luz, *relaciones luminosas*.

Las relaciones sombrías pueden sentirse un poco oscuras. En su forma más extrema, estas relaciones pueden ser exigentes, emocionalmente agotadoras y, a veces, hacerte enfadar. Este tipo de relaciones me han hecho sentir impotente, sola e insegura. Pero no todas las relaciones sombrías son así. A veces pueden ser reconfortantes o seguras, porque en ellas encuentras la compañía de alguien que entiende tu dolor, alimenta tu impotencia y refuerza tus creencias sobre ti mismo y sobre el mundo. Cuando estás en una relación sombría, a menudo te enfocas más en tus defectos que en tus fortalezas. Pasas la mayor parte del tiempo quejándote de tu dolor en vez de barajar posibilidades y soluciones. Te encuentras enredado en patrones destructivos que generan frustración y enojo al no poder escapar de ellos. Puedes sentirte sensible o alterado en lugar de sentirte centrado y equilibrado.

Por otro lado, cuando conectas desde la luz, tienes la oportunidad de crear relaciones luminosas. Estas relaciones nacen de tu autenticidad, de quien realmente eres independientemente de lo que esté sucediendo en tu vida. Por eso la persona con la que te relaciones también será auténtica. Esta autenticidad y confianza en tus propias fortalezas te permite establecer una conexión desde ese sitio, lo cual da lugar a una relación en la que te sientes visto, amado y seguro.

Es importante destacar que podemos conectar con los demás desde nuestra luz o desde nuestra oscuridad, tanto desde dentro como desde fuera de nuestra zona de confort. Sin embargo, cuando vives principalmente dentro de tu zona de confort, naturalmente comienzas a tener más relaciones luminosas. Dentro de tu zona de confort, puedes vivir y actuar desde tu poder, donde te sientes seguro, satisfecho y en paz, y eso te permite encontrar esas mismas cualidades en la otra persona.

Cuando vivimos constantemente fuera de nuestra zona de confort, donde nos sentimos perdidos, confundidos, solos y temerosos, la mayoría de nuestras relaciones tienden a volverse sombrías. Esto se debe a que, fuera de tu zona de confort, casi todas tus relaciones, por no decir todas, se fundamentan en tus miedos, inseguridades y dolor. Cuando te unes a otras personas en contra de algo, cuando tus amistades se centran en lo que no te gusta de los demás o del mundo, cuando te encuentras diciendo o haciendo cosas de las que luego te arrepientes, estás en situaciones en las que conectas desde tu oscuridad.

Imagina a las personas con las que tienes relaciones luminosas como seres luminosos y a aquellas con las que tienes relaciones sombrías como seres sombríos.

Claro que no somos seres estáticos y, por tanto, nuestras relaciones tampoco lo son. Podemos conectar tanto desde la luz como desde la oscuridad con las mismas personas en diferentes momentos de nuestra vida. Es decir, que un día puedes ser tanto una persona luminosa como una persona sombría, conectar con seres luminosos o sombríos e inevitablemente involucrarte en relaciones luminosas o sombrías. La clave está en ser coherente con quién eres.

También es importante comprender que ambos tipos de relaciones nos ayudan a crecer como individuos y tienen el poder de sanarnos de tal manera que nunca volvamos a ser los mismos. Así que, independientemente de si conectas desde la luz o desde la oscuridad, es importante valorar estas conexiones y aprender de las lecciones que nos brindan.

9 cosas que suceden en las relaciones dentro de la zona de confort

Cuando comiences a vivir de manera consciente dentro de tu zona de confort, observarás que se producen cambios significativos en tus relaciones. Aquí tienes algunos de los cambios que he experimentado y que también tú podrías experimentar:

1. De manera natural, te sentirás atraído hacia personas luminosas, participarás en interacciones más luminosas y establecerás más relaciones luminosas.
2. Cuando te encuentres con personas sombrías o te veas inmerso en relaciones sombrías, establecerás límites más claros y no tenderás a involucrarte en el dolor, ya sea el tuyo o el suyo.
3. Cuando te encuentres en tu propia oscuridad, darás menos importancia a tus historias dolorosas. En cambio, priorizarás sentirte mejor para poder volver a conectar con tu propia luz interna.
4. Tus relaciones y encuentros sombríos se volverán más breves a medida que empieces a priorizar sentirte mejor.
5. Tu paciencia para mantener pensamientos e interacciones que te encadenan a patrones de pensamiento o emociones negativas comenzará a desvanecerse.
6. A medida que avances en tu proceso de sanación, comenzarás a apreciar y valorar a las personas sombrías en tu vida, ya que

te das cuenta de que tienen la capacidad de mostrarte las áreas desordenadas en tu interior a las que aún te aferras. Los seres sombríos, más que cualquier otro grupo de personas, reflejan nuestras creencias limitantes y nuestras heridas para que podamos corregir nuestros pensamientos y sanar los traumas del pasado.

7. Empezarás a perder interés en el chisme y el cotilleo, la autocrítica, las ideas negativas y el dolor y la frustración constantes. En cambio, sentirás mayor interés por explorar soluciones e ideas que te entusiasman.

8. Empezarás a identificar y a apreciar a los seres luminosos de tu vida, aquellas personas que te inspiran y motivan con su apoyo. Puedes proponer a estas personas una relación de mentoría, en la que debatáis ideas que os ayuden a crecer.

9. Cuantos más seres luminosos haya en tu vida, más saludable serás y más alto vibrarás.

A medida que tomes consciencia de la naturaleza de tus relaciones, es importante que puedas reconocer que se necesitan dos personas para crear una conexión luminosa o sombría. Esto significa que, si te encuentras en una relación sombría, es porque ambas partes participais en ella. Un ser sombrío no puede obligarte a tener una relación con él sin tu consentimiento.

Es necesario abrazar la oscuridad para que la luz pueda brillar

Tengo una amiga que, cuando estaba soltera y tenía citas, a cada persona con la que salía le preguntaba por qué había terminado su relación anterior. Siempre desconfiaba de los hombres que se quejaban de las terribles cualidades de sus exnovias y las llamaban «controladoras» o «locas». Ellos mencionaban lo mucho que discutían con ellas debido a su inseguridad, tendencias violentas o comportamiento temeroso, y cómo al final tuvieron que escapar de esa relación porque se cansaron.

Mi amiga me contaba que, mientras los escuchaba, era completamente consciente de que, independientemente del comportamiento de las exparejas, ellos habían aceptado tener esa relación. Ellos también se habían mostrado desde su oscuridad y habían conectado desde su dolor y, como resultado, tenían una relación que era dolorosa para los dos. Las primeras citas con este tipo de personas nunca llevaban a una segunda cita, porque mi amiga era sensata y sabía que estas posibles parejas todavía estaban aferradas a su dolor e ira. Cuidaba mucho su energía y no le interesaba involucrarse en una relación sombría.

A menudo, las personas que se quedan atrapadas en relaciones sombrías, al igual que muchas de las citas de mi amiga, no pueden comprender las lecciones que les ofrecen las relaciones. Es muy fácil echarle la culpa a la otra persona en lugar de asumir la responsabilidad de nuestras propias elecciones. En lugar de mirar hacia dentro para aprender de esa relación y sanar el dolor que la causó, muchas personas optan por quedarse en relaciones difíciles o tóxicas por culpa, vergüenza, inseguridad o miedo. Sabotean su propio éxito o felicidad utilizando a su pareja sombría como excusa. Nos volvemos tóxicos con nosotros mismos cuando mantenemos este tipo de relaciones y, cuanto más dolorosas sean nuestras acciones, más difícil será romper el patrón de dolor.

Cuando nos adentramos en estas relaciones destructivas, es importante entender que nosotros también somos seres oscuros. No se trata solamente de la otra persona. Es fácil caer en el dolor y la oscuridad que llevas dentro. En lugar de juzgarte, culparte o avergonzarte por haberte adentrado en la oscuridad, puedes liberarte de la culpa, la vergüenza y el miedo, y regresar a tu zona de confort, donde puedes encontrar comodidad, confianza, tranquilidad y paz.

Los seres oscuros llegan a nuestra vida por un motivo, pero, si fuera posible, sería mejor que solo se quedaran por un tiempo. Esto también aplica para nosotros mismos. Puede que te adentres en tu propia oscuridad de vez en cuando, pero no tienes por qué quedarte allí.

EJERCICIO DE LA ZONA DE CONFORT N.° 23
Relaciones sombrías + luminosas

Aunque las relaciones luminosas pueden ser hermosas, son las relaciones sombrías las que te permiten reflejar y liberar las partes negativas de ti que necesitan atención o sanación. También te ayudan a comprender lo que no deseas para que puedas saber con claridad qué es lo que sí deseas. Este ejercicio te ayudará a extraer lecciones de las relaciones sombrías, incluso de las más difíciles.

Seres sombríos

1. Piensa en alguien con quien tengas una relación particularmente difícil; una persona que te enoja, te desafía o te perturba.
   - ¿Qué hace que esta relación sea tan complicada?
   - ¿Qué es lo que más te frustra sobre esta persona o relación?
   - Sé completamente honesto contigo mismo y escribe sobre alguna vez que tú también hayas tenido este tipo de comportamiento que no te gusta. ¿Te sentiste justificado cuando te comportaste así?

2. Ponte en el lugar del ser sombrío que te hace enojar y te frustra, y responde estas preguntas desde su perspectiva:
   - ¿Qué intento lograr con mi comportamiento?
   - ¿Cómo me siento cuando actúo de manera hiriente?
   - ¿Qué más puedo hacer para obtener los resultados que quiero?
   - Si me comporto distinto, ¿también me escucharán?
   - ¿Qué puedo decir o hacer para comunicar mis necesidades con mayor claridad?

3. Reflexiona un poco más:
   - ¿Sientes compasión por esta persona?
   - ¿Qué has aprendido de esta relación?

- ¿Qué aspectos de ti mismo no habrías descubierto si esta relación no hubiera estado presente en tu vida?
- ¿Qué logros o momentos de satisfacción no habrías alcanzado si esta relación no hubiera existido?
- ¿Te sientes agradecido de tener esta relación sombría en tu vida?

Seres luminosos

Ahora, concentrémonos en los seres luminosos de tu vida. Este ejercicio te ayudará a extraer la inspiración y la influencia positiva de tus relaciones luminosas para que puedas llevarlas contigo y compartirlas con otros.

1. Piensa en alguien con quien tengas una relación positiva y significativa, una persona que te hace sentir bien, te inspira, cuya amistad fluye sin esfuerzo y/o te ha ayudado a crecer para luego convertirte en una mejor versión de ti mismo.
   - ¿Qué hace que esta relación sea tan armoniosa y hermosa?
   - ¿Qué es lo que más te inspira de esta persona?
   - Piensa y escribe sobre un momento en el que te comportaste con otros de forma parecida a esta persona. ¿Cómo te hizo sentir? ¿Cómo puedes hacerlo con más frecuencia?

2. Ponte en el lugar de la persona luminosa que te influye de manera positiva y responde a las siguientes preguntas desde su perspectiva:
   - ¿Qué es lo más importante en la vida?
   - ¿Qué tipo de relaciones son las que más valoro?
   - ¿Cuáles son las cualidades que más valoro en un amigo/a? ¿Y en una pareja?
   - ¿Cómo mantengo una actitud positiva y motivadora?
   - ¿Cómo hago sentir a mis amigos y seres queridos? ¿Por qué los trato de esta manera?
   - ¿Cómo me comporto con los desconocidos? ¿Y por qué me comporto de esta manera con ellos?

3. Reflexiona un poco más:

- ¿Cuáles son las cualidades que más valoro de esta persona?
- ¿Qué has aprendido de esta relación que te gustaría incorporar como parte de tu identidad?
- ¿Qué aspectos de ti mismo no habrías descubierto si esta relación no hubiera estado presente en tu vida?
- ¿Qué logros o momentos de satisfacción no habrías alcanzado si esta relación no hubiera existido?
- ¿Cómo puedes reflejar estos comportamientos luminosos hacia otras personas en tu vida?

TRANSFORMA A TUS COMPETIDORES EN MOTIVADORES

Otro tipo de relaciones que experimentas en tu vida son aquellas que no son tan íntimas ni personales. Estas relaciones suelen ser con personas que encuentras en el ámbito deportivo o empresarial, o en áreas de la vida que son más sociales que personales. En este tipo de relaciones, la tendencia a competir puede ser perjudicial para todos los involucrados.

A muy temprana edad nos enseñan que algunas personas pierden y otras personas ganan. Aprendemos que, para que nosotros ganemos, nuestros amigos tienen que perder. Para que nuestro equipo gane, el equipo rival debe perder. Nos enseñan que hay un solo ganador, pero varios perdedores. Tendemos a pensar en el ganador como *el mejor*, y suponemos que si alguien es *el mejor*, entonces alguien debe de ser *el peor*.

En la sociedad actual, hemos construido un sistema de organización basado en la comparación y somos nosotros quienes asignamos valores. Creamos pruebas para comparar nuestras habilidades con las de los demás, y utilizamos los resultados de estas pruebas para crear jerarquías sociales que nos ayuden a determinar quién es más inteligente, quién resuelve problemas más rápido, quién memoriza más palabras, quién es más atlético, musical, científico, importante, aceptable y exitoso.

Porque creemos que perder es vergonzoso, optamos por no formar parte del grupo de los perdedores. Nos han inculcado que la única manera de ganar es alejándonos de nuestra autenticidad, lo cual nos lleva a hacer cosas que nos generan incomodidad e inseguridad. Nos enseñan que, si estamos dispuestos a enfrentar la incomodidad, vivir en la adversidad y luchar por nuestra vida, entonces podremos alcanzar el éxito.

Nos comparamos con los demás porque es lo que nos han enseñado desde pequeños, pero también porque el mundo nos hace sentir la necesidad de saber dónde nos ubicamos en relación con los demás. Esto es especialmente cierto en la era de las redes sociales, donde el juego de comparaciones nos sumerge en un ciclo interminable en el que nos sentimos insuficientes.

Es fácil caer en este patrón de pensamiento y, como resultado, adoptar un estilo de vida competitivo. Pasamos la vida luchando, sintiendo incomodidad y esforzándonos por superar a los demás. Lamentablemente, vivir fuera de nuestra zona de confort no garantiza automáticamente el éxito. Tu deseo, tu voluntad y tu disciplina pueden brindarte momentos de gloria, pero también garantizan una vida llena de trabajo duro, miedo, estrés y, muchas veces, arrepentimiento. Al buscar experiencias que ponen en riesgo tu seguridad, puedes generar traumas que empeoren con el paso de los años y comprometan tu salud física, mental y espiritual, sin mencionar la salud de tus relaciones. Tus esfuerzos por sobresalir pueden costarte caros si constantemente te obligas a salir de tu zona de confort.

¿Eso quiere decir que toda competencia es dañina?

Podrías haber llegado a esta conclusión basándote en tus experiencias con la competencia debido a la forma en que te criaron, pero la competencia también tiene otras lecciones para ofrecer. La competencia puede ser algo maravilloso, pero para aprovecharla al máximo debes afrontarla desde tu zona de confort.

Quizás la competencia sea una de las formas más estimulantes de expandir tu zona de confort. Sin embargo, también es una de las formas más sencillas de ser expulsado de tu zona de confort o de quedarte atrapado allí. La competencia puede tener diferentes significados o consecuencias para cada persona. Si bien algunas personas pueden prosperar en el ambiente competitivo, otras se cierran y se esconden.

He notado que, cuando me encuentro dentro de mi zona de confort, la competencia puede resultarme inspiradora y, además, me ayuda a descubrir nuevas posibilidades y a explorar en profundidad mis propias habilidades. Sin embargo, si estás fuera de tu zona de confort, la competencia puede percibirse como una amenaza. Puede llevarme a adoptar una actitud defensiva, a sentirme frenética y llena de temores.

Disparadores emocionales de la competencia

Si no estás seguro de si te encuentras dentro o fuera de tu zona de confort con respecto a la competencia, aquí tienes algunos indicadores. Sabes que estás fuera de tu zona de confort si el éxito de los demás:

- Te hace sentir mal contigo mismo y con tus habilidades.
- Te lleva a cuestionarte y dudar de ti mismo y tus habilidades.
- Te hace pensar: «¿Por qué ellos y no yo? Yo tengo mucho más talento», etc.
- Te provoca envidia.
- Te desanima.
- Te hace sentir inseguro, enojado o temeroso.
- Te desespera.
- Te lleva a cerrarte emocionalmente.

La competencia puede desencadenar emociones negativas cuando te encuentras fuera de tu zona de confort porque no te sientes seguro, cómodo ni confiado, y sientes que debes luchar por tu vida cada vez que te enfrentas a cualquier tipo de competencia.

Por otro lado, cuando te sientes seguro, cómodo y confías en ti mismo y en tus habilidades, te das cuenta de que, siempre y cuando seas auténtico, el concepto de perder no existe. Al expandir conscientemente mi zona de confort, cada experiencia, relación e interacción me acerca a ser la persona que deseo ser y a tener las experiencias que quiero tener.

Experimenté una gran revolución interna cuando me di cuenta de que nadie tenía que perder para que yo ganara. De hecho, cuanto más ganara yo, más ganarían quienes me rodeaban. Del mismo modo, cuanto más ganaran mis competidores, más podía ganar yo.

Hace algunos años, esta idea me llevó a dejar de usar la palabra *competidores* para referirme a aquellos que estaban construyendo un negocio o una vida similares a la mía. Recuerdo que cuando me asociaba con otras empresas a lo largo de los años y me preguntaban «¿Quiénes son tus cinco principales competidores?», yo les respondía: «Claro, puedo nombrar a mis cinco principales motivadores, no competidores. Estas son las empresas que me inspiran y me encanta lo que hacen». Me río mientras escribo, porque ¿te imaginas sus caras al escuchar esto.? Con el paso de los años, mi equipo se ha acostumbrado a mis ideas innovadoras e incluso disfruta de ellas.

Aquí está la clave: cuando te liberas de la mentalidad de que alguien tiene que ganar a costa de que otro pierda, y te das cuenta de que todos avanzamos y caemos juntos, comprendes algo esencial. Tus competidores no deberían hacerte sentir inseguro o quitarte el éxito, más bien deberías dejar que te impulsen hacia él. Estamos todos juntos en esto. La carrera es una ilusión. Podemos crear y prosperar juntos. Los logros de una persona no anulan los de otra. De hecho, cuantas más personas en tu familia, comunidad, nicho y círculo de amigos experimenten abundancia, éxito, felicidad y crecimiento, más probable es que tú también lo experimentes. Hay suficiente para todos. Cada uno tiene su energía creativa y cada persona es única. ¡Todos podemos tener éxito!

Los motivadores nos permiten detectar posibilidades que a menudo no podemos ver por nosotros mismos. Ellos nos muestran el potencial que llevamos dentro o nos inspiran a explorar nuevas oportunidades o ideas. También nos enseñan que, incluso cuando «perdemos», en realidad hemos ganado, ya que nuestra visión, y por ende nuestra vida, se ha expandido. Ya que no sentimos vergüenza por la derrota, si perdemos, no lo tomamos de manera personal. En lugar de eso, lo vemos como una oportunidad para reconectar con nosotros mismos, mejorar nuestras habilidades, afinar nuestra visión y volver a intentarlo. Esta es la verdad energética detrás del éxito que se vuelve accesible cuando vivimos dentro de la zona de confort: todo está en proceso de volverse más auténtico.

Por eso, para una persona que ya es rica, volverse aún más rica es fácil. Si tienes deudas, es fácil acumular más deudas. Si tienes suerte, con el tiempo tendrás más suerte. Si eres gruñón, te volverás aún más gruñón. Nos transformamos en lo que practicamos. Si permites que los motivadores te inspiren a convertirte en una persona mejor y más creativa, encontrarás aún más motivadores que te seguirán inspirando y ayudando a mejorar en el proceso. ¡Qué hermoso regalo!

EJERCICIO DE LA ZONA DE CONFORT N.° 24
¿Quiénes son tus motivadores?

En tu cuaderno, haz una lista de tus cinco principales motivadores. Para cada persona, haz otra lista de lo que te inspira de ella. ¿Qué emociones experimentas cuando piensas en esta persona? ¿Qué puedes aprender de esta persona? ¿Cómo puedes aplicar lo que aprendes para expandir tu propia zona de confort? Si sientes envidia hacia estas personas, considera lo siguiente: ¿lo que envidias son cualidades que posees pero que bloqueas debido a creencias falsas, vergüenza, culpa o miedo?

¿Te parece acertado? ¿Qué creencias falsas necesitas corregir para abordar el origen de tu envidia?

Lo que has logrado

Bien hecho. Has terminado el capítulo 18. Aunque a veces las relaciones pueden ser difíciles, las disfruto mucho. ¿Y tú?

Además, has completado los tres pasos del proceso de crear con confort, lo que te sitúa al final de la parte II y listo para avanzar a la parte III: «Conviértete en un profesional de la zona de confort».

En este capítulo, has aprendido que conectamos con las personas que nos rodean tanto a nivel del dolor (nuestra oscuridad) como del poder (nuestra luz). En definitiva, todas relaciones nos ofrecen oportunidades para crecer. A través de ellas definimos y redefinimos nuestra identidad, nuestras preferencias y cómo nos mostramos al mundo. Si estamos dispuestos a observar, nuestras relaciones externas pueden revelarnos cómo nos presentamos, qué heridas o creencias están influyendo en nuestras reacciones y qué dolor aún necesitamos sanar.

Además de ayudarnos a identificar y sanar ese dolor, estas relaciones también pueden mostrarnos quiénes podemos llegar a ser cuando vivimos desde nuestro poder. Espero que te hayas sentido identificado con la sección de los seres luminosos y los seres sombríos. Me encantaría saberlo, así que no dudes en contactarme a través de las redes sociales y compartir tus pensamientos. Igualmente, espero que empieces a ver a tus competidores como motivadores y los consideres como una fuente de inspiración.

Como seguramente sabes, me encanta adoptar una perspectiva optimista y cambiar el vocabulario que no contribuye a nuestro objetivo. Espero que estés disfrutando de estos conceptos innovadores. Estoy muy orgullosa de que hayas llegado hasta aquí y espero que tú también estés orgulloso de ti mismo. Ahora, aprendamos sobre cómo convertirnos en profesionales de la zona de confort, ¿te parece?

PARTE III

CONVIÉRTETE EN UN PROFESIONAL DE LA ZONA DE CONFORT

Cuando tus sueños llaman a tu puerta sin que
tengas que partirte la espalda para lograrlos, es
algo realmente importante, porque te demuestra
que estás en sintonía contigo mismo y con tu
propósito en este mundo.

Capítulo 19

ACOSTÚMBRATE AL IMPULSO

Dominar tu zona de confort es clave para vivir la vida que realmente deseas. Te estás enamorando de ti mismo, de tus sueños, tus metas, tu presente y tu futuro. Estoy convencida de que, cuando seas todo un profesional a la hora de ser auténtico y vivas de una forma que te haga feliz, todo fluirá con mayor facilidad. También suceden otras cosas mágicas. Cuando comienzas a priorizar tu comodidad, te sientes seguro. A medida que te sientes más seguro, confías más en ti mismo, en tu vida y en tus habilidades. Con esa confianza, te atreves a experimentar y a expresarte. Cuando te expresas, disfrutas más de la vida y sueñas a lo grande. A medida que empiezas a tener sueños más ambiciosos, te diriges hacia tus deseos. Y, por último, cuando te acercas a lo que deseas, si puedes mantenerte en tu zona de confort, donde te sientes protegido, confiado y feliz, entonces ganas lo que se llama *impulso*.

Ese impulso sucede cuando lo que quieres llega a ti con mayor facilidad y rapidez. Pides algo y de repente lo encuentras a la vuelta de la esquina. Quieres hablar con un amigo y ese amigo te llama por sorpresa. No entiendes cómo funciona algo y, de repente, alguien comienza a explicarlo en un programa de televisión que estás viendo. Le haces una pregunta a alguien y poco después encuentras la respuesta, incluso antes de que te respondan. Necesitas algo concreto y, de repente, alguien te lo trae sin que se lo hayas pedido. Estos acontecimientos que comienzan a sucederte son señales de que estás empezando a dominar tu zona de confort. Estás en el flujo. Vas por el camino correcto.

Por ahora, puedes decir que estos sucesos inexplicables son *coincidencias*. Yo también solía llamarlos así, pero hoy los llamo *sincronicidades*, porque estas situaciones no son simples casualidades. Una sincronicidad puede definirse como la simultaneidad de eventos que guardan una conexión significativa pero que no tienen una relación causal visible. Parecen casi mágicos, pero ocurren cuando vives en tu zona de confort y experimentas la sensación de flujo y facilidad que te brinda el impulso.

CELEBRA EL FLUJO Y LA FACILIDAD

Dentro de tu zona de confort, el impulso puede dirigirse hacia cualquier área de tu vida. Los proyectos se concretan y se terminan más fácilmente que nunca, las relaciones florecen, los conflictos se resuelven por sí solos y las cosas comienzan a funcionar mejor de lo que imaginabas. La vida fluye cada vez más sin tanto esfuerzo ni estrés.

Aunque la acumulación de ese impulso es maravillosa, quizá te sientas un poco tenso al respecto. El impulso puede generar cierto temor, especialmente en el mundo al revés, que valora el avance lento y progresivo hacia metas impulsadas por el esfuerzo, y que desconfía de las bendiciones que llegan de manera fácil y rápida.

Nunca entendí por qué alguien querría restarle mérito a las cosas que llegan con facilidad. Pero eso es algo muy común en el mundo al revés. Cuando algo funciona a nuestro favor, solemos pensar que es «demasiado bueno para ser verdad». Esa mentalidad de «Sin dolor, no hay ganancia» se complementa con la de «Lo que fácil viene, fácil se va». He escuchado a varios padres decirles a sus hijos que, si no trabajan duro para obtener lo que quieren, no lo apreciarán. He escuchado a adultos decir que no valoraban su éxito porque les resultó muy fácil conseguirlo.

Dejemos atrás esas creencias limitantes y celebremos la facilidad, el flujo, la comodidad y la armonía, que son fundamentales para generar impulso. Dejemos de menospreciar el éxito fácil de los demás al llamarlos «afortunados» y dejemos de sentirnos culpables y decir cosas como «No es nada» o «No es para tanto» cuando algo llega a nosotros sin tanto esfuerzo.

Quiero resaltar lo importante que es generar impulso alrededor de tus deseos y cómo eso facilita que lo que deseas llegue con facilidad. Cuando tus sueños llaman a tu puerta sin que tengas que partirte la espalda para lograrlos, es algo realmente *importante*, porque te demuestra que estás en sintonía contigo mismo y con tu propósito en este mundo.

Volvamos por un momento a la analogía de tu zona de confort como tu hogar físico. Imagina sentarte en la casa que construiste y decoraste según tus gustos y preferencias. Mientras te relajas en tu sofá y tomas tu bebida favorita, disfrutando de la seguridad y la tranquilidad de tu hogar, recuerdas un libro que un amigo te había recomendado y que olvidaste comprar. Coges el teléfono y lo compras.

¿Qué haces a continuación? ¿Compras un boleto de avión para ir a la sede de la editorial a buscar el libro que pediste? ¿Sales de tu casa y comienzas a conducir por todas partes hasta encontrar tu libro en alguna tienda al azar? ¿O esperas a que el libro llegue a tu puerta? Esperarás a que el libro te llegue, claro.

Pero cuando se trata de nuestra vida, una vez que decidimos qué queremos y lo pedimos, de repente sentimos la necesidad de abandonar nuestra zona de confort porque nos han hecho creer que lo que queremos nunca llegará a nosotros si nos sentimos cómodos y seguros. Entonces, hacemos algo similar a salir de casa, conducir sin rumbo, llamar a puertas al azar y buscar por todos lados. Todo eso en un intento de encontrar lo que acabamos de pedir.

Pero la realidad es más sencilla: para recibir lo que deseamos, debemos estar en casa. En el lenguaje de la zona de confort, esto significa que lo que realmente deseas solo puede encontrarte cuando te sientes seguro, cómodo y satisfecho. De hecho, cuanto más tiempo pases en tu zona de confort, donde puedas sentir este tipo de emociones, más rápido te encontrarán las cosas que deseas. Pero si estás fuera de tu zona de confort luchando por tu vida, te costará mucho encontrar lo que pediste. Sin embargo, al regresar a tu zona de confort, finalmente verás que lo que habías pedido está esperándote en la puerta de tu casa.

Cuando mantenerte dentro de la zona de confort se convierte en tu forma de vida habitual, descubrirás que las cosas que deseas llegan a ti más fácilmente y con más frecuencia. Si te quedas en tu zona de confort, podrás ver y recibir todas las bendiciones y oportunidades que se dirijan hacia ti. Y, cuanto más permitas que estas bendiciones lleguen a tu vida, con más frecuencia llegarán. El impulso se acumula y pronto comenzarás a disfrutar de todo tipo de experiencias mágicas que harán que los demás te llamen «afortunado».

Sin embargo, si eres como las demás personas, verás que, cuando tus sueños llamen a tu puerta, dudarás si dejarlos pasar. Si todavía conservas las creencias y los ideales del mundo al revés, obtener lo que quieres puede hacerte sentir culpable. Sentirás que no mereces tener todo lo que tienes. Sentirás que haces trampa si obtienes lo que deseas sin esfuerzo.

Veo a mucha gente que siente dudas acerca de compartir sus bendiciones por miedo a hacer sentir mal a otra persona. Durante la pandemia del 2020, muchas personas que prosperaron se sentían culpables de hablar de todo el crecimiento que habían experimentado. Cuando yo contaba que la pandemia me permitió unirme más a mi familia, terminar proyectos que había postergado durante años y expandir mi negocio de una forma innovadora y emocionante, alguien se acercaba y me decía: «¿Sabes qué? A mí también me fue bien. Pero hubo tanto sufrimiento que no sé si contarle a la gente todo lo que he crecido porque siento culpa».

Solo en el mundo al revés podemos menospreciar, pasar por alto o restarle mérito a nuestra expansión. Me encanta esta cita que se viralizó y se atribuye a Esther Hicks: «No por enfermar harás que alguien sea más sano. No por ser más pobre harás que alguien sea millonario».

Estas palabras encierran una gran verdad: cuando vives en tu zona de confort, te das cuenta de que la única forma de ayudar a los demás es prosperar en tu propia vida. Cuando vives una vida en expansión, la vida de las personas que te rodean también se expande. Cuando celebras tus éxitos y bendiciones, más bendiciones llegan a tu vida y, por ende, más bendiciones llegan a la vida de las personas que te rodean. Cuando prosperas en un momento en que los demás están sufriendo, les das permiso para que también puedan prosperar. Esta es la forma en que elevamos a quienes nos rodean, al celebrar nuestros logros y ayudarlos a que celebren los suyos. El efecto dominó es real.

LIBÉRATE Y SUELTA EL CONTROL

Hay otra razón por la cual puedes dudar en sumergirte en el rápido flujo del impulso. A medida que tu vida empieza a inundarse de cosas rápidamente, es posible que sientas que estás perdiendo el control, como si los detalles de tu vida se te escaparan de las manos. Conforme tu vida se expande para acomodar lo que has pedido, es posible que te sientas abrumado por todos los elementos nuevos que requieren tu atención.

Eso me sucedió a mí. Antes de aprender a crear con intención desde mi zona de confort, he pasado por fases en las que creaba con pasión y facilidad. El impulso se acumulaba, ya que yo no tenía la madurez ni la experiencia necesarias para saber qué hacer con él, y eso terminó abrumándome. Todo mi éxito empezó a acumularse y, en lugar de disfrutarlo, sentí que quedaba sepultada bajo su peso. Me agotaba, me detenía y, en poco tiempo, me quedaba rezagada.

Cuando no podía mantener el ritmo del impulso de todas las nuevas oportunidades que llegaban, sentía que me aplastaban. No podía moverme con la suficiente rapidez ni trabajar las horas necesarias para mantenerme al día con la increíble expansión que estaba experimentando. Por un lado, quería cerrar la puerta y evitar que nadie más entrara para poder resolver todas las cosas que tenía pendientes. Por otro lado, sentía una gratitud inmensa por cada oportunidad que llegaba y no quería rechazar ninguna.

Lo que más me ayudó fue soltar el control. Cuando la vida se acelera, es muy fácil ponerse tensa. Nuestro instinto es tratar de tomar el control. Pero, cuanto más te aferras a él, más rígido e inflexible te vuelves. Y esta rigidez genera más resistencia y tensión interna.

Imagina que estás esquiando en la montaña. A medida que ganas velocidad, es importante que te sueltes y te entregues al impulso que estás ganando. Si te tensas y bloqueas las rodillas, puedes lastimarte. De hecho, cuanto más rápido esquías, más importante es que te entregues a la montaña y confíes en tus habilidades para esquiar, en tu equipo y en los demás esquiadores que te encuentras.

Hoy, cuando veo que todo aumenta muy rápido y me siento abrumada, no abandono mi zona de confort. En lugar de sucumbir ante el agobio, trabajar más duro o quedarme paralizada, inmediatamente hago una lista de prioridades con lo que realmente me importa. Además de mis objetivos profesionales, esta lista también incluye a mi familia, mi autocuidado y los compromisos que tengo conmigo misma. Una vez que tengo claro qué es lo más importante, reviso nuevamente la lista para ver qué cosas pueden prescindir de mi control. ¿Qué puedo delegar? ¿Qué puedo posponer? ¿Qué puedo eliminar? ¿Cuáles de estas cosas pueden suceder sin que tenga que esforzarme mucho para lograrlas?

Vivir en la zona de confort no significa que haya que hacerlo todo solo, eso sería simplemente sobrevivir. Cuando vives en tu zona de confort, estás dispuesto a trabajar en equipo. Pides ayuda si la necesitas. Te apoyas en la comunidad. Si sientes que tienes que hacerlo todo solo para que esté bien hecho, lo más probable es que te encuentres en la zona de supervivencia, donde tu bienestar siempre está vinculado a tu esfuerzo.

Quizá al leer esto pienses: «Delegar implica una inversión financiera. Me resulta más económico hacerlo yo mismo». Lo entiendo, a mí también me ha pasado. Ya sea que necesites ayuda con tu segundo trabajo, con tu negocio, en el hogar o con los niños, hacerlo todo tú mismo no te beneficiará a largo plazo. En las etapas iniciales de tu crecimiento, puede ser difícil rendirse y contratar ayuda. Pero, desde mi experiencia, puedo decir que marca la diferencia. Es una inversión y un voto de confianza en otra persona. Valoras tu propio tiempo y valía. Un amigo mío, Jonathan Blank, una vez me contó que le encantaba pagar a otras personas para que lo ayudaran. «Cada persona tiene la llave que abre una puerta para ti. Una puerta que quizá nunca podrías haber abierto con tanta facilidad por tu cuenta», decía. Esas palabras nunca se han borrado de mi mente, ya que he sido testigo de la evidencia de esa verdad en mi propia vida, y eso me ha ayudado a construir y mantener el impulso.

A medida que nuestra vida se expande,
es fundamental confiar en que el mundo
está de nuestro lado.

El mundo está lleno de recursos. Cuando vives en tu zona de confort, estás dispuesto a mirarte con honestidad, reconocer en qué áreas necesitas ayuda y solicitarla sin sentir culpa ni vergüenza. Cuando vives de esta manera, puedes abordar lo que te esté abrumando y elegir entre delegar, eliminar o posponer aquello que no requiere atención inmediata. Reduces tu lista de prioridades para mantenerte en el carril rápido de tu zona de confort.

Cuanto más vivas de esta manera, más confianza tendrás en ti mismo y en la inteligencia que guía nuestras vidas. Cuanto más confíes y te entregues, más fuerte será el vínculo que desarrolles con la inteligencia divina intangible que guía nuestra existencia. Cuando comprendes que la vida debe sentirse segura, cómoda y satisfactoria, tu fe en la bondad, equidad y expansión del mundo aumenta. Creo que la fe en que existe algo más grande que nosotros que guía nuestro camino es lo que nos permite fluir con el impulso y soltar el control, para así disfrutar de cada bendición que se presenta en nuestro camino. A medida que nuestra vida se expande, es fundamental confiar en que el mundo está de nuestro lado.

Cuando fortaleces tu conexión espiritual, puedes soltar el control con más facilidad, porque confías en que hay algo más grande que tú trabajando y orquestándolo todo para ti. Incluso si no comprendes completamente cómo funciona lo intangible, puedes confiar en que, de alguna forma, te guía en la dirección correcta. Del mismo modo, cuando estás en un avión, no necesitas saber cómo funciona la máquina que te lleva a largas distancias por el aire. Simplemente confías en que te llevará. No es necesario que sepas tu ubicación exacta en todo momento o que estés constantemente preguntándole a la tripulación hacia dónde te diriges, porque confías en que el avión te llevará a tu destino deseado. Tienes fe en que el avión se mantendrá en el aire y que el piloto te guiará hasta tu destino, por lo que te relajas y disfrutas del viaje.

Lo mismo sucede cuando vives en tu zona de confort. Empiezas a confiar en que la vida es un viaje relativamente tranquilo en el cual tu piloto omnisciente no físico te guía hacia donde deseas estar. Entender cómo funciona no es relevante, así que más te vale sentarte, relajarte y disfrutar del viaje.

EJERCICIO DE LA ZONA DE CONFORT N.° 25
Cambia tu energía para aprovechar el impulso

La próxima vez que te sientas estancado o abrumado, intenta lo siguiente:

- Deja de enfocarte en las cosas que te hacen sentir estancado o abrumado y haz alguna actividad divertida. Aquí tienes algunas ideas: salir a caminar, practicar una actividad artística, tocar un instrumento, ver una comedia, resolver un rompecabezas, etc.
- Responde las siguientes preguntas en tu cuaderno:
  - ¿Me he divertido?
  - ¿He podido conectar conmigo mismo?¿Cómo se siente estar en mi cuerpo ahora?
- Ahora concéntrate en tu autocuidado. Responde las siguientes preguntas en tu cuaderno:
  - ¿Qué hago para sentirme bien?
  - ¿Cómo cuido mi cuerpo? ¿Y mi mente? ¿Y mi conexión espiritual?
  - ¿Cómo recargo energías cuando me siento agotado?

Lo que has logrado

Acabas de completar el capítulo 19 y solo te quedan tres más. ¡Guau! Sé que todo el tiempo y dedicación que estás invirtiendo en ti mismo dará sus frutos y traerá resultados sorprendentes y casi milagrosos a tu vida.

A estas alturas, ya has aprendido todo lo necesario sobre cómo vivir y expandirte desde tu zona de confort. ¡Los capítulos de la parte III están diseñados para llevarte al siguiente nivel! Cuanto más practiques las herramientas que te propongo en estos capítulos, más rápido y fácil será tu viaje de expansión. De hecho, si es necesario, puedes releer los capítulos una y otra vez para dominar por completo esta forma de vivir.

Uno de los efectos más notorios de vivir en tu zona de confort es que sientes que vas a toda velocidad hacia tus sueños. Estamos tan acostumbrados a vivir en la zona de supervivencia y en la zona de resignación que a veces crear impulso puede dar un poco de miedo. Reconocer ese impulso y fluir con él mientras permanecemos en la zona de confort puede ser un acto de equilibrio difícil de mantener. Pero, una vez que lo logres, podrás surfear las olas de tu vida con la facilidad de un surfista que atrapa todas las olas del océano.

En el próximo capítulo compartiré contigo una de las herramientas mentales más efectivas que uso a diario para encontrar el equilibrio en prácticamente cualquier situación.

Capítulo 20

ENCUENTRA EL EQUILIBRIO INTERNO CON UNA POSTURA DE PODER

¿Alguna vez has estado de pie en un tren en movimiento? En general, el tren se desplaza suavemente y eso te permite moverte con relativa facilidad. Quizá necesites agarrarte a algo para mantener la estabilidad, pero los músculos de tu abdomen y tus piernas pueden ser de gran ayuda para lograrlo.

Ahora, imagina que estás de pie en un autobús en movimiento. Si el viaje no es demasiado brusco, puedes sujetarte suavemente en el respaldo del asiento. Incluso podrías intentar soltarte y usar tus abdominales y piernas para mantener el equilibrio. Pero si el viaje es muy agitado necesitarás agarrarte con fuerza para mantener la firmeza. Quizá tengas que ajustar tu agarre para contrarrestar los movimientos bruscos. Podrías aflojar un poco las rodillas para darle más flexibilidad a tus piernas. Quizás sientas la necesidad de separar un poco más los pies para bajar tu centro de gravedad y crear una postura más equilibrada.

Realizarás estos ajustes casi automáticamente porque tu cuerpo es inteligente y sabe cómo encontrar el equilibrio de forma innata. Tu cuerpo tiene la capacidad de adaptar su postura en respuesta al entorno para que puedas mantener un nivel de estabilidad que te resulte cómodo sin importar lo que ocurra a tu alrededor.

Claro que también puedes perfeccionar la capacidad de tu cuerpo para estabilizarse y entrenar para lograr un equilibrio cada vez mayor incluso en condiciones más inestables. Cuando miro a mi alrededor, veo personas que entrenan para encontrar el equilibrio en diversas situaciones: en posturas de yoga, sobre patines de hielo o al caminar sobre cornisas, cuerdas y palos. Caminan sobre pelotas rodantes, se suben a tablas de surf para montar olas e incluso se ponen de pie sobre caballos a pleno galope. El equilibrio que podemos alcanzar físicamente y las diferentes formas de experimentarlo son realmente fascinantes.

Desde un punto de vista puramente físico, ajustar continuamente nuestra postura para lograr un mayor equilibrio tiene mucho sentido. Es algo que hemos estado haciendo desde que nos pusimos de pie por primera vez cuando éramos pequeños. No nos desanimamos por lo inestables que fueron esos primeros pasos. Sabíamos que con el tiempo encontraríamos el equilibrio, porque nuestros cuerpos están diseñados para hacerlo.

Sin embargo, lo que me resulta más interesante de todo esto es que, aunque esperamos mantener el equilibrio en nuestra postura física, no tenemos la misma expectativa en cuanto a mantener el equilibrio en nuestra vida interior. El equilibrio y la estabilidad no son conceptos exclusivamente físicos. Así como podemos perder o ganar equilibrio físico, también podemos perder o ganar equilibrio interno.

Cuando vivimos fuera de nuestra zona de confort, encontrar el equilibrio interno es como intentar caminar en un autobús en movimiento. No es necesario que el autobús vaya a toda velocidad por una carretera sinuosa y sin pavimentar para que mantener el equilibrio se vuelva una tarea imposible. Cuanto más nos alejamos de nuestra zona de confort, más accidentado se vuelve el viaje y, por lo tanto, más difícil nos resulta mantener el equilibrio. Nuestra zona de confort crea una base sólida en la que es fácil mantenernos firmes y seguros para movernos. Al salir de allí y enfrentarnos a terrenos más inestables, el nivel de estabilidad que alcanzamos depende de nuestra comodidad con la tarea que estamos intentando realizar. Si eres un adulto que está acostumbrado a estar de pie y caminar, hacerlo en un autobús en movimiento te resultará mucho más sencillo que a un niño pequeño que está aprendiendo a mantener el equilibrio sobre los dos pies. Del mismo modo, a medida que empiezas a sentirte cómodo con distintas tareas y habilidades, puedes entrenar para ser capaz de realizarlas bajo condiciones cada vez más volátiles, inestables e impredecibles.

Al hacerlo, te vas aclimatando a la volatilidad, inestabilidad e imprevisibilidad. En otras palabras, haces que esas condiciones formen parte de tu zona de confort, como un surfista que se aclimata a la volatilidad del océano. Como resultado, logras encontrar equilibrio incluso en condiciones inestables.

Para encontrar equilibrio físico en el mundo real, ajustas tu postura: la posición o disposición de tu cuerpo mientras estás de pie. Cada día de tu vida, ajustas tu postura física en respuesta al entorno que te rodea. Te adaptas a la leve inclinación del camino, al pavimento irregular de la acera o a la altura de las escaleras, y lo haces con tanta facilidad que ni siquiera te das cuenta de que lo estás haciendo.

De igual manera, *tu postura interna*, la posición intangible que mantienes en tu conciencia, también se ajusta constantemente al mundo exterior. Esto se debe a que siempre estás en el proceso de evaluar y responder a la información que te rodea. Si vives la mayor parte del tiempo en tu zona de confort, tu postura interna se adaptará de forma natural para que te sientas más equilibrado, estable, cómodo, seguro y relajado. Yo llamo *postura de poder* a esa actitud interna que genera un mayor equilibrio interior. Las posturas de poder están a tu alcance cuando vives en tu zona de confort.

HAZ DE TU CONOCIMIENTO INTERNO TU POSTURA DE PODER

En tu mundo interior, la postura que adoptas se fundamenta en lo que *sabes* que es cierto.

El *conocimiento* es un estado completamente libre de dudas o cuestionamientos. Cuando *sabes* que algo es una verdad absoluta e inequívoca, su presencia dentro de ti resuena con claridad, y negar esta verdad parecería una locura.

No pones en duda que el sol salga cada mañana, la inmensidad del océano o que tus pies te pertenecen. Tienes la *certeza* de que estos hechos son verdaderos.

El conocimiento va más allá de las creencias. Las creencias son pensamientos que has decidido que son verdaderos para ti, y puedes cuestionarlas y cambiarlas de manera intencional. Sin embargo, cuando *sabes* que algo es cierto, requiere mucho esfuerzo socavar esa fe absoluta en ello, si es que es posible hacerlo.

Las posturas que adoptas se fundamentan en lo que *sabes* que es verdad y, por esta razón, tus posturas internas se expresan con gran convicción. Son una expresión profunda de tu identidad.

En la vida tienes que adoptar posturas internas todo el tiempo: con tus opiniones políticas, tus elecciones alimenticias, tu estilo, cómo crías a tus hijos, lo que priorizas en la vida o cómo eliges vivir. Cada creencia, idea o decisión que se fundamenta en lo que *sabes* con total certeza puede ser considerada una postura que estás adoptando. Cuanto menos propenso seas a cambiar de opinión sobre un tema, más sólida es la postura que estás tomando.

Muchas veces nos sentimos orgullosos por las posturas que tomamos o, al menos, estamos preparados para defenderlas. Esto se debe a que, cuando alguien cuestiona o amenaza una postura, se pone en duda lo que tú sabes sobre ti mismo y sobre la vida. Por otro lado, también es posible que no te pongas a la defensiva cuando alguien cuestiona lo que *sabes* que es cierto. Después de todo, ¿qué importa si alguien dice que el cielo es negro si tú *sabes* que es azul? A medida que creces y cambias, lo que sabes que es verdad también cambia; y lo mismo ocurre con tus posturas.

UNA OPORTUNIDAD PARA TRANSFORMARTE Y DEJAR DE ENCADENARTE

Una postura de poder es una posición que adoptas a partir de un conocimiento que te empodera y siempre te hace sentir bien porque está alineada con un saber interno de que el mundo está a tu favor.

Esta postura tiene el poder de liberarte de patrones de pensamiento destructivos o limitantes e iluminar instantáneamente una situación como si encendieras las luces. Dado que las posturas de poder nacen en tu zona de confort y refuerzan tus ideales, pueden generar sensaciones de seguridad, confianza y alivio.

Una postura de poder es una fuente de resiliencia, un conocimiento inquebrantable que te permite ser más flexible y estar presente sin importar lo que suceda.

Sin embargo, cuando estás fuera de tu zona de confort, es casi imposible mantener una postura de poder, como si el viento te llevara de aquí para allá. Te falta una base sólida en la que apoyarte y, como resultado, tu comprensión del mundo y de la naturaleza de la vida se vuelve cínica y defensiva. Cuando te sientes inseguro la mayor parte del tiempo, empiezas a sentir que el mundo es un lugar inseguro e injusto y tu postura se vuelve desesperada y caótica, como si intentaras mantener el equilibrio en un autobús que está fuera de control. No puedes experimentar la bondad que te guía si solo te enseñaron a luchar por tu vida.

Cuando estás dentro de tu zona de confort, puedes fortalecer tu relación con ella al reconocer y cultivar tus posturas de poder. Es como si practicaras yoga o artes marciales en tu interior y desarrollaras flexibilidad, fuerza y equilibrio dentro de tu ser. Las posturas de poder te ayudan a desarrollar flexibilidad, fuerza y equilibrio en el alma, lo cual te permite expandirte y crecer dentro de tu zona de confort sin tener que abandonarla. Una postura de poder fortalece la resiliencia. Es un conocimiento inquebrantable que te permite ser más fluido y estar presente sin importar lo que suceda.

Cuando practicas una postura de poder, eliges una verdad interna que te empodera. Estas posturas van más allá de ser simples afirmaciones, ya que expresan un conocimiento que ya está activo en ti, a diferencia de una afirmación, que representa un pensamiento que estás tratando de hacer realidad en tu vida.

Como humanos, no podemos evitar tomar posturas, es parte de nuestra naturaleza. Así que, si vas a hacerlo de todos modos, es mejor adoptar una postura que provenga de tu propio poder y de tu zona de confort, es decir, una postura de poder.

POSTURAS DE PODER DESDE LA ZONA DE CONFORT

Aquí tienes algunas de mis posturas de poder favoritas expresadas en afirmaciones que reflejan el conocimiento interno que representan:

- **«Todo siempre se resuelve a mi favor».** Cuando adopto esta postura de poder, sé sin lugar a dudas que cada situación con la que me encuentre es para mi beneficio, incluso cuando no lo parece. Así que, cuando algo no funciona como quiero, pienso: «Interesante. Me pregunto qué oportunidad llegará a mí como consecuencia de esto». Lo más asombroso es que siempre termina resolviéndose de la mejor manera posible gracias a que mantengo esta postura.

- **«La incertidumbre significa posibilidad».** Antes, la idea de la incertidumbre me aterraba. Odiaba esa sensación de estar en caída libre sin una red de contención, mientras pensaba que todas las cosas horribles que podrían salir mal me aplastarían. Pero, cuando comprendí que la incertidumbre en realidad da lugar a la posibilidad y al crecimiento, mi vida cambió literalmente de la noche a la mañana. Si la incertidumbre significa posibilidad, entonces la incertidumbre me emociona. Ahora, cuando la vida se vuelve incierta, siento mariposas en el estómago mientras espero con ansias la increíble expansión que está por venir. Esta postura de poder encaja perfectamente con la siguiente.

- **«La energía divina me cubre las espaldas».** Cuando la vida se torna incierta o impredecible, a menudo nos sentimos acorralados y la única salida es soltar el control. Se siente una enorme sensación de libertad al renunciar al control y permitir que la inteligencia intangible, que está más allá de mí, tome el mando.

Saber que lo Divino ya lo ha resuelto todo por mí, que me guía y me alienta para que tenga éxito, es un gran consuelo. Adoptar esta postura de poder me recuerda que las cosas siempre pueden salir bien y que los milagros nunca son imposibles, porque la vida tiene un significado mayor y el creador de todo supervisa más de lo que puedo ver desde mi limitado punto de vista.

- **«Esto también pasará».** Recuerdo la primera vez que escuché esta frase. Me impactó por su simplicidad. En ese momento, no sabía lo poderosa que podía ser esta afirmación como postura de poder. Si sé que esto es verdad, no me desmorono cuando me toca atravesar momentos difíciles. Tampoco doy por sentados los momentos de felicidad. Cada experiencia, placentera o no, llegará a su fin. Qué maravilloso es saber esto. Esta postura de poder me permite no obsesionarme con los momentos difíciles y valorar las cosas buenas que tengo en mi vida.

- **«Siempre cuento con apoyo».** Es muy fácil sentirnos solos en la vida, en especial cuando intentamos crear algo que nos parece más grande que nosotros o que está más allá de nuestra capacidad. Esta postura de poder me recuerda que nunca estoy sola, incluso cuando me siento así. Para mí, saber que la presencia de Dios y la energía divina que fluye a través de todo es omnipresente, me hace sentir que siempre cuento con el apoyo de algo más grande que yo. Para ti, ese apoyo podría tener otro nombre o significado, pero en esencia es el saber y la confianza que tienes en lo intangible. Aprovecha esta reconfortante energía espiritual cuando puedas y cultívala para sacar el máximo provecho de esta postura de poder.

- **«Lo que he pedido está de camino».** ¿Alguna vez has deseado algo y luego, sin mucho esfuerzo, lo has obtenido? A mí me sucede todo el tiempo. De hecho, cuanto menos me estreso o me obsesiono con algo que quiero, más rápido y fácil llega a mí. Digo «llega a mí» porque así es como lo siento; a veces literalmente cae sobre mi regazo y sonrío sorprendida pero llena de gratitud. Quiero ver un determinado espectáculo en la ciudad y de repente me regalan entradas. Quiero encontrarme con un amigo y, de la nada, ese amigo me manda un mensaje. Este tipo de cosas nos suceden a todos todo el tiempo. Cuando adopto esta postura de poder en particular, veo que suceden porque sé que la inteligencia que guía nuestras vidas conspira en todo momento para darme todo lo que he pedido.

- **«Si hay un problema, también hay una solución».** Los problemas y las soluciones nacen al mismo tiempo. En cuanto surge un problema, también aparece su solución. Apenas aparece una pregunta, llega la respuesta. Entender esta verdad fue revolucionario para mí, porque significa que nunca me enfrento a un problema que no tenga solución. A veces, solo el hecho de saber que existe una solución es suficiente para encontrarla.

Aquí tienes algunos ejemplos más de posturas de poder. Recuerda que, aunque algunas de estas posturas puedan parecerse a las afirmaciones, lo que las diferencia es tu convicción en ellas. Si sabes que estas afirmaciones son verdaderas, puedes usarlas como posturas de poder para ayudarte a recuperar el equilibrio en situaciones difíciles. Si tienes dudas o cuestionas alguna, puedes usarlas como afirmaciones hasta que tu confianza en ellas sea más sólida.

- No hace falta que tome una decisión en este momento.
- Todo tiene una solución.
- Puedo superar cualquier obstáculo.
- Mi momento siempre es perfecto.
- Estoy a salvo.
- Cuando sea el momento correcto, lo sabré.
- Recibo apoyo en todas las formas posibles en todo momento.
- Todo es posible.
- La vida es justa.
- Puedo enfrentar situaciones difíciles.
- No pasa nada si todavía no lo sé.
- El amor todo lo puede.
- La paciencia es la clave.
- Los milagros son posibles y suceden.

- La vida sustenta mi bienestar.
- Todo sucede en el momento divino.
- Si tiene que suceder, sucederá.
- Lo que hago importa.
- Está bien si no puedo hacerlo todo.
- Estoy dispuesto a aprender.
- Confío en el camino que recorro.
- Puedo hacer lo que esté a mi alcance en este momento.
- Cada paso es importante.
- Los límites son sanos.
- Tengo el control sobre cómo respondo.
- La corriente puede cambiar.

EJERCICIO DE LA ZONA DE CONFORT N.° 26
Tu postura de poder

1. Escribe las posturas de poder con las que más identificado te sientas o crea las tuyas propias en un papel, en tu diario o en la aplicación de notas de tu teléfono. Asegúrate de que estas afirmaciones sean verdaderas y empoderantes para ti. Lleva esta lista contigo. Durante la próxima semana, cada vez que te sientas agitado o desequilibrado, saca la lista y revisa las posturas de poder. Elige una o dos y adóptalas.

2. En tu diario, escribe cómo cambió tu experiencia de la situación una vez que tomaste una postura de poder. ¿Te resultó fácil o difícil adoptarla? ¿Qué hizo que fuera fácil? ¿Qué hizo que fuera difícil?

Lo que has logrado

¡Te felicito! Has completado el capítulo 20 y ahora cuentas con una nueva herramienta para mantener el equilibrio interno, sin importar lo que esté sucediendo a tu alrededor. ¡Esto es muy importante! En nuestra sociedad, la mayoría de las personas sienten un desequilibrio interno porque viven fuera de su zona de confort y no saben cómo cambiar esa situación. Si adoptas una postura de poder, puedes elegir de manera deliberada y consciente una verdad interna que te empodere. Espero que disfrutes y utilices los ejemplos que he dejado para ti en este capítulo. ¿Se te ocurren otras posturas de poder que no están mencionadas aquí? Haz una lista. Me encantaría que me contaras cuáles son las tuyas. Tu perspectiva es muy valiosa para mí. No olvides etiquetarme con @positivekristen y @powerofpositivity con el *hashtag* #PowerStance, para que nuestra comunidad también pueda ver tus posturas e inspirarse. En el próximo capítulo, estaré encantada de compartir mis descubrimientos sobre cómo puedes aprovechar el flujo y el crecimiento desde tu zona de confort.

Capítulo 21

ENTRE CRECER Y FLUIR: EL LUGAR DONDE OCURREN COSAS MÁGICAS

Tu estado natural del ser, la experiencia humana, se desarrolla plenamente cuando fluyes y te abres hacia la expansión.

Mi deseo más profundo es que logres el crecimiento que deseas de forma sostenible y sin esfuerzo, sintiéndote totalmente cómodo y en armonía contigo mismo. El objetivo es superarte sin perder tu esencia para convertirte en tu mejor versión. Aunque no hagas nada específico para superarte, irás descubriendo formas de mejorar y expandir tu vida si te mantienes dentro de tu zona de confort. Cuando dejes de ver la zona de confort como tu enemiga, tu vida se irá expandiendo gradualmente, ya que de manera instintiva descubrirás formas de elevar tus experiencias.

En el punto álgido de tu creatividad, las ideas fluirán de manera tan natural que ninguna fuerza o acción podrá igualarlas. Es entonces cuando te sumerges tanto en la experiencia de crear que te pierdes por completo en ella. El tiempo deja de existir, olvidas comer o beber, la creatividad fluye a través de ti y de tu ser, y tienes una sensación de completa facilidad.

Algunos describen este estado como si estuvieran flotando o volando, experimentan una sensación de ingravidez que los envuelve a medida que dejan atrás el peso de sus limitaciones mundanas.

Esta es la experiencia suprema de disfrute, a menudo llamada *flujo*.

FLUYE «EN LA ZONA»

Cuando fluyes, todo parece moverse muy rápido, pero, para ti, todo transcurre a un ritmo cómodo, como si estuvieras en un avión viajando a una increíble velocidad por encima de la Tierra. Aunque el avión se desplace a cientos de kilómetros por hora, cuando estás allí sientes que no te estás moviendo en absoluto. Cuando te sumerges por completo en una experiencia que disfrutas, no percibes la alta velocidad de tu propio impulso. El tiempo parece ralentizarse para dar espacio a la expansión de tu disfrute.

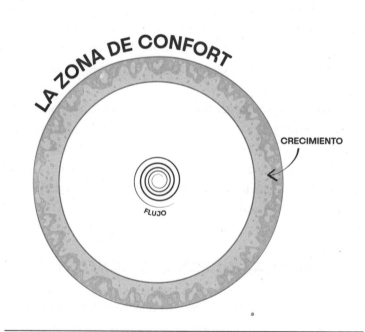

El crecimiento ocurre en el límite de tu zona
de confort.

El flujo se encuentra justo en el centro de tu zona de confort, nunca fuera de ella. Puedes acceder a él cuando te sientes completamente seguro donde estás, tienes plena confianza en tus habilidades y crees firmemente que todo se resolverá a tu favor. En este estado, puedes relajarte, olvidar el tiempo y el espacio y entregarte por completo a tus ideas y talentos. Cuando estás en el flujo, puedes enfrentarte a tareas que te resultan difíciles, pero te sientes tranquilo porque estás preparado para enfrentarlas. Sabes que encontrarás la respuesta, sin importar lo difícil que sea el problema.

No hay nada más propicio para la exploración creativa que saber que estarás bien pase lo que pase.

Muchas personas intentan forzar el flujo desde el miedo, la carencia, el estrés o la necesidad. Abandonan su zona de confort para encontrarlo. Esta es la receta para la frustración, porque no se puede acceder al flujo desde esas emociones. Cuanto más incómodo, asustado o estresado te sientas, y cuanto más te alejes de tu zona de confort, más difícil será entrar en el flujo.

En cambio, si pasas más tiempo dentro de tu zona de confort, donde predominan las emociones de seguridad, claridad, gratitud, valentía y amor, descubrirás que puedes acceder al estado de flujo casi a voluntad.

El espacio que se encuentra en el centro de tu zona de confort es el punto óptimo donde puedes aprovechar el flujo sin esfuerzo. Así es como se siente estar «en la zona», el lugar donde te ocurren cosas mágicas. A medida que te familiarices con lo que es y no es natural para ti, mejorarás tu capacidad de entrar en este estado de flujo y podrás permanecer allí.

AMPLIAR TU ZONA DE CONFORT

Estar en el centro de tu zona de confort te permite crear a un alto nivel gracias a las herramientas y habilidades que ya posees, pero es en los límites exteriores de tu zona de confort donde aprendes nuevas habilidades, amplías tu base de conocimientos y expandes tu visión. Resulta emocionante, incluso estimulante, sentirte seguro dentro de tu zona de confort, porque te permite expandir sus límites y ampliar tu potencial.

Aprender a sentirte cómodo al pasar tiempo en el límite de tu zona de confort es quizá uno de los mayores regalos que te puedes

282 · TU ZONA DE CONFORT POSITIVA

hacer a ti mismo, en especial si tienes una gran visión hacia la cual te diriges.

Imagina que tu zona de confort es como una burbuja. Cuanto más cerca estés del centro, más seguro, cómodo y relajado te sentirás. A medida que te acercas al límite de tu zona de confort, tus sentidos se agudizan y empiezas a estar más alerta. Aquí es donde surge la emoción, que a veces puede confundirse con ansiedad porque al otro lado de la burbuja, fuera de tu zona de confort, se encuentran el miedo y la confusión. Es posible que comiences a anticipar estas emociones mientras te acercas a los límites de lo que te resulta cómodo.

Cuanto te acercas mucho al límite exterior de tu zona de confort, es probable que empieces a sentirte más incómodo. Este malestar se manifiesta en forma de confusión («No sé qué hacer»), falta de energía («No tengo ganas de hacer esto») o emoción («Estoy muy excitado. No puedo quedarme quieto»). Presta atención a la mezcla de emociones por la que estás pasando al acercarte al perímetro de tu zona de confort.

Si volvemos al proceso de las tres fases de aclimatación que aprendiste en el capítulo 15, cuando estás en el borde de tu zona de confort, te encuentras en la fase dos, conocido e incómodo. Aquí, te encuentras justo en esa delgada línea entre la comodidad y la incomodidad, mientras te enfrentas a los límites de tus habilidades y conocimientos.

Los niños suelen pasar mucho tiempo explorando el límite entre lo que es cómodo y lo que no lo es. Desde ese lugar, amplían gradualmente los límites de su zona de confort. Esto es más fácil de ver cuando llevas a un niño pequeño al parque. Para el niño, el padre o madre representa la zona de confort. Una vez que el niño está seguro de la presencia del padre o madre, puede comenzar a explorar, pero siempre regresa al padre, su centro de comodidad y seguridad. Cuanto mayor es la certeza del niño sobre la presencia de su figura de referencia, más valentía sentirá a la hora de explorar el mundo.

A veces me pregunto por qué dejamos de sentirnos cómodos en el límite de nuestra zona de confort a medida que envejecemos. ¿Por qué tanta gente cree que el crecimiento no puede surgir del confort?

Cuando te sientes cómodo al pasar tiempo en los límites exteriores de tu zona de confort, aprendes a actuar con constancia y a crear cambios sutiles en tu interior que expanden cuidadosamente tu zona de confort.

El crecimiento ocurre en el límite de tu zona de confort. Esto es así porque es un lugar poderoso, y aprender a disfrutar de pasar tiempo en este lugar puede tener un gran impacto en tu capacidad para crear una vida en expansión.

Mientras exploras este espacio, presta atención a lo que haces para aliviar las emociones que surgen allí. Quizá alivias tus nervios al revisar tus redes sociales. Quizá alivias la sensación de insuficiencia procrastinando, o la falta de merecimiento mirando la televisión. Sea lo que sea, toma nota de lo que haces y qué emoción lo precede.

El mayor obstáculo para el flujo y el crecimiento no es el confort, sino las distracciones. Estas distracciones pueden estar impulsadas por tu entorno (vecinos, anuncios, personas con las que convives, tu teléfono) o por ti mismo (tus pensamientos, creencias, acciones).

Cuando más profundizas en tu zona de confort o cuando amplías sus límites, es muy fácil caer en esas distracciones. Cuanto más tiempo pases en estas dos áreas, en el centro y en el límite exterior de tu zona de confort, más las conocerás y más tiempo podrás permanecer en ellas.

Si puedes eliminar o evitar ceder ante las distracciones cuando estás en estas áreas, empezarás a entrenarte para entrar y permanecer en el flujo y para crecer cuando lo desees. Dominar estas áreas de tu zona de confort parece magia. Y, como resultado, empezarás a acceder a tu capacidad para crear y expandirte de manera deliberada y con facilidad.

EJERCICIO DE LA ZONA DE CONFORT N.° 27
Aprovecha el crecimiento

Durante tus actividades diarias, intenta acercarte cada vez más al límite de tu zona de confort. Puedes hacerlo al probar nuevos alimentos saludables, cambiar tu rutina de ejercicio, visitar una nueva cafetería, saludar a desconocidos, escribir una carta vulnerable pero sincera dirigida a un ser querido, hacer voluntariado, aprender una nueva habilidad o proponerte un nuevo objetivo. Observa cómo te sientes al realizar estas actividades que no te resultan familiares. ¿En qué momento, si es que sucede, sientes presión, estrés, nervios, miedo, ansiedad o confusión? ¿Puedes identificar el momento en que abandonas tu zona de confort e ingresas en la zona de supervivencia?

¿Qué herramientas de las que hemos aprendido puedes usar para regresar a tu zona de confort?

Para poder entrar y permanecer en tu zona de confort mientras intentas crecer tienes que estar en sintonía con tus emociones y observar tus actos. Cuanto más consciente seas acerca de cómo se siente estar en tu zona de confort, más fácil será pasar tiempo allí y expandir tu vida gradualmente.

Lo que has logrado

¡Has terminado el capítulo 21! Cuando vives en tu zona de confort, el crecimiento se vuelve inevitable. Tomar consciencia del lugar de tu zona de confort en el que suceden el crecimiento y el flujo te permite acceder a esos estados de forma deliberada y así llevar tu expansión al siguiente nivel. La vida se vuelve emocionante cuando aprendes a crecer y a fluir con intención y a voluntad. ¡Qué increíble manera de prepararte para el inminente éxito mientras disfrutas al máximo!

Ahora cuentas con todas las herramientas que necesitas para crear la vida que amas con total comodidad. Por lo tanto, en el último capítulo, quiero hacer un breve repaso de todo lo que has aprendido y compartir mi visión de cómo nuestro mundo puede prosperar en total comodidad. Todo lo que existe, en algún momento fue solo un sueño, ¿verdad? ¿Por qué no soñar a lo grande y comenzar a generar un impulso hacia el lugar donde queremos llegar, juntos, en este libro? ¡Vamos!

El mayor obstáculo para el flujo y el crecimiento no
es el confort, sino las distracciones.

Capítulo 22

DOMINA LA VIDA QUE REALMENTE AMAS

Tu zona de confort no es una zona peligrosa. Es más bien el lugar donde encontrarás la fuente más genuina de crecimiento y dominio de la vida. Escribí este libro para demostrar que nos ponemos a nosotros mismos, nuestro bienestar y nuestras vidas en *peligro* cuando nos obligamos a salir de nuestra zona de confort.

Imagina que estás en la cima de una montaña, a punto de deslizarte con tus esquís por una pendiente empinada. Si eres un esquiador experimentado, te emocionará ver el color blanco extenderse y serpentear entre los árboles. Descender la montaña con tus esquís forma parte de tu zona de confort y, por ello, esquiar te parece divertido, emocionante, y te hace sentir vivo y realizado. La montaña no te despierta inseguridad, sino que te inspira confianza. No te da miedo, te emociona.

Pero, si nunca has esquiado antes, esa hermosa montaña cubierta de blanco podría provocarte ansiedad. Sentir que tienes los pies sujetos a largos y planos esquís podría hacerte sentir limitado e incluso en peligro. Y cuando comiences a deslizarte, aunque lo hagas despacio, podrías empezar a sentir pánico. Cuanto más impulso ganas, mayor es el miedo que te invade y por eso te preparas para impactar contra el suelo. En este caso, esquiar está fuera de tu zona de confort y, por lo tanto, la experiencia puede volverse rápidamente aterradora.

Este sencillo ejemplo sirve para ilustrar por qué el concepto de la zona de confort es tan importante. Así como no hay motivo para avergonzarse por no saber esquiar, tampoco debería haberlo por sentir incomodidad al hablar en público, tener hijos, emprender un negocio, entender matemáticas o cualquier otra cosa que desees lograr y que esté fuera de tu zona de confort. De hecho, como has aprendido en este libro, cuanto antes te liberes de cualquier sentimiento de vergüenza, culpa o crítica que tengas con respecto a tus sueños y tu zona de confort, antes podrás adentrarte en el poder de tu zona de confort y empezar a avanzar hacia tus sueños.

Volvamos nuevamente a la analogía del esquí: si esquiar está fuera de tu zona de confort, puedes buscar la manera de experimentar este deporte para poder aclimatarte a él. Podrías visitar una estación de esquí, tomar clases y practicar en las pistas para principiantes. Para familiarizarte con la sensación de estar con los esquís puestos, puedes probar a ponerlos sobre superficies planas cubiertas de nieve y moverte lentamente. Observar cómo esquían otras personas y hablar con esquiadores para que te cuenten sus experiencias en diferentes situaciones también te será útil. También puedes ver vídeos de esquí por Internet.

A medida que incorpores el esquí en tu vida de manera sencilla y segura, comenzarás a aclimatarte a él. Tu mente y tu cuerpo irán comprendiendo la mecánica de este deporte, y aprenderás cómo se ve y se siente al esquiar, y cómo hacerlo.

Si nunca has esquiado, lo *peor* que podrías hacer sería subir hasta la cima de una montaña e intentar bajar por una pendiente muy difícil sin supervisión. Básicamente, eso es lo que sucede cuando la gente sigue esa falsa idea instaurada en la sociedad de que es necesario salir de nuestra zona de confort para tener éxito. Nos instan a lanzarnos de lleno a algo y aceptar que el fracaso es parte del crecimiento. Sin embargo, este enfoque no te ayudará a aprender a esquiar. Más bien podría dar como resultado una experiencia aterradora, posibles lesiones graves e incluso la muerte.

Sin embargo, si te dejas influenciar por ese mensaje de la sociedad que afirma que es en tu zona de confort donde tus sueños mueren, y que es un lugar peligroso, podrías llegar a considerar implementar esa estrategia tan imprudente e ineficaz. Por eso quiero que incorpores la creencia de que la zona de confort es un lugar donde se puede vivir y prosperar.

Tu zona de confort no es una zona peligrosa. Es más bien el lugar donde encontrarás la fuente más genuina de crecimiento y dominio de la vida.

ESTÁS AQUÍ PARA PROSPERAR

Estás destinado a sentirte seguro y confiado mientras persigues tus sueños. Estás destinado a aprender cualquier habilidad que necesites con facilidad y apoyo, para que puedas prosperar en todas las situaciones que la vida te presente. Prosperar significa dominar la vida que deseas desde tu zona de confort.

Quizá la mayoría de las decisiones que nos llevan a vivir fuera de nuestra zona de confort no representen un peligro tan inmediato como esquiar en un camino sinuoso, pero el impacto psicológico y fisiológico de vivir en nuestra zona de supervivencia o en nuestra zona de resignación es significativo. Tal como he mencionado anteriormente, gran parte del aumento de los niveles de estrés que vemos en nuestra sociedad y las enfermedades relacionadas con el estrés pueden mitigarse e incluso eliminarse cuando empezamos a priorizar vivir dentro de nuestra zona de confort en lugar de fuera de ella.

Si todavía estás aquí, espero que ya hayas experimentado los beneficios de vivir en tu zona de confort. Espero que hayas podido fortalecer el vínculo contigo mismo, identificar y satisfacer tus preferencias, afinar tu visión del futuro, reducir tu estrés y cuidar mejor de tu bienestar.

En esencia, vivir en la zona de confort se trata de conocerte a ti mismo a un nivel profundo y personal, para que puedas honrar tus valores y satisfacer tus necesidades, expresar tus preferencias y perseguir tus deseos sin vergüenza ni limitaciones. También se trata de expandirse y adentrarse más allá de la piel de tu cuerpo físico. Significa conectar con tu parte espiritual y moldear tu mente con tu propia verdad. Es muy liberador saber que no puedes fracasar en ser tú mismo.

Cuando vives en tu zona de confort, amplías tu vida al crear una base de apoyo para ti mismo en aquellas áreas donde deseas crecer. Ya sea que desees aprender un nuevo deporte o que tus finanzas aumenten, comienzas a avanzar hacia tus metas al aclimatarte a ellas. Es realmente liberador saber que no hay motivo para sentir vergüenza si aún no has alcanzado lo que deseas, ya que esas cosas aún no forman parte de tu zona de confort. Cuando vives y creas en este hermoso espacio, expandes gradualmente lo que te resulta cómodo y natural hasta que abarque todo lo que deseas en la vida.

Si lo piensas, en teoría fuimos concebidos en un entorno cálido en el que todas nuestras necesidades eran satisfechas. Al nacer, idealmente llegamos a los brazos de nuestros seres queridos, cuyo único propósito es cuidarnos, protegernos, enseñarnos, atender todas nuestras necesidades y brindarnos cariño. El lugar donde nacimos y fuimos concebidos es nuestra zona de confort.

En este libro, he desglosado la zona de confort en sus elementos esenciales y te he proporcionado una amplia variedad de herramientas para que puedas entrar en tu propia zona de confort y quedarte en ella. El propósito de estas herramientas, como el proceso de crear con confort, la pirámide S.E.R, la aclimatación y el andamiaje, el yo expandido, el mapa de visualización de la zona de confort, las afirmaciones y las posturas de poder, es ayudarte en tu camino de crecimiento personal. Los 27 ejercicios que he compartido contigo son igual de efectivos por separado que al combinarlos, y te permiten definir, afinar y regresar a tu zona de confort.

Ahora que has leído acerca de estas herramientas y ejercicios una vez, te sugiero que vuelvas al ejercicio n.º 2 de la zona de confort, «¿En qué zona estás?» (lo encontrarás en la página 60). Revisa nuevamente las preguntas para ver cómo han cambiado tus respuestas a medida que avanzabas en la lectura del libro. ¿En qué zona estás ahora? Puedes realizar este ejercicio tantas veces como desees, en cualquier momento, para evaluar tu nivel de confort.

Además, te recomiendo que tengas este libro a mano. Cuando te des cuenta de que estás volviendo a la zona de supervivencia o de resignación, tómalo, lee el capítulo que corresponda, haz uno o dos ejercicios y guíate nuevamente hacia tu zona de confort.

Si necesitas un poco más de apoyo, siempre puedes contar con la comunidad de *Power of Positivity* o visitar el sitio web <www.the-comfortzonebook.com/resources>. ¡Estamos aquí para ayudarte!

TU VIDA EN CONFORT

Entonces, ¿cómo es una vida en el confort?

Cuanto más tiempo pases dentro de tu zona de confort y te comprometas a vivir en ella, más seguro, confiado y creativo te sentirás. Y, a partir de ahí, tu zona de confort se expandirá. Tu identidad también cambiará a medida que te sumerjas en estas nuevas versiones de ti. Creo que vivir de esta manera es el mejor regalo que puedes hacerte a ti y a quienes te rodean.

Desde el exterior, notarán tu cambio y verán que te estás convirtiendo en alguien completamente nuevo. Habrá quienes acepten estos cambios y celebren los pasos que das. Querrán saber qué estás haciendo diferente, por qué pareces más seguro y relajado, y cómo pueden prosperar de la misma manera que tú. Cuando les cuentes a tus amigos todo lo que has descubierto al vivir en tu zona de confort, sus rostros se iluminarán. En lo más profundo de su ser, tienen la sospecha de que forzarse a salir de su zona de confort quizá no fue la mejor idea, pero, al igual que la mayoría de las personas, es posible que se hayan sentido presionados a vivir en la zona de supervivencia.

¿Cómo le explicarás a los demás esta nueva versión de ti? ¿Qué pensarán? Comprendo por qué podrías tener estas dudas, ya que yo también he pasado por eso. En mi opinión, la mejor manera de abordarlo es explicarles cómo has redefinido lo que significa estar en la zona de confort y enseñarles las tres zonas de la vida. En realidad, no es tan complicado como parece. Aun así, es posible que algunos nunca lo entiendan, y no pasa nada. Tu misión no es cambiar la mentalidad de nadie. Cada persona debe seguir su propio camino. Al ser auténtico, permites que los demás también lo sean. Puedes generar un mayor efecto al vivir de forma que puedas brillar. Quienes estén destinados a estar en tu vida se sentirán atraídos hacia ti. Y aquellos que no, seguirán su propio camino, y eso está bien.

Uno de los mayores regalos de vivir en la zona de confort es que, al aceptar tu propio viaje en la vida, también aprendes a aceptar y respetar el camino de los demás. Cuando permites que los demás estén donde están sin intentar cambiarlos, dejas de ser una fuerza que los obliga a salir de su zona de confort. Esto es algo muy poderoso, porque estar a gusto con quién eres es el primer paso para darse cuenta de que está bien vivir en la zona de confort. Si esas personas deciden dar el siguiente paso y vivir desde su zona de confort o no, es una decisión que deben tomar por sí mismas; es una elección que nadie más puede tomar por ellos.

Lo mejor que puedes hacer es mostrarles cómo es vivir y prosperar en la zona de confort. A diario, te encontrarás frente a una decisión: puedes elegir entre honrarte a ti mismo y tus preferencias, o ignorarlas.

Es tan simple como eso. Si logras incorporar el hábito de honrarte, empezarás a utilizar de forma natural las herramientas que he presentado en el libro, y así desarrollarás seguridad, confianza, expresión y felicidad en tu vida. De forma natural, definirás tus límites sin sentir culpa y los comunicarás con claridad. De forma natural, dejarás de intentar controlar tus circunstancias y las de los demás. Te irás aclimatando a tu versión del yo expandido, aquella que tiene todo lo que deseas.

La confianza y la seguridad que experimentas dentro de tu zona de confort se complementan con la idea de que no estás solo en el camino de la vida. Existe una inteligencia más grande que reside en nuestro interior y guía nuestras vidas de manera eficiente y misteriosa. Cuando estás en tu zona de confort, accedes a esa inteligencia. Por ese motivo, cuanto más te liberes de los detalles específicos de cómo tus sueños se manifestarán, más rápido llegarán a tu puerta. Las personas, eventos, oportunidades e ideas que encuentras dentro de tu zona de confort aceleran tu crecimiento.

Cuando haces una compra por Internet y esperas que llegue, no te preocupas por el medio que utilizará para llegar hasta ti. No te importa si viene en coche, camión o barco, ni quién tiene el paquete en cada momento. Entonces, ¿por qué deberías preocuparte por cómo tus deseos llegarán a ti? Cuando vives en tu zona de confort, dejas de sentir la necesidad de salir a buscar lo que compraste, y en lugar de eso, actúas desde la comodidad y la inspiración de tu hogar interno hasta que tus deseos se manifiestan. Como sabes que lo que deseas ya te pertenece y está de camino hacia ti, ya no importa cómo esté empaquetado o cómo llegará a tus manos. Estarás listo para encontrarte con milagros en cada esquina, y, para tu agrado, los milagros te encontrarán constantemente.

La vida siempre está en un proceso de constante crecimiento. Tú también estás en un continuo proceso de convertirte en una mejor versión de ti mismo. El mundo entero está en proceso de expansión. Incluso el Universo está en constante expansión.

La expansión es inherente a la naturaleza. Y también es parte de tu naturaleza. Cuando vives en armonía con quien realmente eres, estás destinado a expandirte de una manera cómoda y natural.

A medida que generes más alegría en tu vida, esa alegría se multiplicará. Al vivir en tu zona de confort, participas en la hermosa y constante expansión de la vida.

EL MUNDO EN CONFORT

Entonces, ¿cómo sería el mundo si todos viviéramos en la zona de confort?

Haz una pausa y visualiza cómo sería tu vida si lograras dominar por completo el concepto de vivir en tu zona de confort. Imagina que tuvieras la seguridad para expresarte ante cualquier persona con amor y claridad, y la confianza para perseguir tus sueños, que no sintieras temores ni dudas y aceptaras con gratitud todas las bendiciones que ya te pertenecen y están de camino hacia ti.

Ahora, imagina a tus familiares y amigos viviendo de la misma forma. Imagina que tus amigos, tu cónyuge, padres, primos, tías, tíos y cualquier otro familiar cercano o lejano se sienten seguros, en equilibrio, amados y confiados. ¿Cómo cambiaría tu relación con ellos si todos dejaran de sentirse amenazados e inseguros? ¿Cómo serían tus reuniones familiares si el miedo y la duda de esas personas se reemplazara por un profundo sentimiento de pertenencia y confianza?

¿Cómo se mostrarían tus familiares si cada uno se preocupara por su propio bienestar y priorizara sentirse bien y conectado consigo mismo? ¿Y si pudieran expresar sus deseos, preferencias y límites con claridad, amor y sinceridad? ¿Y si se preocuparan por su bienestar físico, psicológico y espiritual? ¿Y si priorizaran su propia salud y la de las personas con las que se relacionan?

Ahora, imagina cómo sería el mundo si cada persona viviera en su zona de confort, al igual que tus familiares y amigos. ¿Cómo nos relacionaríamos con aquellos que son diferentes si nos sentimos amados, satisfechos y seguros de nosotros mismos?

Imagina que incluso los más escépticos empiezan a confiar en que la vida siempre está a su favor. Imagina que aquellas personas que han atravesado momentos de estancamiento, depresión o ansiedad encuentran la paz en su interior y se sienten inspirados para crear una vida que les hace sentir bien y les resulta gratificante.

¿Cómo se transformarían los debates que ahora mismo hay a nivel mundial si cada individuo de cada ciudad tuviera derecho a enfocarse en lo que le resulta natural y divertido? ¿Cómo se mostrarían los líderes del mundo si ya no estuvieran dominados por el miedo, el ego, las dudas y la constante necesidad de demostrar su autoridad y valor a través de sus actos?

¿Puedes visualizar el paraíso que podríamos alcanzar si cada persona que habita este planeta viviera de esa manera?

Quizá esta idea pueda sonarte un poco utópica, pero yo no lo veo así.

El mundo en el que vivimos, tan vasto y complejo como es, está compuesto por individuos. La salud de lo macro es un reflejo de la salud de lo micro, de la misma forma que la salud de nuestro cuerpo depende de la salud de las células que lo componen. Cuanto más saludables estén esas células, más saludable estará nuestro cuerpo. De igual manera, cuanto más en paz estén los individuos, más pacífico será el mundo.

Darte permiso para vivir dentro de tu zona de confort es un acto de amor propio, pero también es un acto de activismo social, porque al hacerlo no solo mejoras tu propia calidad de vida, sino también la de todas las personas que se cruzan en tu camino. Cuando vives en tu zona de confort, te conviertes en un faro de luz para aquellos que intentan encontrar su camino fuera de la oscuridad. El impacto que tendrás en el mundo será enorme, aunque no tengas 50 millones de seguidores en las redes sociales. De hecho, puedes ser el cambio que deseas ver en el mundo gracias a tu propio efecto dominó.

Solo quiero que sepas que el público que tengo en Internet, compuesto por más de 50 millones de personas, existe porque decidí vivir en mi zona de confort. *Power of Positivity* nació de esa elección y su crecimiento es el resultado de seguir constantemente el camino que me brinda seguridad, comodidad y emoción.

Escribí este libro porque quiero que vivas en tu zona de confort, donde podrás acceder a tu verdadera fuente de poder. Cuando vives de esta manera, tienes más poder que las millones de personas que se obligan a vivir en la zona de supervivencia o la zona de resignación. Si muchas personas empiezan a vivir así, tendremos un gran impacto en la salud global y en la felicidad de la sociedad. La conexión que construimos entre nosotros se expandirá porque la idea de este libro surgió directamente de la inspiración, el amor, la alegría y el flujo de mi propia zona de confort.

Mi vida, al igual que la tuya, está en constante cambio. Al vivir en tu zona de confort, puedes guiar este cambio hacia experiencias que se sientan bien para ti y también para los demás. Tienes el poder de hacer florecer tus talentos y darte el permiso para prosperar.

Tienes valor, amor y apoyo, y mereces vivir una vida llena de felicidad. Quiero esta vida para ti y para todos. Quiero que todos vivamos la mejor vida que podamos. Por ahora, te paso la antorcha para que guíes el camino.

¡Brilla con todo tu esplendor!

Referencias

Introducción

Prevalencia de la depresión y la ansiedad: Dugan, Andrew (2021), «Serious Depression, Anxiety Affect Nearly 4 in 10 Worldwide», <https://news.gallup.com/opinion/gallup/356261/serious-depression-anxiety-affect-nearly-worldwide.aspx.>, Gallup.

Ley de Yerkes–Dodson (la fuente de «la zona de confort» tal como la conocemos): Yerkes, Robert M. y John D. Dodson (1908), «The Relation of Strength of Stimulus to Rapidity of Habit-Formation», *Journal of Comparative Neurology and Psychology*, n°. 18. Recopilado en «Clásicos en la Historia de la Psicología», un recurso en línea de la Universidad de York: <http://psychclassics.yorku.ca/Yerkes/Law/>.

Capítulo 1

Definición de la zona de confort: Según los psicólogos, la zona de confort es «un estado conductual en el cual una persona no experimenta ansiedad y tiene determinados comportamientos que la ayudan a mantener un nivel constante de rendimiento, generalmente sin sentir riesgo». White, Alasdair (2009), *From Comfort Zone to Performance Management*, White & MacLean Publishing, Baisy-Thy, Bélgica, <http://www.whiteandmaclean.eu/uploaded_files/120120109110852performance_management-final290110(2)-preview.pdf>.

El agotamiento del cuerpo: Ro, Christine (2021), «How Overwork Is Literally Killing Us», BBC Worklife, <https://www.bbc.com/worklife/article/20210518-how-overwork-is-literally-killing-us>.

Agotamiento laboral: El agotamiento laboral es un tipo de estrés que está asociado al trabajo: un estado de agotamiento físico o emocional que conlleva una sensación de que los logros alcanzados no son suficientes y una pérdida de la identidad. Equipo de la Clínica Mayo (2021), «Know the Signs of Job Burnout», Clínica Mayo (Fundación Mayo para la Educación Médica e Investigación), <https://www.mayoclinic.org/healthy-lifestyle/adult-health/in-depth/burnout/art-20046642>.

En la actualidad, es tendencia ser altamente productivo, competitivo y trabajar sin descanso: Schulte, Brigid (2014), *Overwhelmed: Work, Love, and Play When No One Has the Time*, Sarah Crichton Books, Nueva York. Ver también: «You're Not as Busy as You Say You Are», Slate, <https://slate.com/human-interest/2014/03/brigid-schultes-overwhelmed-and-our-epidemic-of-busyness.html>.

Estados Unidos es el país desarrollado con más sobreexigencia laboral del mundo: Miller, G. E. (2022), «The U.S. Is the Most Overworked Nation in the World», 20 somethingfinance.com (30 de enero de 2022), <https://20somethingfinance.com/american-hours-worked-productivity-vacation/>.

Capítulo 2

Entender qué son las creencias: Lewis, Ralph (2018), «What Actually Is a Belief? and Why Is It so Hard to Change?», *Psychology Today*, <https://www.psychologytoday.com/us/blog/finding-purpose/201810/what-actually-is-belief-and-why-is-it-so-hard-change>.

Tus creencias están afectando tu felicidad, salud, bienestar y prosperidad: Mautz, Scott (2019), «A Harvard Psychologist Shows How to Change Those Limiting Beliefs You Still Have about

Yourself», Inc. (1 de marzo de 2019), <https://www.inc.com/scott-mautz/a-harvard-psychologist-shows-how-to-change-those-limiting-beliefs-you-still-have-about-yourself.html>.

Shermer, Michael (2012), *The Believing Brain: From Ghosts and Gods to Politics and Conspiracies—How We Construct Beliefs and Reinforce Them as Truths*, St. Martin's Griffin, Nueva York. Ver también: Grayling, A. C. (2011), «Psychology: How We Form Beliefs», *Nature* 474 (7.352), pp. 446-447, <https://doi.org/10.1038/474446a>.

Por qué es tan difícil cambiar nuestras creencias: Bouchrika, Imed (2022), «Why Facts Don't Change Our Minds and Beliefs Are So Hard to Change?», Research.com (30 de septiembre de 2022), <https://research.com/education/why-facts-dont-change-our-mind>.

Capítulo 3

La lucha por construir y mantener relaciones auténticas: Willsey, Pamela S. (2021), «Creating Authentic Connections», *Psychology Today* (24 de agosto de 2021), <https://www.psychologytoday.com/us/blog/packing-success/202108/creating-authentic-connections>.

El sueño americano: Barone, Adam (2022), «What Is the American Dream? Examples and How to Measure It», Investopedia (1 de agosto de 2022), <https://www.investopedia.com/terms/a/american-dream.asp>

Agotamiento: Abramson, Ashley (2022), «Burnout and Stress Are Everywhere», *Monitor on Psychology* (1 de enero de 2022), <https://www.apa.org/monitor/2022/01/special-burnout-stress>.

¿Priorizas el autocuidado? Barnett, J. E., L. C. Johnston y D. Hillard (2006), «Psychotherapist wellness as an ethical imperative», en L. VandeCreek y J. B. Allen (eds.), *Innovations in clinical practice: Focus on health and wellness*, Professional Resources Press, Sarasota, pp. 257–271.

La amígdala: «Know Your Brain: Amygdala», *Neuroscientifically Challenged,* s.f., <https://neuroscientificallychallenged.com/posts/know-your-brain-amygdala>.

Coherencia cardíaca: Desde el punto de vista físico, cuando te sientes seguro puedes alcanzar la coherencia cardíaca, según los estudios científicos del Instituto HeartMath sobre la interacción entre el corazón y el cerebro. «Heart-Brain Interactions», The Math of HeartMath (Instituto HeartMath, 7 de octubre de 2012), <https://www.heartmath.org/articles-of-the-heart/the-math-of-heartmath/heart-brain-interactions/>. Ver también: «Heart Rate Coherence», *Natural Mental Health* (13 de febrero de 2020), <https://www.naturalmentalhealth.com/blog/heart-rate-coherence>.

Clear, James (2018), *Atomic Habits*, Avery, Nueva York.

Estirar ayuda a que los músculos se aflojen: Harvard Health (2022), «The Importance of Stretching», Escuela de Medicina de Harvard (14 de marzo de 2022), <https://www.health.har-vard.edu/staying-healthy/the-importance-of-stretching>.

McLeod, Saul (2019), «The Zone of Proximal Development and Scaffolding», *Simply Psychology*, <https://www.simplypsychology.org/Zone-of-Proximal-Development.html>.

Capítulo 4

Ellison, C. W. y I. J. Firestone (1974), «Development of interpersonal trust as a function of self-esteem, target status, and target style», *Journal of Personality and Social Psychology*, 29(5), pp. 655–663, <https://doi.org/10.1037/h0036629; https://psycnet.apa.org/record/1974-32307-001>.

Brown, Brené (2015), «SuperSoul Sessions: The Anatomy of Trust» (1 de noviembre de 2015), <https://brenebrown.com/videos/anatomy-trust-video/>.

Taylor, Jill Bolte (2006), *My Stroke of Insight*, Plume, Nueva York.

Capítulo 5

Enfoque educativo igual para todos: Donohue, Nicholas C (2015), «How Scrapping the One-Size-Fits-All Education Defeats Inequity», *The Hechinger Report* (4 de júnio de 2015), <https://hechingerreport.org/how-scrapping-the-one-size-fits-all-education-defeats-inequity/>.

A veces subestimamos el poder de nuestras palabras y hasta qué punto la forma de hablarnos puede influir en nuestra experiencia: «Self-Talk», *Healthdirect* (Healthdirect Australia, febrero de 2022), <https://www.healthdirect.gov.au/self-talk>.

Capítulo 6

El efecto mágico: Lipton, Bruce (2014), *The Honeymoon Effect*, HayHouse, Carlsbad. Ver también: <https://www.youtube.com/watch?v=JKe43Ak1y1c>.

La jerarquía de las necesidades de Abraham Maslow: Maslow, Abraham (1954), *Motivation and Personality*, Harper & Row, Nueva York.

Capítulo 7

La amígdala: Ressler, Kerry J. (2010), «Amygdala Activity, Fear, and Anxiety: Modulation by Stress», *Biological Psychiatry* 67, n.º 12 (15 de junio de 2010), pp. 1.117–1.119, <https://doi.org/10.1016/j.biopsych.2010.04.027>.

Lucha o huida: «Fight or Flight Response», *Psychology Tools*, s.f., <https://www.psychologytools.com/resource/fight-or-flight-response/>.

Brown, Brené (2021) *Atlas of the Heart*, Random House, Nueva York.

Taylor, Jill Bolte (2006), *My Stroke of Insight*, Plume, Nueva York.

Capítulo 11

Cambio de paradigma: Lombrozo, Tania, (2016), «What Is a Paradigm Shift, Anyway?», *NPR* (8 de julio de 2016), <https://www.npr.org/sections/13.7/2016/07/18/486487713/what-is-a-paradigm-shift-anyway>.

Capítulo 12

El etiquetado de valor: Swart, Tara (2019), «What Is Value Tagging?», *Psychology Today* (14 de octubre de 2019), <https://www.psychologytoday.com/us/blog/faith-in-science/201910/what-is-value-tagging>. Ver también: Scipioni, Jade (2019), «Top Execs Use This Visualization Trick to Achieve Success—Here's Why It Works, According to a Neuroscientist», CNBC (26 de noviembre de 2019), <https://www.cnbc.com/2019/11/22/visualization-that-helps-executives-succeed-neuroscientist-tara-swart.html>.

Capítulo 13

Afirmaciones: Las afirmaciones que nos decimos a nosotros mismos activan sistemas cerebrales relacionados con el procesamiento de nuestra propia identidad y recompensa, y se refuerzan a través de la orientación hacia el futuro. «Self-Affirmation Activates Brain Systems Associated with Self-Related Processing and Reward and Is Reinforced by Future Orientation», en *Social Cognitive and Affective Neuroscience* 11 (4), pp. 621–29, <https://doi .org/10.1093/scan/nsv136>.

Hay, Louise (1984), *You Can Heal Your Life*, Hay House, Carlsbad.

Capítulo 14

Técnica RARA: Butler, Kristen (2021), *3 Minute Positivity Journal*, Power of Positivity, Asheville.

Capítulo 15

La zona de desarrollo próximo de Lev Vygotsky: McLeod, Saul (2019), *The Zone of Proximal Development and Scaffolding*, Simply Psychology, <https://www.simplypsychology.org/Zone-of-Proximal-Development.html>.

Andamiaje: Cavallari, Dan (2022), *What Is Vygotsky's Scaffolding?*, en Practical Adult Insights (31 de octubre de 2022), <https://www.practicaladultinsights.com/what-is-vygotskys-scaffolding>.

Neurocientíficos de la década del setenta: «Self-Affirmation Theory», en Encyclopedia.com (Enciclopedia Internacional de las Ciencias Sociales). s.f., <https://www.encyclopedia.com/social-sciences/applied-and-social-sciences-magazines/self-affirmation-theory>.

Capítulo 17

Sistema nervioso: OpenStax College, «Parts of the Nervous System», en *General Psychology*, Universidad de Florida Central, s.f., <https://pressbooks.online.ucf.edu/lumenpsychology/chapter/parts-of-the-nervous-system/>.

Estudios acerca de la meditación y mindfulness: Centro Nacional para la Salud Complementaria e Integral (2022), «Meditation and Mindfulness: What You Need to Know», Departamento de Salud y Servicios Humanos de los Estados Unidos (junio de 2022), <https://www.nccih.nih.gov/health/meditation-and-mindfulness-what-you-need-to-know>.

Agradecimientos

Una vez, un amigo compartió conmigo esta sabia reflexión: «Cada persona tiene la llave que abre una puerta para ti. Una puerta que quizá nunca podrías haber abierto con tanta facilidad por tu cuenta». Este amigo sabio es Jonathan Blank y sus palabras siempre quedarán grabadas en mi memoria. Este libro es la prueba de su veracidad. Cada persona que me ha ayudado ha aportado algo especial y único que ha hecho que todo sea aún mejor. Este libro es el resultado exitoso de poner en acción la zona de confort.

Aunque mi nombre figura en la portada y la idea surgió hace casi diez años, estoy agradecida por las almas talentosas que creyeron en mí, me apoyaron y me ayudaron a plasmar en palabras cómo lo hice para tener éxito viviendo en mi zona de confort. Me guiaron durante todo el proceso de creación y me ayudaron a encontrar a personas que también resonaban con la experiencia de vivir en su zona de confort. Cada una de estas personas se dedicó por completo a que este libro viera la luz de alguna manera. Me asombra el apoyo, las sincronicidades, el ánimo y la genialidad de cada persona que me ayudó a dar vida a este concepto que cambia paradigmas. Al igual que *Power of Positivity*, este movimiento trasciende mi persona y eso merece un agradecimiento especial.

En primer lugar, quiero agradecer a mi familia por comprender el tiempo y la dedicación que necesité para crear este libro. Mi esposo, Chris, ha sido mi mayor apoyo, incluso cuando al principio yo sentía vergüenza por vivir, crear y encontrar éxito yendo en contra de las normas sociales que estuvieron instauradas durante tanto tiempo. En el camino, mis dos hijas, Aurora y Evelynn, me dieron el tiempo y el espacio que necesitaba para poder trabajar en este libro, siempre con amor y respeto. Compartimos meriendas y recreos en el parque, y siempre me animaban a seguir escribiendo. Estas niñas me inspiraron a incluirlas en las páginas de este libro cuando las observaba aprender a caminar, probar cosas nuevas y disfrutar de la vida con pasión y entusiasmo desde su propia zona de confort. ¡Muchas gracias a todos! ¡Os amo!

En segundo lugar, y sin duda igual de importante, quiero agradecer a mi dulce amiga y colaboradora en la creación del manuscrito sobre la zona de confort, Ellie Shoja de Peace Unleashed. Ellie, eres una de las personas más creativas, organizadas y talentosas con las que he tenido el placer de trabajar. Desde el primer momento, me encantó que compartieras la misma pasión que yo por romper normas y vivir una vida que ames bajo tus propios términos. Gracias por dedicar innumerables horas en los últimos dos años para ayudarme. Aprecio muchísimo tu manera colaborativa y motivadora de trabajar. Tus habilidades creativas para la escritura y la edición son fenomenales, y tu determinación para llevar este proyecto hasta el final es difícil de encontrar. Agradezco tu confianza en mí y en el poder de este libro. Creo en la guía divina, pero, si la suerte existiera, diría que tengo mucha suerte de que te hayas cruzado en mi camino y de haber podido trabajar contigo. Gracias, Ellie, eres única.

También siento una gratitud infinita hacia el maravilloso equipo con el que he trabajado en Hay House, quienes hicieron posible que este libro se hiciera realidad. Gracias, Reid Tracy, por creer en *Tu zona de confort positiva* y por nuestra increíble colaboración. Patty Gift, te envío un enorme abrazo y mi más sincera gratitud por tu apoyo constante, amabilidad e intuición. Desde el primer momento me hiciste sentir bienvenida y eso tuvo un gran impacto en mí. Agradezco tu dedicación a este libro y tus cambios y sugerencias a lo largo de todo el proceso. Un profundo agradecimiento a mi editora en Hay House, Anne Barthel, cuyas sólidas ediciones acepté con gusto porque siempre eran precisas y fundamentales. Estoy más que agradecida por tu honestidad y por tu habilidad para expresar exactamente lo que necesitaba decir en cada ronda de edición. También quiero expresar mi gratitud al resto del equipo de Hay House, que incluye a Michelle Pilley, Tricia Bridenthal, Patty Niles, Laura Gray, Sarah Kott, Mollie

Langer, Yvette Granados y Marlene Robinson. Muchas gracias por vuestro apoyo.

Además, tuve la dicha de recibir la guía de la increíblemente talentosa y experimentada Nancy Marriott de New Paradigm Literary Services para las rondas de edición final. Una vez más, otra sincronicidad en el momento de nuestra conexión y colaboración.

Y también a mis amigos y familiares que constantemente preguntaban: «¿Cómo va el libro?». Sus mensajes y apoyo significaron mucho para mí durante todo el proceso. Agradezco especialmente a Dimitra Jhugroo que me haya brindado su apoyo en todo lo que he hecho con *Power of Positivity* durante los últimos trece años. Entablamos una amistad increíble y confío en ti como si fueras mi familia, mi alma gemela. Vex King, estoy sumamente agradecida por tus ánimos, tus amables palabras y por haberme presentado a Hay House. Eres un alma realmente amable, inspiradora y llena de positividad. ¡Gracias! A mi querida y dulce amiga y *coach*, Cliona O'Hara, te agradezco el trabajo que hemos hecho juntas en relación con la imagen que tengo de mí misma. Tu intuición siempre es acertada y expresas tus consejos de una manera compasiva, amorosa y valiosa. Lauren Magers, estoy agradecida por nuestra amistad, así como por tu apoyo y convicción en esta misión. Tus muestras de amor, guía, ánimo y talento han sido gratas sorpresas durante todo este proceso.

También quiero agradecer a las personas de mi equipo de *Power of Positivity* y a los profesionales independientes que ayudaron con distintas partes de este libro: Chris Butler, Branislav Aleksoski, David Papanikolau, Serhat Ozalp y Stephanie Wallace.

Y, por último, pero no menos importante, quiero expresar mi especial gratitud a ti. Sí, a ti, que estás leyendo este libro en este momento. Agradezco tu apoyo y dedicación al crecimiento personal. Nuestros caminos se han cruzado por alguna razón. ¡Sigamos en contacto!

A todas las personas que han sido parte de mi trayecto: qué hermoso grupo de individuos que demuestran tanta fuerza, poder, amor y perseverancia para el crecimiento personal y para elevar el planeta.